MINERVA スタートアップ経済学 ⑧

国際経済論

奥 和義・内藤友紀 編著

ミネルヴァ書房

は し が き

　本書は，「MINERVA スタートアップ経済学」シリーズの一冊をなす国際経済論の概説書である。経済学をこれから学んでいく大学の初年次生から社会人で学び直しをしてみようと考える人々を対象に執筆された。

　現代の国際経済は不安定性と不確実性が高まっている。例えば，2016年6月23日に行われた国民投票によって英国は EU からの離脱（ブレグジット）を決定したが，数年前にそれを予想できた人はいなかった。また2016年11月8日にアメリカで実施された大統領選挙において，当初は有力候補と目されなかったドナルド・トランプが多くの世論調査を覆して勝利した。さらに，2020年に新型コロナウイルスが瞬く間に世界中に拡大し，多くの人命を奪った。

　この不安定で不確実な社会を生きるために必要なことは何であろうか。われわれにできることは限られている。過去の歴史を知り，これまで積み上げられてきた人類の叡智を理解して，未来に備えることしかない。現在も以前として猛威を振るっている新型コロナウイルスによるパンデミック（人獣共通の感染症，いわゆる伝染病が世界的に大流行すること）に対しても，過去のパンデミックの事例を研究すること（歴史を研究すること）で有効と考えられる予防対策・防疫対策を立てたり，あるいはウイルスを科学的に分析すること（理論的に原因を究明すること）で対応策を練るなどして，一定の実効性を確保してきた。もちろん，ウイルスは日々変異し，これまで有効であったことがすぐに無効になることもある。

　過去の大きな国際経済問題に目を転じてみよう。約100年ほど前に，世界は大きな経済問題に直面した。1929年10月24日の株式市場の大暴落（暗黒の木曜日と呼ばれる）に端を発した世界大恐慌は，当時の豊かな国も貧しい国も両方ともに壊滅的な影響を与え，1930年代には一部の国で景気回復がみられたけれ

ども，国際経済全体が安定するには第2次世界大戦後を待つしかなかった。この過程で，従来の経済理論にはなかった不況期に政府の役割を重視する理論（ケインズ経済学）が構築され，第2次世界大戦後の世界の安定と繁栄を演出したことが知られている。

　また，19世紀末から20世紀初頭にみられた**自由貿易体制**が，第2次世界大戦後に制度的に準備され，世界経済の成長と貿易の発展を促進したこともまた周知の事実である。その制度を準備するのに重要な経験となったのが，世界大恐慌を始まりとして1930年代に世界貿易が縮小したこと（各国が**保護主義政策**に走ったこと）である。

　われわれは，多くの経験から帰納的に学ぶとともに，理論的な推論を積み重ねていくことによってしか，問題を解決して未来を創造することができない。本シリーズでは，経済学に関する多くの専門知識を理論と歴史から学ぶように構成されている。例えば，社会科学全般については『社会科学入門』により，標準化された経済学の理論は『経済学入門』によって，経済の歴史については『一般経済史』や『日本経済史』によってである。そして，本書では，現在の国際経済を作っている基礎的な理論，制度，歴史の基礎的な内容と，主要な国・地域の現状を学ぶことができるように構成されている。

　国際経済論については，世界的に有名な教科書や多くの概説書などがすでに存在しているが，その多くは標準的な経済学の知識を前提に書かれている。本書は，そのような知識がほとんどなくても，国際経済に関心があれば読み進むことができるように考えて作成した。本書を読み終えてより高度な専門知識，高等数学を利用した教科書を読んでみようと思った方たちは，各章末にある参考文献などを参考にしてもらいたい。

　一人でも多くの読者がこの本を手に取り，国際経済に関心を持ち，人類の未来に立ちはだかる問題を解決しようとする意志と希望を持っていただければ幸いである。

　最後に，執筆者の多くの方には原稿を早くいただいていた。編著者である奥の公私にわたる諸事情によって発行が遅れ，ご迷惑をおかけした。お一人お一

人の名前は挙げないけれども，ここに記してお詫び申し上げる次第である。また
ミネルヴァ書房営業部の神谷透さん，編集部の堀川健太郎さんには，奥の原
稿の遅れによってこの上ないご迷惑をおかけしたにもかかわらず，温かく激励
いただいた。厚く御礼を申し上げる。

　　2022年10月

　　　　　　　　　　執筆者を代表して　　　　奥　　和　義

国際経済論

目　次

はしがき

序　章　国際経済論を学ぶ……………………………………………… I

第 I 部　国際貿易

第 1 章　伝統的貿易理論………………………………………………… 9

　1　自由貿易………………………………………………………… 9

　2　自由貿易均衡モデルと比較優位の応用……………………… 18

　3　比較優位の決定……………………………………………… 22

　4　伝統的貿易政策……………………………………………… 27

　Column

　①現実世界の比較優位と絶対優位…… 37

第 2 章　新しい貿易理論………………………………………………… 39

　1　産業内貿易…………………………………………………… 39

　2　新しい貿易理論(1)…………………………………………… 48

　3　新しい貿易理論(2)…………………………………………… 54

　4　貿易と経済地理学…………………………………………… 62

　Column

　②重力モデル（gravity model）…… 66

第 3 章　貿易政策………………………………………………………… 69

　1　自由貿易論と保護貿易論…………………………………… 69

　2　保護貿易政策の可能性を主張する諸理論………………… 71

　3　グローバル化と貿易政策…………………………………… 78

　4　貿易政策のあり方を考える視点…………………………… 88

　Column

　③広義の貿易政策の必要性…… 91

④サービス貿易を通して見た日本経済 …… 92

第4章　国際貿易制度の歴史と現在 ……………………………………… 95

　1　国際貿易制度とは ……………………………………………………… 96

　2　国際貿易制度の展開 …………………………………………………… 97

　3　グローバリゼーションを支える国際貿易制度── WTO …… 107

　4　地域貿易協定の隆盛 ………………………………………………… 113

　5　自由貿易への信頼と国際貿易制度 ………………………………… 119

Column

⑤ケインズ案とホワイト案 …… 120

⑥自由貿易協定と関税同盟 …… 120

第Ⅱ部　国際金融

第5章　国際収支と国際貸借 ……………………………………… 125

　1　国際収支 ……………………………………………………………… 125

　2　日本の国際収支と国際貸借 ………………………………………… 135

　3　国際収支と国民経済の関係 ………………………………………… 138

Column

⑦IMF 国際収支マニュアル第 5 版（BPM5）（1996〜2014年）との相違 …… 145

⑧国際収支の天井 …… 146

第6章　外国為替と為替レート ………………………………… 149

　1　外国為替とは ………………………………………………………… 149

　2　外国為替レート ……………………………………………………… 151

　3　外国為替リスクのヘッジ …………………………………………… 154

　4　外国為替市場 ………………………………………………………… 159

　5　為替レート決定理論 ………………………………………………… 163

Column

⑨実質為替レートと実効為替レート …… 170

⑩為替相場決定理論のマネタリー・アプローチの直感的理解 …… 170

第**7**章　国際金融政策 …………………………………………… 173

　　1　閉鎖経済におけるマクロ経済モデル── *IS-LM* モデル ……… 173

　　2　開放経済におけるマクロ経済モデル──マンデル＝フレミング・モデル … 178

　　3　マンデル＝フレミング・モデルの拡張 ……………………… 186

Column

⑪フィリップス曲線 …… 190

⑫最適通貨圏 …… 191

第**8**章　国際金融制度の歴史と現状 …………………………… 195

　　1　IMF の設立から変動相場制まで ……………………………… 195

　　2　IMF の途上国債務危機以降の新たな課題への対応 ………… 200

　　3　新たな規制機関による金融規制 ……………………………… 205

　　4　国際開発銀行・世界銀行グループ …………………………… 211

Column

⑬派生商品 …… 213

⑭SDR …… 213

第Ⅲ部　国際経済とアメリカ・EU・中国・日本

第**9**章　アメリカ ………………………………………………… 219

　　1　1980年代までのアメリカ経済 ………………………………… 219

　　2　規制緩和と国際競争力回復策 ………………………………… 221

　　3　金融における変化 ……………………………………………… 230

　　4　グローバル・インバランスと経済危機 ……………………… 234

Column

⑮アメリカにおける 2 つの『銀行』…… 240

第10章　E　U …………………………………………………… 243

1　EU の組織・制度・機能 ………………………………… 244

2　EU 成立の前史 ……………………………………………… 251

3　統合の発展 …………………………………………………… 255

Column

⑯欧州中央銀行（ECB）と各国の中央銀行の関係 …… 270

⑰EU の議事決定方式（特定多数決）について …… 270

第11章　中　国 ………………………………………………… 273

1　中国の環境と資源 ………………………………………… 273

2　中国経済の現況 …………………………………………… 281

Column

⑱外貨制約 …… 290

第12章　日　本 ………………………………………………… 295

1　第 2 次世界大戦から高度経済成長期の日本 …………… 296

2　1970年代・1980年代の日本経済 ……………………… 299

3　1990年代以降の日本経済 ………………………………… 308

Column

⑲ミセス・ワタナベ …… 322

⑳バブルと日本経済の長期停滞について …… 322

終　章　21世紀の国際経済と未来 ………………………… 325

1　21世紀の国際経済の変化 ………………………………… 326

2　国際経済の課題 …………………………………………… 333

3　新しい時代へ，経済成長から循環型共生社会を目指して … 337

索　引 …… 343

国際経済論を学ぶ

国際経済論とは？

　2020年の3月に世界的に広がった新型コロナウイルスの猛威はいぜんとして終息の気配を見せていない。その発生の少し前には，輸送費や通信費が低下して，各国政府の貿易障壁が世界的な協議によって撤廃され，生産活動のアウトソーシングはますます広がり，21世紀に入ってグローバリゼーションは一気に進行していた。これは，外国の文化（例えば日本のアニメ）やグッズを世界中で共通化させる働きをもったインターネットの普及を抜きにして語れないであろう。

　インターネットは世界の人々が多くの新しい情報を低価格で知ることを可能にしたが，それは世界中に新しい需要を生み出した。国際的な製品取引，サービス取引（例えば韓国のBTSのアメリカでの活躍）の急拡大，株，債券，通貨取引の急増も，インターネットの普及と切り離して考えることはできない。しかも，それは21世紀初めに劇的に変化したと言える。2007年のiPhone発売および2008年のAndroid端末発売以降，いわゆるスマートフォンは世界的に広く普及し，そのことは，それ以前とは比べものにならないくらいに消費者の情報を得るコストを低下させた。

　しかし，このことは良いことばかりでもなかった。株や債券，さらにそれから派生したデリバティブズと呼ばれる**金融派生商品**取引の国際的急拡大は，金融不安定性を拡大した。その結末が2007年，2008年の**世界金融危機**であり，アメリカの巨大金融会社の破綻，ギリシャの債務返済危機（**ソブリン危機**）に端を発する**EU危機**であった。

元々，資本という生産要素に対して，労働力は国境を越えた移動がしにくい生産要素であった。財やサービスの国際的移動が自由化された時でも，労働力移動に対する自由移動のハードルは高く，それが可能になった EU では，英国が EU 東欧諸国からの低賃金労働力の流入によって，既存の英国労働者が拒否反応を示したこと（ブレグジット）は記憶に新しい。

　国際経済論は，このように国家主権がある国と国との間の経済関係を研究する学問である。国家主権があることによって，国内とは異なる経済的な現象が，国と国との間の経済関係には生じることがある。モノの取引関係を検討するのが国際貿易論であり，カネの取引関係を分析するのが国際金融論である。

　資本主義システムが世界的に成立して以来，国際貿易と国際金融については，さまざまな理論が生み出され，現実の経済現象を説明しようとしてきた。本書では，先人たちが築き上げてきた国際貿易と国際金融に関する基本的理論を学び，国際貿易・金融制度の歴史と現状，そして国際経済を構成する主要な国・地域の現状について基礎知識を学ぶことができる。

　国際経済論は経済の問題だけでなく，それに関係した国家主権の問題を取り扱うから，隣接する国際関係論や国際政治学などの研究分野とも密接に関係している。もしも余裕があれば，それらの入門書も読んでいただければ，本書で扱った国際協定や国際機関が，そこでも取り上げられていることに気づくであろう。

本書の構成

本書は，以下の 3 部12章に序章と終章から構成されている。

　序章　国際経済論を学ぶ

第 I 部　国際貿易

　第 1 章　伝統的貿易理論

　第 2 章　新しい貿易理論

　第 3 章　貿易政策

　第 4 章　国際貿易制度の歴史と現在

第Ⅱ部　国際金融
　　第5章　国際収支と国際貸借
　　第6章　外国為替と為替レート
　　第7章　国際金融政策
　　第8章　国際金融制度の歴史と現状
第Ⅲ部　国際経済とアメリカ・EU・中国・日本
　　第9章　アメリカ
　　第10章　EU
　　第11章　中国
　　第12章　日本
　　終章　21世紀の国際経済と未来

　序章では，現代において国際経済論を学ぶ意義について説明している。国際経済論では，実物経済（モノ）を取り扱う国際貿易と貨幣経済（カネ）を取り扱う国際金融に通常区分されるから，本書でもそれにのっとり，第Ⅰ部では国際貿易の理論，制度，歴史について，第Ⅱ部では国際金融の理論，制度，歴史について解説をしている。

　第1章では19世紀に資本主義世界システムが形成されてから貿易理論として有名である比較優位論，生産要素賦存理論など産業間貿易を説明するのに有効な貿易理論を解説している。第2章では，1960年代以降にみられた先進国間の産業内貿易の拡大という現象を説明するのに新しく工夫された貿易理論を説明している。そこでは規模の経済（収穫逓増）がキーワードとしてきわめて重要な役割を果たしている。それ以外に市場競争の形態が独占的競争に変化したこと（製品の差別化による競争）や，先進国の所得水準の向上による消費者の多様化への需要が以前の時代と異なることとして強調された。

　第3章と第4章では，主要な貿易政策の内容と変化，そして貿易制度の歴史的変遷が説明されている。後発国が自国の産業を育成するためにとる幼稚産業保護政策や，先進国が他の先進国との企業間競争に勝つために政府がとる戦略

的貿易政策，グローバル化時代の貿易政策などが解説される。さらに，国際社会においてなぜ貿易制度が必要になるのか，国家主権とは何か，国際協定や国際機関について説明がなされる。国際貿易では基本原則として**自由主義**，**無差別主義**，**多角主義**，そして**為替の自由化**が重要であるが，それは何か，歴史的にそれはどのようにして実現されてきたかなどを解説している。

第Ⅱ部第5章以下では，国際金融が説明される。第5章では，ある国の国際貿易（国際的な財・サービスの取引）や国際金融取引（国境を越えた資金移動）が，どのような姿なのかを総体的に捉える**国際収支**と**国際貸借**の考え方について，その計上ルールなどの基本的な枠組みから説明し，その上で，国際収支が一国の国民経済とどのようにリンクしているかを考察し，また歴史的に国際収支がどのように変化する傾向があるかなどを解説している。

第6章では，TVニュースなどにおいて株価と並んで毎日必ず取り上げられる経済指標である為替レートについて説明している。企業の貿易取引や国際資金決済だけでなく，個人の海外旅行，ネット上でのFX取引などにより**外国為替**や**為替レート**は身近なものであるが，この章では，外国為替取引のリスクやヘッジの方法，為替レートの決定の仕方について，理論を中心に解説する。

第7章では，国際的な貿易や資本の流出入があるケースにおいて，金融政策がどのような効果があるかを理論的に説明している。その際，海外部門を含む開放経済モデルを用いた**国際マクロ経済学**の枠組みを利用している。現在，国内の景気対策のために政府が財政金融政策を実施する場合でも，その時点における制度的な背景や，他国の経済状況・政治情勢などによって，海外部門から大きく影響を受けることが多い。そのことをマクロ経済学の知識を前提にして理論モデルを使用して説明している。

第8章では，国際金融制度の歴史と現在について，国際金融制度の中で変化したものは何か，その理由はどこにあったのか，また変化しなかったものは何かを説明している。また伝統的な国際通貨基金や世界銀行以外に，**バーゼル規制**や，金融安定化理事会（FSB）といった近年になって新たに付け加わった諸制度の機能や背景についても理解ができるようにしている。

　第Ⅲ部では，第Ⅰ部，第Ⅱ部での議論を前提にして，第2次世界大戦後の国際経済におけるキー・プレイヤーであるアメリカ，ヨーロッパ（EU），中国，日本の4カ国，地域に焦点を当てて，その変動と対外経済関係を説明している。詳細な内容は各章を直接読んで具体的な事実，経済発展の歴史，国際経済関係における位置の変化などを確認してもらいたい。これらのキー・プレイヤー以外に，ロシア（ソ連），アフリカ，中国を除くアジア諸国（東南アジア，インド，中東など），ラテン・アメリカも，扱うべきかもしれないが，紙幅の制約もあり，これら4カ国，地域に限らざるを得なかった。まだ執筆時点での時間制約もあるので，第9章〜第12章の一部を補完する終章を設け，そこで現在の国際経済状況をできる限りアップデートしている。

　本書の読み方

　本書の各章は，以下のような構成になっている。まず各章の冒頭に「本章のねらい」がおかれて，ここで，それぞれの章で論じられる主要な論点が提示されている。それを読むことによって，各章の概要を読むことができる。

　次に本文では，「本章のねらい」で示された内容や論点がより詳細に説明されている。また適宜，参考にした文献が，著者名（編著者名＋発行年＋ページ数）という形で示される。もしも関心を引いた箇所があったら，当該部分の参考・引用文献を，各章末にある参考文献リストから見つけ出し，図書館などで検索して，読み進めて欲しい。それによって，原著，原論文の研究内容をより深く，広く知ることができる。

　さらに各章には練習問題がつけられている。これらの問題は各章の内容をより深く理解することを目的に用意されているから，本文を読み返したり，参考文献を読み進めたりしながら，その解答を考えてもらいたい。思考をめぐらし，文章を作成する作業を行うプロセスで，専門知識が確実に脳に定着する。

　本書が，読み終えられた皆さんにとって，現在の国際経済を理解する一助になることができれば，執筆者にとって望外の喜びである。

（奥　和義）

第Ⅰ部

国際貿易

第 1 章

伝統的貿易理論

――― **本章のねらい** ―――

　現代の世界経済は，**グローバル化**の時代であると言われている。グローバル化とは何かを厳密に定義することは難しいが，グローバル化はモノ，カネ，人，情報の移動が地球規模で起こっていることと考えてみることができる。なぜモノ，カネ，人，情報は地球規模で移動するのか。また，その結果は世界の国々に何をもたらしているのか。

　これを考える場合，まず大事な概念として，「自由貿易」という言葉がある。この章では，「自由貿易」とそれとペアになる「保護政策」という考え方が，国際経済論で，伝統的にどのように考えられてきたのかを説明する。

1　自由貿易

自由貿易とは

　現代世界経済の重要なキーワードの 1 つとして，「自由貿易」という言葉が存在している。この言葉は，19世紀の世界経済についても第 2 次世界大戦後のそれについても繰り返し使われてきた。それでは，そもそも「**自由貿易**」とは何だろうか。

　まず「自由」という言葉から連想されるのは，何の制限もされていない状態であろう。しかし貿易について，何の制限もないということは現実にあり得ない。例えば，輸出入を規制する条約に「**ワシントン条約**」がある。これは正確には「絶滅の恐れのある野生動植物の種の国際取引に関する条約」と言われる

もので，1973年に国際取引によって生存を脅かされている，または，絶滅してしまう恐れのある野生動植物を保護することを目的として結ばれたもので，日本も1980年にこれに同意している。この条約によって，輸出入が規制されている物品として有名なものに象牙がある。

　また，ブランド品の偽物やコピー製品を製造，販売することが罪に問われるということも知っている人は多いと思われるが，こうした商品の輸出や輸入も「関税法」という法律で禁止されている。さらに，産業廃棄物，武器・弾薬などが，自由に国際的に取引されることになれば，世界中は大混乱に陥るだろう。

　つまり，「自由」といっても，ある原則の上に成り立っている「自由」であり，「自由貿易」も一定の秩序をもって成立している。

　さて，「自由」を考える場合に必要なことは，「自由」とペアになる概念として「保護」について考えておくことが有益である。注意しておかなければいけないことは，「保護」という言葉が，江戸時代の鎖国のように，貿易をほぼ行わないというような否定的に考えるものではないということである。「保護」は，自由な取引を前提とした上で，それからどの程度離れるかということに過ぎない。容易に想像されるように，自由な取引をやめると，自由な取引を行っていた時とはまったく異なる経済的な結果が国内経済にもたらされることになるだろう。

　「保護」政策は，「自由貿易」を前提にしているから，何よりもまず「自由貿易」について知っておく必要がある。「自由貿易」の考え方で重要なことは，すべての参加国にとって自由貿易が利益をもたらすということを説明できることである。これを理論的に説明できなければ，自由貿易を世界中に広める根拠を失わせることになるだろう。この説明を世界で最初にシンプルかつ明確に行ったのが，イギリスの経済学者リカードゥ（David Ricardo：1772～1823年）であるとされている。

　ここで読者は，19世紀の学者が主張し，その後発展した伝統的な考え方が今でも意味があるのかということを問いかけるかもしれない。特産品，農産品，そして綿工業製品が中心であった19世紀の国際貿易と，自動車，パソコン部品，

精密機器類，医薬品といった高度な科学技術を利用して製造された財や，アニメ，映画，教育サービス，通信サービスなどのサービスが取引の中心になった現代の国際貿易とでは，国際貿易の中身と質が大きく変わったけれども，グローバル経済の黎明期に経済学者が発見した基本的な原理は今でも通用する。国際貿易の根底にある論理は変わっていないし，それは21世紀の国際貿易でも，相変わらず，本質の理解を助けるものである。以下では，まずこの伝統的な原理が生まれた背景を説明する。

19世紀に自由貿易論が唱えられるようになった背景

　イギリスが海外進出してから海外覇権を確立するまでの過程は，約200年（1550年代を始まりとして7年戦争が終結した1763年）にわたった。イギリスは，既存勢力であるポルトガル，スペイン，オランダ，オランダ衰退後のフランスに対抗し，それを凌駕する必要があった。それを実現するための政策としてイギリスは，航海条例，工業保護，穀物輸出奨励金といった**重商主義政策**をとる。この前提としては，資本主義経済の発達による国力の増強があった。特産品である毛織物輸出の増加（利潤獲得）や，1500年代における農業労働者の自由移動（賃金労働者の創出）などがみられていた（河﨑・奥 2018：92-93）。

　約200年の間に，イギリスは，オランダと3回の戦争，オランダと同盟，フランスと4回の戦争を経て，海外覇権を確立し重商主義帝国を完成させたけれども，それを確立させた戦争費用の負担が同帝国の崩壊の原因にもなった。戦時債務返済のための増税は北米・カリブ海のイギリス植民地に対して行われたが，植民地側からは強い反発を生みアメリカ独立につながり，イギリス植民地帝国を崩壊させた。しかし，これによっても海外覇権は必ずしも衰退しなかった。というのも，まさに産業革命が進行していたこと，そして北米に代わるインドが植民地としてイギリスの中心になったからである（河﨑・奥 2018：95）。

　イギリスでは，このような海外覇権を前提に，都市におけるギルド規制や農村の封建的諸規制から解放された自由な農村工業の発展，豊富な石炭資源，アジア貿易，**科学革命**の影響など，いくつかの要因が重なって**産業革命**が進行し

はじめる。**大航海時代**（15世紀半ばから17世紀半ば）を通じて，ヨーロッパはアジア，南北アメリカと貿易を活発に発展させたが，これはヨーロッパにおける植民地物産の需要を拡大させた。とくに大きな影響を持ったのが，キャラコ（インド産綿布）であった。これは他の高級織物よりも品質，用途，価格の面で多様性に富んでおり，多様な需要を喚起した。そのことは，他の織物業者（毛織物や麻織物）の利益を損なうことになったから，イギリスでも1700年に「キャラコ輸入禁止法」，1720年に「キャラコ使用禁止法」などが制定された。結果的には，イギリスにおいて，インド産綿布の輸入代替工業化が進行することになる（河﨑・奥 2018：102-104）。

　さて，この当時のイギリスは，高賃金国であり，エネルギー（石炭）価格と資本調達費用が安価であった（アレン 2012）。そのために，綿布の輸入代替工業化を促進するためには，インドのような手織りではなく，労働節約的技術を利用する機械が必要であった。このような工業技術を実現するために役立ったのが，17世紀の「科学革命」（数学，医学，天文学，物理学などの分野で科学的発見がなされ，近代科学の基礎ができた）である。この科学革命は，**産業啓蒙**（科学者が情報交換のネットワークを作ることにより，それが一般の都市市民の教養につながり，有用な知識を生むこと）につながり，イギリスにおける綿工業の一連の技術革新を生み出した（河﨑・奥 2018：108-112）。

　このような結果，18世紀後半〜19世紀半ばにイギリスでは，安価な綿織物を世界各国に向かって輸出できるようになり，それまでの重商主義政策に代わる自由貿易政策の理論的基礎が社会的に要請されるようになった。それを簡潔に上手く説明したのが，リカードゥである（イギリスにおいて世界で初めて産業革命が達成されたプロセスは，河﨑・奥（2018：第4章，第5章）などを参照して欲しい）。

リカードゥのモデル──労働生産性と比較優位

　リカードゥのモデルは，現在の標準的な国際経済学の教科書（例えば，クルーグマン／オブズフェルド／メリッツ 2017）では，「労働生産性と**比較優位**」という章で説明される。そこでは，現在にいたるまでの理論的な発展を基礎に，労

表 1 - 1　リカードゥの数値例

	ぶどう酒 1 単位を生産するのに必要な労働	ラシャ 1 単位を生産するのに必要な労働
イギリス	120	100
ポルトガル	80	90

　働生産性の相対的差異が比較優位を生み，貿易の基礎になることが示されている。リカードゥ自身は彼が直面する現実を説明し，彼が望ましいと考える状態にイギリス経済が進むように，そして何よりも自分が真実だと考える原理を説明しようとしていたらしい（「リカードの思い出」『デイヴィド・リカードゥ全集』第10巻，雄松堂書店，1970年）。彼の思いとは別に，専門分野としての経済学が精緻化される過程で，彼の比較生産費説もまた，理論のある部分だけが厳密に定義・整理されて，現在の教科書で叙述されている。

　ここでは，リカードゥが，主著『経済学および課税の原理』1817年（邦訳『デイヴィド・リカードゥ全集』第 1 巻，雄松堂書店，1972年）の第 7 章「外国貿易について」で用いた例を使って説明しよう。数値を変えていろいろな例を出すことや，一般化・抽象化した表現によって説明することも可能であるが，リカードゥの設例をあえてここで引用するのは，リカードゥの独自性を大事にするとともに，リカードゥ自身が背景に持っていた経済思想や時代背景を重視したいからである。

　この数値例で用いられるラシャは，ポルトガル語で毛織物の一種を示す言葉であり，工業製品を代表させていると考えればよいだろう。またぶどう酒は，同様に農産品を代表していると考えればよいだろう。つまり，19世紀の貿易によくみられた工業製品と農業製品の輸出入の関係を象徴している例とみなすとよい。

　さて，この設例は抽象化して言うと，以下のような特徴を持っている。

　①生産要素は労働しかなく，両国において労働生産性だけが異なっている。

②ポルトガルはイギリスに比べて，両方の財の生産において労働生産性の絶対的な優位性を持っている（ポルトガルはイギリスに対して，2財とも「絶対優位」である）。

③ポルトガルが2つの財を生産する場合に，ポルトガルがイギリスに対して持っている優位性は，ぶどう酒生産の方がより大きい。言い換えれば，ポルトガルは，イギリスに比べて，ぶどう酒を生産する効率がラシャを生産する効率よりも優れているということである。このことを専門的な言い方をすれば，ポルトガルは，イギリスに対して，ぶどう酒の生産について「比較優位」であり，ラシャの生産について「比較劣位」であると表現される。

④イギリスの側からみれば，イギリスはポルトガルに比べて，どちらの財の生産においても労働生産性は絶対的に劣っているけれども，その劣っている程度はラシャの生産の方がより小さいということである。先ほどと同様の専門的な言い方をすれば，イギリスは，ポルトガルに対して，ラシャの生産について「比較優位」であり，ぶどう酒の生産について「比較劣位」である。

　それでは，このようなケースでは貿易はどのようになるであろうか。結論を先に言うと，ポルトガルはラシャを輸入しぶどう酒を輸出することによって貿易上の利益を獲得することができて，イギリスは，逆に，ぶどう酒を輸入しラシャを輸出することによって貿易上の利益を獲得できる。

　このようになる理由は，以下のように具体的な数値計算をすれば理解しやすいかもしれない。ここで，ぶどう酒の生産とラシャの生産で使用される労働は，質的に等しく，しかも等価で交換されると前提する。等価で交換されるということは，1単位の労働が1単位の労働と交換されるということである。

　ポルトガルの国内で，ぶどう酒1単位（80単位分の労働の生産物）に対して得られるラシャの単位数は，ラシャ1単位を生産するのに必要な労働量が90単位であるから，80/90（＝8/9）単位になる。イギリスの国内では，ぶどう酒1単

位（120単位分の労働の生産物）に対してイギリスではラシャを120/100（＝6/5）
単位を交換できることになる。

　つまり，ポルトガルが，ぶどう酒 1 単位をイギリスに輸出してイギリスでラ
シャに交換すれば，120/100（＝6/5）単位を得ることができる。ぶどう酒 1 単
位当たり，【120/100（＝6/5）－80/90（＝8/9）】＝14/45）単位だけ多くのラシャを得
ることができるわけである。**輸送費用**や交換に関係する費用などを除外して単
純に考えれば，ポルトガルはぶどう酒を輸出することによって，輸出を行わず
国内で交換している時に比べてより多くのラシャを消費することが可能になる。
同様に，イギリスでもラシャをポルトガルに輸出してぶどう酒と交換すれば，
イギリスにとってより多くのぶどう酒を消費することが可能になることがわか
る。

　この一連のプロセスを抽象的に考えれば，貿易（輸出入）は間接的な生産の
やり方であることがわかる。すべての財を 1 国で作ることよりも，比較優位が
ある財をより多く生産してそれを輸出して欲しい財と交換すれば，直接的にす
べての財を生産するよりも必要になる労働（一般的な言い方をすれば資源）が少
なくてすむことになる。より専門的な言い方をすれば，貿易によってその国の
消費可能性を増加させることができる，あるいは，貿易を行う両国が比較優位
をもつ財をより多く集中的に生産する（専門用語で「**特化**」と言われる）ことに
よって資源をより効率的に利用できるようになるということになる。貿易を行
う 2 国が比較優位を持つ財をより多く集中的に生産している状態を指して，
「**国際分業**」を行っているという。

　リカードゥは次のように言っている。

　完全な自由貿易制度のもとでは，各国は当然その資本と労働を自国にとっ
てもっとも有利となるような用途に向ける。この個別的利益の追求は，全体
の普遍的利益と見事に結びついている。勤勉を刺激し，工夫力に報い，また
自然によって賦与された特殊な諸能力をもっとも有効に使用することによっ
て，それは労働をもっとも経済的に配分する。一方，諸生産物の全般的数量

を増加させることによって，それは全般の利益を普及させ，そして利益と交通という1つの共通の靭帯によって，文明世界を通じて諸国民の普遍的社会を結成する。

（『デイヴィド・リカードウ全集』第1巻，雄松堂書店，1972年，156頁）

　自由貿易制度のもとでは，それぞれの国が自国の個別的利益を追求しているにもかかわらず，結果として，世界全体の普遍的利益（世界全体で資源の効率的利用と消費の拡大がみられるということ）につながるというわけである。これは現在の世界経済でも，しばしば繰り返されるメッセージである。

貿易の利益──交易条件

　輸入財価格に対する輸出財価格の比率（輸出財価格／輸入財価格）は，交易条件（terms of trade）と呼ばれる。交易条件は輸出財を1単位輸出して得た外貨で購入できる輸入財の量ということができる。交易条件の数字が大きくなることは，輸出財1単位で得られる輸入財の量が増加することであるから，通常，その国の経済厚生条件を向上させる（より多くの消費が可能になる）。その時，「**交易条件の改善**」あるいは「**交易条件の有利化**」と言われる。逆に，交易条件の数字が小さくなることは，輸出財1単位で得られる輸入財の量が減少することであるから，「交易条件の悪化」あるいは「交易条件の不利化」と言われる。

　現実の世界では，交易条件は次のようにして計測される。日本にとって輸出財も輸入財も多数ある。したがって，交易条件を計測するためには，輸出財と輸入財のそれぞれについて，さまざまな財の価格の平均をとる必要がある。この役割を果たすのが，**輸出価格指数**と**輸入価格**指数である。交易条件の変化は，輸出価格指数÷輸入価格指数（＝交易条件指数）として公表される。

　国際経済論で交易条件指数と言えば，輸出価格指数÷輸入価格指数のことであるが，製造業のコスト構造を示すために，製品価格にあたる「産出物価指数」を，原材料コストにあたる「投入物価指数」で割って計算された指数を交

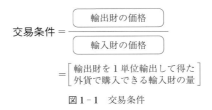

図 1-1　交易条件

易条件指数とも呼んでいたこともある。この指数が低ければ，仕入コストを価格転換できず，収益環境が悪化することを示す。通常，日本の製造業は，外国から原材料等を輸入し，それを製造・加工して輸出するという形態のため，例えば，原油価格や鉄鉱石価格などが上昇する場合などは，輸入品が輸出品に比べて割高になるため，交易条件指数は悪化していた。

　輸出価格指数と輸入価格指数の比は，正確には，「商品交易条件指数」と呼ばれる。交易条件指数にはいろいろな種類があり，「商品交易条件指数」は代表的な 1 つである。交易条件指数として有名な指数として，「所得交易条件指数」がある。これは商品交易条件指数×輸出数量指数（輸出総額指数÷輸入価格指数になる）で計算され，輸出総額で購入できる輸入量を表すから，輸入力とも言われる。商品交易条件指数が悪化しても輸出数量がそれ以上に増加すれば，結果として輸入力は高まり，その国にとって経済的利益が得られることになる。

　「交易条件指数」は，その計算の仕方から容易に理解されるように，いろいろな要素によって変化することがある。例えば，技術革新が広く進んだことや生産要素価格（賃金や利子率など）が大きく低下することによる輸出財価格の下落，貿易相手国の輸入需要増加による輸出財価格の上昇などである。

　また，為替レートの変動によっても変化する。一般的に，自国通貨の価値が上昇すれば，輸入価格は相対的に低下し，輸出価格は上昇するから，交易条件は改善する。他方，自国通貨の価値が下落すれば，輸入価格は相対的に上昇し，輸出価格は低下するから，交易条件は悪化する。

　さらに，輸出入構造の違いも影響を与える。輸入全体に占める一次産品輸入（農作物，食料，鉱産物，燃料など）の割合が高ければ，とくに燃料輸入の割合が

日本のように高ければ，**一次産品価格の高騰による影響**が大きくなる。輸入構造と同様に，輸出構造も交易条件の変動に影響を及ぼす。輸出が産業間貿易的であれば，輸出は**価格競争力**が重要な要素となっている。それが産業内貿易的であれば，**製品差別化**により**非価格競争力**が重要になり，一次産品価格が高騰しても輸出価格にそれを転嫁可能になるだろう。したがって，交易条件の変化を考える場合には，何によって変化がもたらされたのか，また輸出入構造はどのようであったのかなどを丹念に分析することが重要である。

2　自由貿易均衡モデルと比較優位の応用

自由貿易均衡モデル

　貿易が行われる理由は，そもそもそれぞれの国における財の相対価格が異なっていることであった。リカードゥは，そのような状態にある時，自由貿易は両国にとり利益をもたらすことを主張した。しかし，その貿易の利益配分が両国の間でどのようになるかまでは，必ずしも語っていない。彼の提示したモデルから踏み込んで，あえて 2 財の交換比率に言及するとすれば，ラシャとぶどう酒の相対価格（交換比率）が $100/120 (= 5/6)$ と $90/80 (= 9/8)$ の間のどこかに決まれば，両国は貿易利益を得ることになる。

　貿易の利益配分を決定しようと考えれば，2 財の輸出価格，輸入価格を決定する必要があり，それがどの水準に決まるかを考えるためには，2 財の需要条件を考察する必要がある。リカードゥが主張したことは，財の相対価格が異なっている時（財の生産に比較優位がある時），貿易利益が生じるということだけであった。需要条件まで考察の対象に入れたのはジョン・スチュアート・ミル（John Stuart Mill：1806〜1873年）以降であり，それ以降，需要条件を導入して，各国の財の相対価格，2 財についての相対世界需要と相対世界供給が問題にされるようになる。

　リカードゥのモデルは，その後の多くの経済学者たちによって，さまざまな形で発展した。その完成形態の 1 つが，多くの国際経済学の教科書で「比較

優位論」として知られているものである。教科書では，以下のような仮定がおかれることが多い。

　①生産要素が1つ（通常は労働），②2国が2財を生産している，③生産関数は線形で規模に関する収穫は不変（生産要素の投入量を n 倍にした時に生産量が n 倍になる），④生産性が両国で異なる，⑤生産要素は完全雇用されている，⑥生産要素は国内を自由移動できるが国際的には移動できない，⑦貿易に関わる運送費用はゼロ，⑧両国で各個人の効用関数は相似的である（財の価格が与えられると，所得水準が変化してもそれぞれの財の消費比率が一定であること），⑨貿易収支は均衡している，などである。

　こうした仮定のもとでは，貿易開始前（自給自足）の状態における2国の需要量（消費量），供給量（生産量）と貿易開始後の状態における2国の需要量（消費量），供給量（生産量）が計算できる（数学的な展開プロセスを知りたい人は，ミクロ経済学を学んだ後で参考文献に挙げた国際経済学のより高度な教科書で勉強してもらうとよい）。このような仮定が現実を正確に反映しているとは考えられないから，現実の貿易は自由貿易理論の教える通りには進まず，さまざまな政策的介入を生むことになる。これについては，第3章で詳しく説明される。またリカードゥのモデルの解釈については，現在でも専門家の間でも論争が存在している。多様な解釈の可能性については，参考文献にある（田淵 2006）や（高 2020）などを読んでもらいたい。

比較優位モデルの多数財への拡張

　2国2財モデルで考える場合には，比較優位と比較劣位の概念は明快である。ある国がどちらかの財に比較優位を持てば，もう一方の財は比較劣位になる。しかし，多数の財にモデルを拡張した場合にはどのようになるのであろうか。

　表1-2のように2国5財モデルで考えてみよう。理解をしやすくするために，2国として日本とアメリカを取り上げ，表の上段はそれぞれの財1単位当たりのそれぞれの国における価格（絶対価格）を示している。このままでは相対的な価格を比較する上で分かりにくいので，表の下段はアメリカにおいて10

表1-2　多数の財がある時の比較優位について

商　品	A	B	C	D	E
絶対価格（通常の表記）					
日　本　　（円）	80	500	2,400	1,400	7,500
アメリカ（ドル）	1	5	20	10	50
アメリカにおいて1ドルで買える量を1単位とした時の価格					
日　本　　（円）	80	100	120	140	150
アメリカ（ドル）	1	1	1	1	1

ドルで買える量をあらためて1単位とした時の価格（相対価格）を示している。

　表の下段によって，日本とアメリカを比較した場合，どの財が相対的に高くまた安いかが分かる。日本では財Aがどの財との比較においてもアメリカよりも相対的に安く，逆にアメリカでは財Eが他のどの財と比較しても日本よりも相対的に安いことが分かる。つまり，日本は財Aに比較優位を持ち，アメリカは財Eに比較優位を持っていると言うことができる。財Eは日本にとって比較劣位の財であり，財Aはアメリカにとって比較劣位の財である。しかし，財Aから財Eの間にある財B，財C，財Dは，どの財を基準にするかで比較優位か比較劣位かが決まってくることになる。例えば，財Bは財Aを比較の対象に選べば，日本にとって比較劣位財であるが，財Cを比較の対象に選べば比較優位財ということができる。

　このように，現実の経済を考察の対象にする場合は，多数の財について比較優位の概念は相対的な安さの序列を示すものと考えるとよいだろう。比較優位の序列は，当該国の比較優位構造という言葉で一般には表現されている。日本の比較優位構造の中で財Aは最大の比較優位財であり，比較優位の程度は財B，財C，財Dの順に減じていき，財Eは比較劣位財ということになる。

比較優位，為替レートと国際競争力

　ここまでの説明では為替レートに触れてこなかった。その理由は，為替レートが標準化された国際経済論という授業科目の中では国際金融という分野で説

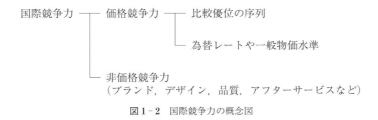

図 1 - 2　国際競争力の概念図

明されることが多いからである。しかし，比較優位の序列によって並べられた
多くの財のうち，どれが実際に輸出され，どれが輸入されるかを知るためには，
為替レートの水準を知る必要がある。例えば，表 1 - 2 でも，為替レートが 1
ドル＝115円であれば，同じ通貨に換算した時に財 A，財 B の 2 財は日本の方
が安く，残りの財はアメリカの方が安い。しかし，為替レートが 1 ドル＝130
円であれば，財 C も日本の方がアメリカより安くなる。

　為替レートが円安の方向に変化すれば，他の諸条件に変化がなければ，日本
が輸出できる財の範囲が拡大していく。円安による輸出競争力の強化，輸出の
増加などとマスコミで報道されているのはこのようなことを指している。比較
優位構造において序列の低い財でも，為替レートが自国通貨安になれば輸出さ
れるようになる。逆に為替レートが自国通貨高の方向に変化すれば，自国が輸
出可能な財の範囲は縮小する。

　つまり，為替レートは，輸出入する財を区分する境界線を比較優位の序列の
間に引く役割を果たすと言える。このように為替レートの水準は，ある財が実
際に輸出できるかどうかを決定する上で重要な役割を果たしている。ここで注
意しておいて欲しいことは，為替レートが自国の通貨が安い方向に変化してい
く時，新たに輸出品目に加えられる財を決定するのは比較優位の構造というこ
とである。このように 1 国の比較優位構造において優位性の序列が高い位置に
あることが輸出産業になるための必要な条件である。

　輸出競争力は，一般的に国際競争力という言葉によって表現されることも多
い。国際競争力という言葉は，図 1 - 2 のように考えるとわかりやすい。国際
競争力は，価格競争力と非価格競争力に大別される。価格競争力とは，文字通

り，競合する財の価格が高いか安いかということであり，ある財が比較優位の序列で上位にあるかどうか，為替レートの水準が安いか高いか，一般物価水準が低いか高いかなどによって影響を受ける。非価格競争力は，財が持っている強力なブランド力であったり，同種の他の財とは差別化された高水準のプロモーション活動が行われていることや，高品質のアフターサービスが行われていることなどが考えられる。

3　比較優位の決定

ヘクシャー＝オリーンの理論（要素賦存比率理論）

　リカードゥのモデルは，現在の一般的な国際経済学の教科書では，1生産要素モデルであり，国によって生産技術が異なる時，それぞれの国がどの財を生産して輸出し，どの財を輸入するかを明らかにしたと考えられている。つまり，リカードゥが明らかにしたことは国による生産技術の差による生産費の相対的格差が貿易を生む原因であるとみなしたとされている。それに対して，生産技術が同一の場合に，貿易が生じるかどうかを検討したのが，スウェーデンの経済学者，**ヘクシャー**（Eli Flip Heckscher：1879〜1952年）と**オリーン**（Bertil G. Ohlin：1899〜1979年）である。

　ヘクシャーとオリーンは，比較優位の決定要因を考察することで現在の**新古典派貿易理論**の基礎をつくった。ヘクシャーとオリーンのモデルは，その後アメリカの経済学者**サムエルソン**（Paul A. Samuelson：1915〜2009年）によってモデル化され抽象化されいくつかの仮定をおいて数学的に厳密な形で証明されたので，ヘクシャー＝オリーン＝サムエルソンの定理（**HOS 貿易理論**）と呼ばれることもある。ここでは原型であるヘクシャー＝オリーンの考えを紹介しよう。

　リカードゥのモデルでは，2国間で2つの財の生産コスト比が異なっている場合，2国ともに生産コストが相対的に安価な産業の財が輸出され，その財の生産が拡大して生産の特化が生じるということが，重要なポイントであった。ヘクシャー＝オリーンの考えでも比較優位にもとづいて貿易が行われ生産の特

化がおこると考える点は同じである。問題にしたことは，生産コスト比の差が生じる原因である。ヘクシャー＝オリーンの理論では，その原因を2国間の生産技術の相違でなく，2国間における2つの**基本的生産要素**（資本と労働）の存在量が相対的に異なっていることに求めている。

　ヘクシャー＝オリーンは，以下のような経済状態を仮定する。①技術水準について，2国は同一財の生産に同一の技術を持っている。つまり，2国間で同じ財を生産する場合に生産性の格差は存在しない。②生産要素は資本と労働という2要素モデルを考え，資本，労働ともに，両国で同質である。③異なる財の生産では，2つの生産要素（資本と労働）の投入比率が異なっている。つまり，**資本集約財**（生産する場合に資本を労働より多く使用する財のことで，例えば鉄鋼や石油化学などの重化学工業品をイメージしてもらうと良い）と，**労働集約財**（生産する場合に労働を資本より多く使用する財のことで，例えば綿紡績業などの軽工業品を考えてもらうと良い）があると考える。④生産要素の賦存状況（生産要素がその国に存在している量）は，2国で異なっている。つまり，相対的に資本が豊富な国（相対的に労働が少ない国であり，労働者1人当たりの資本が多い国）と，相対的に資本が少ない国（相対的に労働が豊富な国であり，労働者1人当たりの資本が少ない国）があると考える。

　このような状態のもとでは，相対的に資本が豊富な国は相対的に労働が豊富な国よりも，賃金率に対する資本レンタル（資本1単位当たりの報酬率のこと。何かを生産するために資本を一定期間使用した時，資本を使用するというサービスへの対価を指している。厳密には利子率ではないけれども，近似的に利子率と見なすと考えやすい）の大きさが相対的に安く，したがって資本集約財の生産に比較優位を持つことになる。逆に，相対的に労働が豊富な国は労働集約財に比較優位を持つことになる（これをモデル化して，厳密な仮定をおき数学的に証明を行ったのがサムエルソンである）。

　ヘクシャー＝オリーンの考えでは，貿易の原因が2国間の**生産要素存在量**における相対的な格差におかれているから，資本と労働の両者とも外国より絶対的に乏しいとしても，2財のうちどちらかに比較優位を持つことができる。資

本レンタル（近似的に利子率）と賃金率は統計的に把握可能であるから，データを検証して理論を実証することが可能になる。生産要素の存在量に着眼したヘクシャー＝オリーンの考えは，その後の貿易理論の基礎となり，この基礎の上に新古典派は均衡理論を取り入れた精緻で体系的な貿易理論を築くことが可能になり，現在，標準的な教科書で説明される基本モデルの 1 つとなっている（岩本・奥・小倉・河﨑・金・星野 2012：14-15）。

要素価格の変化，所得分配，要素価格の均等化

　基本的な生産要素（資本と労働）の存在量と貿易パターンの関係を明らかにしたことが，ヘクシャーとオリーンの考えの重要な内容であったが，もう 1 つの重要な点は，貿易が国内の所得分配に及ぼす影響についてであった。ヘクシャー＝オリーン理論にしたがえば，その国において豊富な生産要素を多く使用する財が輸出されるから，例えば，労働が豊富な国では労働集約財が輸出され労働に対する需要が高まる。労働に対する需要が高まれば，労働の価格（賃金率）は貿易前よりも上昇するだろう。この国では資本集約財を輸入することになるから，資本は相対的に過剰になり資本の価格（資本レンタル）は下がるだろう。資本集約財を輸出している資本豊富国では逆の現象が起こる。結果的に，相対的に豊富で安価であった生産要素の価格は，それぞれの国で上昇し，相対的に希少で高価であった生産要素の価格は下落する。生産要素を所有している人への報酬の変化は，2 国における所得分配の変化を意味している。それと同時に，貿易の結果，国際的にみた生産要素の価格差は縮小していくことになるだろう。このことは，「（生産）**要素価格の均等化**」と表現される。

　第 1 節で述べた比較優位論の祖であるリカードゥが活躍した19世紀は，イギリスを中心にして世界で自由貿易体制が作られた。しかし，イギリス国内では自由貿易について賛否両論があり，貿易政策論争があった。当時のイギリスは産業革命を世界に先がけて達成していたから，工業部門が比較優位部門であり農業部門は比較劣位部門になる。ヘクシャー＝オリーンの理論によれば，自由貿易によって，比較劣位部門に投入される生産要素の価格は下落する。農業部

門の生産要素は土地であるから，イギリスでは自由貿易の結果，土地の価格（地代）が下落し，土地の所有者（地主）が不利益を被る。地主階級は，自由貿易に対して激しく反対した。自由貿易によって不利益を被る人々による自由貿易反対論は，現在でも繰り返される。比較優位にもとづく自由貿易は，国内の所得分配構造に大きな変化をもたらすからである。これを理論的に説明したことは，ヘクシャーとオリーンの大きな貢献である。

レオンチェフ・パラドクス

　ヘクシャー＝オリーン理論は，現実の貿易パターンをどの程度説明しうるのだろう。アメリカは，近年まで，世界の他のどの国よりも豊かであり，アメリカの多くの労働者は多国の労働者よりも多くの資本を使用して仕事をしていたと言えるだろう。西欧諸国や日本がアメリカに追いついたとはいえ，アメリカは，相変わらず資本・労働比率において世界各国の中で上位に位置していると考えられる。そうであれば，アメリカは資本集約財の輸出国になり，労働集約財の輸入国になりそうである。しかし，意外なことに，実証研究では逆の結果が示された。

　ヘクシャー＝オリーンの理論に関する有名な実証研究が，1953年に**レオンチェフ**（Wassily W. Leontief：1905〜1999年）によってなされた。レオンチェフ以前にも研究は試みられたが，研究の緻密さ，その後の影響において，レオンチェフの研究はもっとも大きな影響を与えたから，それを知っておく必要がある。

　レオンチェフは論文（Leontief 1953）において，アメリカの経済構造を産業連関表（一定期間内における1国の産業間の相互依存関係を統計数値による一覧表で示したもの）によって分析し，アメリカの貿易構造について以下のような指摘を行った。アメリカにおいて100万ドルの輸出財・輸入競争財を生産するのに必要とされる資本と労働の大きさを50部門にわたって測定した結果，表1-3のようなデータを得る（Leontief 1953：343）。

　輸出財の資本・労働比率，輸入競争財の資本・労働比率を計算して両者を比較してみると，アメリカは労働集約財を輸出し，資本集約財を輸入しているこ

表1-3　レオンチェフ・パラドクス

	輸出財	輸入競争財
資本（1947年基準）	2,550,780ドル	3,091,339ドル
労働（人・年）	182.313	170.114

(注)　「資本」,「労働」は, それぞれの財を100万ドル生産するのに必要な額と量を示す。
　　　輸出財の資本・労働比率を $k(x)$ とすると, $k(x)=14,300$ ドル
　　　輸入競争財の資本・労働比率を $k(m)$ とすると, $k(m)=18,200$ ドルとなり, $k(m)=1.30k(x)$ となる。
(出所)　Leontief（1953：343）より作成。

とになる。1953年当時, 常識的には, アメリカにおいて資本は相対的に豊富で, 労働は相対的に希少であると考えられるから, この結論はヘクシャー＝オリーン理論に合わない。この発見はレオンチェフによってなされたことから, レオンチェフ・パラドクス（レオンチェフの逆説）と呼ばれた。理論仮説の提示→データによる検証→再仮説の提示→再検証というのが経済学研究のスタイルであるから, レオンチェフ・パラドクス以降, 多くの実証研究と理論仮説が展開される。

　1962年のアメリカの貿易データを検討したボールドウィンの研究（1971年に発表）でもレオンチェフの研究と同じことが支持され, ボウエン・ラーナー・スヴェイカウスの共同研究（27カ国, 12生産要素までレオンチェフの研究を拡張し, 1987年に発表）の研究でも貿易における要素内容は39％が, ヘクシャー＝オリーンの理論の予想する方向性と反対の方向性を示した（クルーグマン／オブズフェルド／メリッツ　2017：114-116）。

　レオンチェフの観察が理論と違っているとすれば, ①レオンチェフの実証方法が誤っているか, ②ヘクシャー＝オリーン理論の仮定が特殊で非現実的であるか, それとも, ③両者が同時に存在しているか, のいずれかということになる。

　その後の多くの実証研究によって, ①とは考えにくく, ②の理論の仮定が特殊で非現実的であることが予想されている。各国の技術が同一であること, 各国が同じ財の集合を作ること, 費用のかからない貿易が財の価格を均等化する

といった仮定を通して実証した研究（デイヴィス・ワインスタインの2001年の研究）は，要素比率の差に基づく貿易モデルを構築しなおして，実際に観察される貿易の要素内容パターンにかなり上手くあてはまるようにできているし，先進国と発展途上国の貿易パターンを予測するのに，ヘクシャー＝オリーンの理論は，上手くいっているとされる（クルーグマン／オブズフェルド／メリッツ 2017：118-120）。

4　伝統的貿易政策

保護主義政策の思想

自由貿易主義は，18世紀の経済学者イギリスのリカードゥによって理論的に定式化され，その後，現在にいたるまで大きな影響力を持ってきた。自由貿易主義に対して保護主義の方はどうであろうか。ここでは，保護貿易政策思想を説いた 3 人の代表的な経済学者（スチュアート，マルサス，リスト）を取り上げておこう。

保護主義思想を背景にした国際貿易論としては，スコットランドの経済学者ジェイムズ・**スチュアート**（James Steuart：1713〜1780年）があげられる。スチュアートは，『経済の原理』（1767年，邦訳は小林昇監訳・竹本洋他訳，上下，名古屋大学出版会，1993年，1998年）において以下のような議論を展開した。15世紀の商業革命以降の商業・産業の発達が，封建制からの自由をもたらし，公信用や租税という国家による金融・財政政策が経済を発展させた。商品生産の拡大は，農業から工業を分離し，農工間で分業が起きる。この分業が順調に拡大するためには，「**有効需要**」が必要である。国内外の市場の不安定性を補い「有効需要」を調整するための政策が，国家による保護貿易政策であり，戦略的な輸出産業の育成である（服部 2002：19-27）。

リカードゥと穀物法論争を展開したトマス・ロバート・**マルサス**（Thomas Robert Malthus：1766〜1834年）は，『人口論』（1798年）や『経済学原理』（1820年）において，食料調達の必要性（現代風に言えば食料安全保障論）という立場か

ら農業の保護を主張した。彼は，穀物を自給できる国家が農業と工業を並立することで経済発展が自律的になると考えた。農業国と工業国の国際分業は，メリットはあるけれども，その永続性に疑問を呈した（服部 2002：84-88）。

マルサスは，自由貿易によって工業化がさらに進むと，豊かさと活気を与えてくれるが，工業への人口集中は国民の健康や道徳に問題をもたらすと考えた。さらに，穀物輸入の自由化は穀物価格の下落をもたらし，農民に大きな影響を与えるとも主張した（奥他 2020：35）。

フリードリッヒ・リスト（Friedrich List：1789〜1846年）は『政治経済学の国民的体系』（1841年）で，工業化のための保護貿易を主張した。リストは国民経済の発展を以下の4つの時期があるとした。①国内農業が外国工業品の輸入と国内農産物・原料の輸出によって発展する。②国内工業が外国工業品輸入と並行しつつ興隆する。③国内工業が国内市場の大部分の需要に対応する。④大量の国内工業品が輸出され，大量の外国農産物・原料が輸入される。そして，これらの時期のうち，①を農業段階，②，③を農工業段階，④を農工商業段階であると呼んでいる。①と④の時期においては自由貿易，②と③の時期においては工業化のための**保護関税**が必要であると主張している（服部 2002：141）。

リストが登場した時代のドイツは，工業化がようやく進みはじめていたが，政治的には多くの**領邦国家**が存在して，統一の途上にあった。リストはイギリスの古典派経済学を批判し，自由貿易政策についてもドイツの国民形成や工業化をさまたげるとして批判した。彼は，古典派の普遍的な価値の理論を批判し，経済現象を歴史から説明して国民的生産力の理論を古典派のそれに対置させたのである。そして，国内交通・流通網の整備や関税の統一といった市場を国民的市場に統合する政策や，自国産業を育成するための効率の関税という保護主義政策を主張した（奥他 2020：37）。

経済政策はその時代背景に対応しており，国と時代が異なると，自由貿易政策だけでなく，保護主義政策もまた強く主張される。

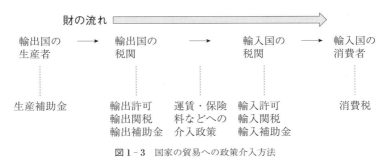

図 1 - 3　国家の貿易への政策介入方法

自由貿易への政策的介入

　自由貿易の原理をそのまま適用すると，理論的には比較劣位部門に投下されていた資源が比較優位部門に移動することになるが，現実はそのように単純に進まない。投下されていた資源とは，例えばその産業で働いてい労働者のことになるが，彼らが解雇されれば失業問題がただちに生じる。そのため，現実には自由貿易にさまざまな政策介入が行われることになる。

　現在の経済学において，自由貿易への政策介入が正当化される理由は，第3章で説明される。また「新しい」貿易理論に対応する貿易政策についても，同章で言及される。本章では，伝統的な保護主義政策の経済効果についてのみ言及する。

　さて，国家が貿易に介入する政策はいくつか存在している。自国である商品が生産され相手国の消費者に渡るまで，どのようなプロセスがあるのかを図示したものが，図1-3である。生産者に補助金を与えて生産をしやすくする生産補助金政策，輸出をどのように，どの範囲まで許可するかという輸出許可政策や輸出数量制限政策，輸出を促進するための輸出補助金政策，逆に輸出を抑制するための輸出関税政策（これは普通はあまり見られないが，税収が少ない国でとられることがある），実際に貿易を行う際に関与する運輸や，貿易に付随する保険などへの介入政策，輸入国の輸入関税政策（通常，関税政策とはこれを指している。国内産業の保護や税収が少ない国では税収の確保のために行われる），さらに国内産業を強力に保護するための輸入許可政策や輸入数量制限政策，さらには

国内の消費にかけられる消費税などが存在している。

　これらの政策の中でも，生産補助金や消費税は，国内で生産された商品と外国に輸出する商品，また国内で生産された商品と外国から輸入された商品といった区別はないから，国内的な政策措置と考えることができる。これに対して，輸出国や輸入国の税関で課されることになる輸出関税や輸入関税，また政府から支給される輸出補助金や輸入補助金，さらに政府の輸出許可や輸入許可，輸出数量制限や輸入数量制限などに関する政策は，輸出入される商品にだけ関係するから，これらは通常，貿易政策措置と呼ばれている。

　輸出許可や輸入許可は，輸出入が国際法や国内法によって制限されている商品でない限り，輸出業者や輸入業者が輸出入の申請をすれば自動的に政府は認可を与えることになる。しかしながら，輸出入許可が政府により意図的に行われることによって，円滑な貿易を阻害することもある。例えば，輸入について政府が政策的に輸入数量を決めて輸入許可証を発行する商品があり，国内流通の上での品質，衛生，安全面での基準を満たしているかどうかを検査してから輸入許可が発行される商品もある。すなわち，輸出入許可は，貿易政策となりえる。

　現在の世界貿易に関わるルールは WTO 協定であるが，WTO 協定の原則は自由貿易であり，各国政府が容認されている保護主義的政策は唯一，（輸入）関税政策だけである。関税は仮に課されていたとしても，関税がかけられている商品の国際競争力がより強くなることがあれば，その商品は関税という障壁を乗り越えることが可能になる。しかし輸入割当（輸入数量制限）がされてしまえば，商品の競争力がたとえどれほど強くなることがあっても，輸入量の拡大はありえない。したがって輸入割当（輸入数量制限）政策は自由貿易の原則を大きく逸脱するものとみなされるのである。**輸入割当**（輸入数量制限）政策は，WTO 協定のもとで原則として禁止されており，輸入割当（輸入数量制限）と同様の輸入数量になるほどの関税率を設定することが求められている。そして，多国間交渉によって，関税率を引き下げていく努力が積みあげられることになる。

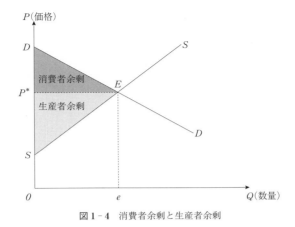

図 1 - 4　消費者余剰と生産者余剰

　このように（輸入）**関税**がもっとも代表的で伝統的な**貿易政策**であると考えられてきたから，ここでは関税の効果を経済学の視点から考える。関税以外の政策上の介入についても，経済学では，関税の場合と同じ方法で効果を考えることができる。

伝統的保護主義政策と経済的効果

関税とは　　関税は輸入品が税関を通過する際に徴収される税金のことである。日本では，税額は「関税定率法」で定められている。関税は，税金を課す単位によって**従価税**と**従量税**に分類され，従価税は輸入価格の一定パーセントとして税額が定められ，従量税は輸入品の単位数量当たり何円と定められている。

消費者余剰と生産者余剰　　関税政策の経済効果を考える場合は，経済学における部分均衡分析と「余剰」概念を使用することが通例である。**部分均衡分析**とは，分析したい市場だけを対象にしていると理解してもらいたい。「余剰」という概念は，図 1 - 4 において以下のように示される。どちらも，詳細を知りたい人は，参考文献にあげている，中村・大内田（2017：77-78）や，同第 5 章などを参考にしてもらいたい。

消費者余剰とは，消費者が支払ってもよいと思う額（支払う意思があった額）から実際に支払った額を差し引いたものである。市場においては「**一物一価の法則**」が働いているから，支払う意思のあった額と実際に支払う額の乖離が生じる。

図1-4で，ある財に対する国内の供給曲線を SS，需要曲線を DD とする。このとき，市場均衡点は点 E で，この財の価格は OP^* となり，生産量と消費量は等しく，Oe となる。この時，消費者余剰は，消費者がある財の購入にあたって支払う意志のあった額と実際に支払った額の差額の合計であるから，消費者余剰は $\triangle DEP^*$ となり，これは消費者の利益である。

生産者余剰も同様に考え，生産者がある財の販売にあたって販売する意思のあった価格と実際に販売した価格の差の合計で計算し，それは生産者全体の利益分と考えられる。図1-4では，$\triangle SEP^*$ が生産者余剰になる。

消費者余剰と生産者余剰を合計した総余剰は，総余剰＝消費者余剰（$\triangle DEP^*$）＋生産者余剰（$\triangle SEP^*$）＝$\triangle EDS$ の面積で示される。

この消費者余剰，生産者余剰，総余剰の概念を用いて，伝統的な保護主義政策の経済効果は考えられる。

自由貿易が開始された時　自由貿易の経済効果を理解するために，貿易が行われていない時と自由貿易が行われた時を比較して考えよう。図1-4に加えて，ある国が貿易を開始し，この財を一定価格 OP で，無制限に輸入できるとしよう（このことは，専門用語で「小国」の仮定と言われる。この仮定は，ある国の財に対する需要が世界全体の財の需要に占める割合が小さいために，その国の輸入量が国際価格に影響しないということを言っている。これと逆の場合を「大国」の仮定という。後者のケースでは，輸入規模が大きいので，輸入が増加することによって当該財の世界価格は上昇することになる。そのプロセスや影響は，「小国の仮定」よりやや難しくなるので，勉強したい方は，参考文献にあるような，より高度な国際経済論の教科書を参照してもらいたい）。

自由貿易が始まると，その国の消費量は，価格 OP に対応する需要曲線 DD 上の点 A になるから，数量では Oa で示される。生産量は，価格 OP に対応す

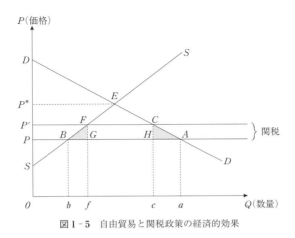

図 1 - 5　自由貿易と関税政策の経済的効果

る供給曲線 SS 上の点 B になり，数量は $0b$ で示される。結果的に，消費量と生産量の差額 ab が輸入される。この時，消費者余剰は $\triangle DAP$，生産者余剰は $\triangle SBP$ となり，総余剰は（$\triangle DAP + \triangle SBP$）＝（$\triangle EDS + \triangle EAB$）の面積で表されることになる。

　貿易が行われていない時と自由貿易が行われたあとを比較すると，この国は，$\triangle EAB$ の面積だけ総余剰が増加している。生産者の一部は国際競争に負けるため生産者余剰が減少するが，消費者は財の価格低下によって利益を受け消費者余剰が増加し，「余剰」の増加分が減少分を上回っていることが示される。つまり，**消費者利益**が大きく拡大して，生産の不利益を上回ったことが示される。

関税が課せられたとき　自国の生産者を保護するために，輸入品に対して 1 単位当たり PP' だけの関税がかけられたとしよう。財の国内価格（輸入価格）は $0P'$ に上昇する。消費量は $0a$ から $0c$ に減少するが，生産量は $0b$ から $0f$ に拡大し，輸入量は ab から cf に減少する。財の価格が引き上げられたことにより，自由貿易の時に比べて，消費減少，生産拡大，輸入減少という「関税の資源配分効果」がみられることになる。

　さて，消費者余剰は $\triangle DCP'$，生産者余剰は $\triangle SFP'$ である。これ以外に，

関税賦課による税収部分（政府収入）が，□CHGFだけある。自由貿易の状態と関税をかけた状態とを比較すると，消費者余剰は減少し，生産者余剰は増加している。関税収入による政府収入が，例えば，減税によって消費者に還元されると，それは消費者の利益になる。また生産者に補助金として与えられれば生産者の利益につながる。いずれにしても，関税収入は国民に還元されると考えることができる。国民に還元された利益部分と消費者余剰，生産者余剰を合計して自由貿易の場合と比較すると，自由貿易の状態に比べて，損失分（△ACHと△BFG）が発生したことになる。この損失部分は，輸入関税の死荷重（dead weight loss）と呼ばれる。△ACHの面積は，関税が国内消費を減少させることによる損失を意味し，△BFGの面積は，関税が割高な国内生産を増加させることによる損失を表している。

輸入割当・輸入数量制限政策　輸入割当・輸入数量制限政策の経済的効果はどのようになるだろうか。結論を先取りすれば，関税の場合とまったく同様になる。これは「関税と輸入割当（輸入数量制限）政策の同値命題」と呼ばれる。

　これを理解するためには，図1-5を参照にして，他の条件をすべて同一として，関税をかける代わりに輸入数量を cf 制限したと考えてみよう。価格 OP の時は，需要量＞供給量なので，価格が上昇しはじめ，価格が OP′ まで上昇すると，需給均衡に達する。均衡状態は，関税をかけて価格を OP から OP′ に引き上げたのと同じことになる。

　この時，消費者余剰は△DCP′，生産者余剰は△SFP′である。政府が輸入割当のライセンスを輸入業者に販売して収入を得て（□CHGF），それを減税などで消費者に還元したとすれば，関税をかけた場合と同じような経済的効果を生じる。

　しかし，輸入割当（輸入数量制限）政策は，関税政策との相違点もある。関税政策の場合は政府が関税収入を得るが，輸入割当政策の場合は，政府がどのような価格でライセンスを販売するかを決定することは難しく，輸入割当枠を得ることによる追加的利益の獲得を目指した非生産的な政治活動が活発化する

可能性がある。

　また，輸入割当は国内市場に独占の要素をもたらすことになる。関税政策の場合であれば，外国の生産者は関税さえ払えば市場に自由に参入できるから，輸入競争による価格低下圧力は存在している。輸入割当は，輸入量を政府が直接規制するので，国内の生産者は外国生産者との競争圧力を回避できることになる。もしも国内の生産者が談合すれば，国内価格をつり上げることも可能になる。その時，消費者はより高い価格に直面するので，輸入割当による死荷重は大きくなると考えられる。

　先に述べたように，**輸入割当**（**輸入数量制限**）政策が，**WTO 協定**のもとで原則として禁止されるのは，このような理由からである。

生産補助金　最後に生産補助金について影響を図 1 - 6 により，検討しておこう。当該国が，輸入関税をかけた場合と同じ生産量 Of を生産できるように，生産者に対して 1 単位当たり PP' だけの生産補助金を与えたと考える。生産補助金によって国内の供給曲線は SS から $S'S'$ にシフトするが，自由貿易が維持されることによって財の国内価格は国際価格と同じ OP の水準に保たれることになる。この場合，国内の消費量は $0a$，国内の生産量は Of，輸入量は af になる。生産者にとっては，補助金を得ることで財の価格上昇がなくても生産量を増加させることが可能になる。ただし，生産補助金の原資は，税金（例えば消費税）によるしかないから，結果的に増税（消費税増税など）を行うことが必要になる。

　この時，消費者余剰は $\triangle DAP$，生産者余剰は $\triangle S'GP$ になる。生産補助金を与えるための増税部分は $\square SS'GF$ によって示されるから，総余剰は次のようになる。

　総余剰＝消費者余剰（$\triangle DAP$）＋生産者余剰（$\triangle S'GP$）－増税（$\square SS'GF$）＝$\triangle EDS + \square EFGA$ の面積で表される。図 1 - 5 による輸入関税政策の場合と比較すると，$\triangle ACH$ の面積だけ，総余剰が増加している。つまり，生産補助金政策の方が輸入関税政策より死荷重が少ないことになる。

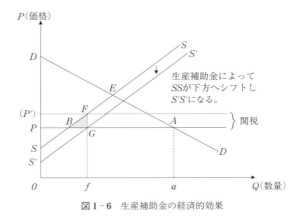

図1-6　生産補助金の経済的効果

代表的政策の比較　　自由貿易は，商品価格の下落を通じて消費者に浅く広く利益をもたらし，生産者に直接的な不利益をもたらす。消費者への幅広い利益があるために，トータルの総余剰は大きくなる。保護主義政策は逆のことが生じる。消費者に浅く広く不利益をもたらし，生産者に狭く直接的な利益をもたらす。結果的に，保護主義政策をもとめる声は強く大きくなり，貿易問題は必ず政治問題化する。

　また，国内生産者の保護には，死荷重が少なくなる分だけ，直接的な**生産補助金**の方が輸入関税より望ましいと考えられる。注意しておかなければならないことは，図1-5，図1-6で示されたように，保護主義政策は市場を歪めることで資源の誤配分というロス（死荷重）を生じていることである。保護主義政策が正当化されるのは，市場の失敗がある場合で，高度な幼稚産業保護論では，不完全な資本市場がある場合や新産業における企業が生み出した新技術の社会的便益を回収できる割合が極度に小さい場合などが考えられる（本書，第3章も参照のこと）。

　本章では，19世紀から第2次世界大戦後の頃までに形成された伝統的貿易理論と貿易政策について解説をしてきた。理論や政策は，生み出された時代背景を色濃く反映している。1970年以降の国際経済における新しい事象を説明した

── _Column_ ①　現実世界の比較優位と絶対優位 ──

　現実世界の比較優位として，クルーグマン／オブズフェルド／メリッツ『クルーグマン国際経済学』（38ページ）では，ベーブ・ルースの事例があげられている。ベーブ・ルースは，野球史上に残る強打者として有名であるが，ピッチャーとしても類い希な能力を発揮していた（ピッチャーとしても絶対優位）。しかし，バッティングにおいてチームメイトよりはるかに技能が高かった（バッターとして絶対優位であり比較優位）。そのため，所属チームは，彼にピッチャーをやめてバッティングに専念することをもとめ，彼もそれに応えた。結果的に，ベーブ・ルースは史上最高の打者という実績と名誉を得た。

　現代で言えば，ロサンゼルス・エンゼルスの大谷翔平もその例になるだろう。彼は，どちらの能力に比較優位を持っているのであろうか。専門家の意見を求めたいところである。

り，新しい政策を使用する際にはその理論的裏付けを必要とした。それらについては，第 2 章で扱うことにする。時代背景が異なるといっても，第 1 章であつかった理論は，いまでは標準化して多くの教科書で採用され，現代的意義が失われた訳ではない。

参考文献

天野明弘『貿易論』筑摩書房，1986年。

アレン，ロバート・C（グローバル経済史研究会訳）『なぜ豊かな国と貧しい国が生まれたのか』NTT 出版，2012年。

岩本武和・奥和義・小倉明浩・河﨑信樹・金早雪・星野郁『グローバル・エコノミー（第 3 版）』有斐閣，2012年。

奥和義・高瀬武典・松本雅和・杉本竜也『社会科学入門』ミネルヴァ書房，2020年。

河﨑信樹・奥和義編著『一般経済史』ミネルヴァ書房，2018年。

木村福成・椋寛編『国際経済学のフロンティア』東京大学出版会，2016年。

クルーグマン，P・R／オブズフェルド，M／メリッツ，M・J（山形浩生・守岡桜訳）『クルーグマン国際経済学――理論と政策（原書第10版）』丸善出版，2017年。

高英求『貨幣の制御――流動性の理論・思想史』文眞堂，2020年。

田淵太一『貿易・貨幣・権力――国際経済学批判』法政大学出版局，2006年。

多和田眞・近藤健児編著『国際経済学の基礎「100項目」（第 4 版）』創成社，2018

年。

中村保・大内田康徳編著『経済学入門』ミネルヴァ書房，2017年。

服部正治『自由と保護――イギリス通商政策論史』ナカニシヤ出版，2002年。

山本和人・鳥谷一生編著『世界経済論――岐路に立つグローバリゼーション』ミネ
　ルヴァ書房，2019年。

Leontief, Wassily (1953) "Domestic Production and Foreign Trade; The Amer-
　ican Capital Position Re-Examined". *Proceedings of the American Philosophi-
　cal Society.* 97(4): 332-349.

練習問題

問題1

ヘクシャー＝オリーンの命題を説明しなさい。

問題2

国内の生産者を保護する政策とその経済的効果を説明しなさい。

問題3

自由貿易思想と保護貿易思想の生まれてきた背景を簡潔に説明しなさい。

（奥　和義）

第❷章

新しい貿易理論

── **本章のねらい** ──

第1章で説明した伝統的な貿易理論のフレームワークで説明できない現象が1970年代以降，明らかになってきた。アメリカとヨーロッパの間の貿易拡大に象徴的に示されるような同種類の国の間で工業製品貿易が拡大してきたのである。また1980年代以降は，とくに企業がグローバルに活動を広げ，企業間でなく企業内で貿易を行うようになってきた。さらにグローバル・サプライチェーンの拡大など貿易は次々に新しい局面を見せている。第2章では，1970年代以降の新しい現象を説明する新しい理論を解説する。

1　産業内貿易

貿易理論の流れ

第1章で扱った伝統的な貿易理論は，2国間における生産技術の差や，資本や労働といった生産要素の存在量の差が，国際貿易を生じる原因となることを説明していた。伝統的な貿易理論は，簡潔な説明で，国際貿易が貿易当事国に利益を生じることを示したが，現実を説明する上では，いくつかの問題点も残していた。

問題になったことは，とくに1970年代以降，世界全体で取引量が拡大した産業内貿易をうまく説明できないことであった。**伝統的貿易理論**では，生産技術が異なっていることや生産要素の存在量が異なっていることが貿易を生じる原因になっているが，その理論では両者が似通っていると考えられる先進国間で

同一産業内において貿易が拡大したという現実をうまく説明できない。

　先進工業国と発展途上国との間の産業間貿易がなくなったわけではないし，それは国際貿易上でも重要な位置を占めているが，産業内貿易の活発化という現実をいかにして明確な形で説明するかが，次の貿易理論を考える上での焦点になった。また，現代の世界経済では，企業活動が多国籍化しており，その活動が世界貿易に大きな影響を与えている。伝統的貿易理論では，企業活動は抽象化され，生産関数によって記述されることになっている。そこでは，各産業では非常に多くの企業が競争を行い（完全競争），同じ生産関数をもつ企業の活動として説明され，現在のような独占的競争状態（価格競争だけでなく，ブランドや財・サービスの差別化で競争する状態）をうまく表現できていない。本章で扱う新しい貿易理論，新々貿易理論は，このような研究上の課題を克服するために考案されてきた。

産業内貿易の拡大

　第2次世界大戦後の世界貿易の伸びは世界生産の伸びを大きく上回って成長した。その中でも特徴的なことは，先進国間の工業製品貿易の成長率が高かったことである。19世紀から20世紀の半ばまでは，第1章で解説したヘクシャー＝オリーンの理論が説明するように，生産要素の賦存状況が異なっている先進国と発展途上国の間で貿易は拡大していた。工業品と農産品・原材料品の貿易が，拡大していたのである。しかし，第2次世界大戦以降は，現実の貿易は必ずしもヘクシャー＝オリーンの理論の予想する通りに進まず，生産要素の賦存量が似通っていると考えられる先進工業国同士で貿易拡大が見られたのである。とくに近年，その傾向は加速している。

　先進国間の工業品貿易，製品貿易は，同じ産業分類に属する財が相互に貿易されているから，「**産業内貿易**」（intra-industry trade）と呼ばれている。これに対して，ある国で一方の産業（例えば工業）では輸出されているが，他の産業（例えば農業）では輸入されている時，このような貿易パターンを「**産業間貿易**」（inter-industry trade）と呼んでいる。

表 2 - 1　国別・地域別にみた製造業品の産業内貿易指数の平均値

国・地域	産業内貿易指数の平均値		産業内貿易指数の平均値の変化分
	1970年	2000年	1970～2000年
22発展経済地域	35.1	62.0	26.9
主要な6輸出国	41.1	61.7	20.6
フランス	51.9	76.7	24.8
ドイツ	51.0	69.2	18.2
イタリア	44.3	58.1	13.8
日　本	17.7	41.0	23.3
英　国	45.3	73.6	28.3
米　国	36.0	59.6	23.6

（原資料）　OECD, *International Trade Statistics.*
（出所）　グリーンナウェイ／ミルナー（2008：245）。

　第2次世界大戦後の世界貿易の発展は，産業内貿易によってなされた。産業内貿易の規模を示す指標として，もっとも有名な指数は，**グルーベル**と**ロイド**による次の指数である。

$$産業内貿易指数 = \frac{(Xi + Mi) - |Xi - Mi|}{(Xi + Mi)} \times 100$$

（*i* 産業における輸出の金額を *Xi*，輸入の金額を *Mi* とする）

　i 産業で産業内貿易が活発に行われているということは，*Xi* と *Mi* がほぼ等しくなる。その時，この分数の分子のうち，|*Xi* − *Mi*| = 0 になり，計算式はほぼ100になる。産業内貿易が行われていないということは，*Xi* か *Mi* の値のどちらかは 0 に近い値であるということだから，この分数の分子は（*Xi* − *Xi*）か（*Mi* − *Mi*）のどちらかに近づき，計算式はほぼ 0 になる。1 国全体として産業内貿易の程度を見ようと思えば，各産業についてもとめた指標を，各産業の貿易量などでウェイトづけして，1 国全体の平均をもとめればよい。

　産業内貿易指数が近年，上昇していることは，表 2 - 1 に示されている。OECD 加盟国における貿易額全体に占める産業内貿易額を1970年と2000年で

比較すると，どの国，地域も，いちじるしく比率を高めていることが示されている。

　ところで，産業内貿易のデータを計算する場合に，産業の分類としてどこまで細かく分類したものをデータとして使用するかという問題も存在している。大分類の産業内に多くの異なった小分類の産業が含まれているからである。表2－1は大きな分類によるものであるが，いろいろな国の大分類や小分類の産業の貿易データを分析された結果は，産業内貿易が着実に発展してきていることを示している。

　産業内貿易がなぜ発展してきたかを説明する前に，産業内貿易，産業間貿易という言葉に似た言葉，垂直貿易と水平貿易を説明しておこう。「**垂直貿易**」（vertical trade）とは，風土や技術的水準が異なっている国や地域間の貿易，例えば発展途上国の一次産品と先進国の工業製品の貿易のことを指す。「**水平貿易**」（horizontal trade）とは，これらの条件が似た国や地域間で同種の製品を輸出入し合うこと，例えば日本とドイツで自動車を輸出入し合うことなどである。

　したがって，産業内貿易の中にも，「垂直的産業内貿易」と「水平的産業内貿易」がある。例えば，衣料品でも，未熟練の労働者が簡単な縫製機械を利用してつくる価格が安い一般的に使用されるものは賃金が相対的に安いアジア諸国が輸出する傾向にあり，価格の高い色染めなどで熟練した技術を要するブランドの名を冠した衣料品はイタリア，フランスなどから輸出される傾向がある。アジア諸国とイタリア，フランスなどが，衣料品の輸出入を行うから，これは垂直的産業内貿易と呼ばれる。これに対して，高級な自動車の輸出入の例を考えてみよう。先進国の有名な自動車メーカーはさまざまな高級ブランドの乗用車を販売している。例えば，日本のトヨタ自動車から高級車のレクサスがドイツに輸出されるが，ドイツのメルセデス・ベンツ・グループ社から高級ブランド車のベンツ S クラスなどが輸入される。これは水平的産業内貿易と呼ぶことができる。

産業内貿易を説明する理論

第1章で取り上げた比較優位論やヘクシャー＝オリーンの理論などの伝統的貿易理論は，貿易のメリットや産業間の貿易を説明するには簡単なモデルで一定の説明力を持っているし，さまざまに実証研究もされてきた。しかし，伝統的な貿易理論が産業内貿易については十分に説明しうるか疑問が残るところである。また第2次世界大戦後に，アメリカ企業がヨーロッパ向け直接投資を増加させたり，レオンチェフの逆説が示されたことなども，伝統的貿易理論に疑問を投げかけた。以下では，伝統的貿易理論に対して新しく考案された貿易理論のいくつかを紹介していく。それによって，これまでの貿易理論では十分に説明できない現象に対する理解が助けられることになる。

プロダクト・ライフ・サイクル論

1960年代には，「技術ギャップ」という概念を中心とした貿易理論が提起され，代表的な論者であるポズナーは，1国での初期のイノベーションが技術と貿易上の優位性にどのように関係するのかを分析した。彼は貿易上の優位性が持続する範囲と期間が，①新製品を開発する企業が蓄積してきた優位性のレベル，②新製品需要の拡大するスピード，③新製品が模倣される速度によって決まると考えた。企業が蓄積してきたレベルがより高く，新製品需要の拡大スピードがより速く，模倣されるスピードがより遅ければ，その優位性の持続は広く，長く続くというのである（イエットギリエス 2021：87）。

またクズネッツ（1971年に経済成長に関する理論を実証的手法を用いて構築した功績によりノーベル経済学賞を受賞している）は，製品の発明から成熟にいたるプロダクト・ライフ・サイクルと製品に対する需要の成長を結びつけ，需要の成長は発明期ではゆっくりと，その後急速に加速し，最終的には再びゆっくりとなる傾向があることを発見した（イエットギリエス 2021：88）。

彼ら以外にも，ハフバウアー，ヒルシュなどが，技術ギャップが貿易に及ぼす影響を分析し，これらの研究成果を背景にレイモンド・バーノンが，プロダクト・ライフ・サイクル論を「国際生産」に関する理論を発展させるために用

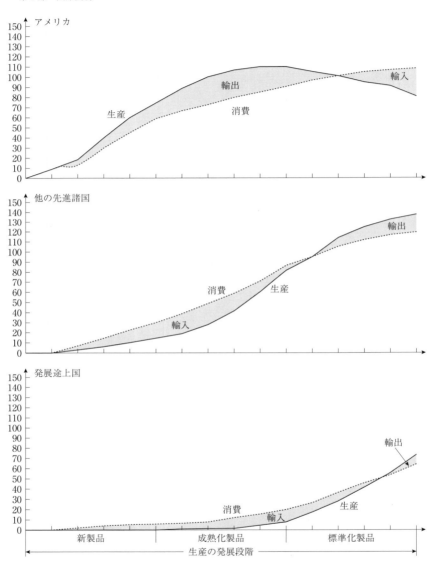

図 2 - 1　生産，輸入，輸出と製品発展段階（プロダクト・ライフ・サイクル論）

（原資料）　Vernon（1966: 200）: ⓒ 1966 by the President and Fellows of Harvard College. Published by John Wiley and Sons, Inc., *The Quarterly Journal of Economics* LXXX(2).

（出所）　イエットギリエス（2021 : 95）。

いた。それは，図2-1に示されている概念図によってよく知られている。

　バーノンによればアメリカ市場は以下のような特徴を持っている。平均1人当たり所得の高い消費者が存在し，巨大な市場であるから小規模の試験者でも大きな市場へ供給することができ，単位当たりの労働コストが高く資本は大量に供給されている。このような市場に直面しているアメリカ企業は，労働節約を考え，相対的に所得の高い層に需要される新製品を開発しようとする。そうすると新製品はアメリカ内で計画され，開発されるだけでなく，初期段階で生産も行われる。製品に対する需要が拡大し，それが成熟段階に達するにつれて，顧客の近くにいてニーズに柔軟な対応をする必要性が減少し，製品そのものの新規性や特徴より生産コストが重要になってくる。またアメリカ国内の需要も拡大するが，所得が高い先進ヨーロッパ諸国の海外需要も拡大する。後者は，しばらくの間アメリカからの輸出によって満たされる。しかし，ヨーロッパのライバル企業が新製品を模倣するという脅威，ヨーロッパの低コスト，ヨーロッパ諸国の政府による輸入規制の恐れなどの理由から，アメリカ企業は輸出から直接投資を戦略として選ぶ可能性が高まる。製品の生産について，新製品開発・国内生産→輸出→海外生産というパターンがみられる（イエットギリエス2021：90-94）。

　これが発展途上国にも広がっていく様を描いたのが図2-1である。バーノンによって示された普及の順序とメカニズムは，OECDによる1970年の調査でも支持されている。この調査によれば，多くのイノベーションがアメリカで生み出され，その後西ヨーロッパに普及していることが示され，（1970年までの）技術の普及メカニズムが，ヨーロッパへの投資を通じたアメリカ企業の直接生産であった（イエットギリエス 2021：94）。

　このように先進国間で技術格差が成長過程において生まれるために，資源の賦存状況とは関係なく，技術開発が持つ役割（技術格差，技術の独占，技術の移転など）によって貿易理論が考えられた。

　しかし，1970年代の終わりから1980年代になると，バーノン自身が自己の理論に批判的な立場をとるようになった。すなわち，多国籍企業がますますグロ

ーバルに計画をたてていくにつれて，企業活動の幅が拡大しただけでなく，アメリカにおける新製品の投入とそれの他地域への導入と普及のずれは小さくなった。しかも，海外子会社は活動拠点で新製品をより急速に普及させるようになったからである（イエットギリエス 2021：97-98）。

　多国籍企業は1990年代から21世紀に入ってさらにグローバルに活動し，そのことを説明するために，後述する新々貿易理論が生まれてくる。理論は常に新しい現実を説明するためにアップデートされていくから，バーノンによって提起されたプロダクト・ライフ・サイクル論を現在そのまま適用できないにせよ，彼が考察した要素のいくつかは依然として有効であるだろう。①変化する状況を想定した非常にダイナミックなものであること，②市場構造を考慮に入れていること，③イノベーションを内生的にとらえ，それを生産，消費，市場構造からとらえていること，④国際生産と国際貿易を結びつけていることなどである（イエットギリエス 2021：99-102）。

リンダー仮説（産業内貿易と需要）

　第1章で説明したように，ヘクシャー＝オリーンの理論にもとづいた実証結果はレオンチェフ・パラドクスとして知られていた。北欧の経済学者ステファン・リンダーは，レオンチェフ・パラドクスを解決する仮説の提示を，『国際貿易の新理論』（邦訳の書名。原タイトルは，*An Essay on Trade and Transformation,* 1961）において行った。彼はその書物の中で，ヘクシャー＝オリーンの理論などの先行研究と戦後の研究成果（ヴァイナー，サムエルソン，ハーバラー，ヌルクセ，ハーシュマンなど）を踏まえて，①伝統的静態的な貿易利益でなく，動態的な貿易効果をいかに把握するか，②工業国相互の間の貿易あるいは工業品の水平貿易がなぜ緊密に行われるかを問題にしている。①については古典派，新古典派批判，②はヘクシャー＝オリーン理論批判を通じて行っているが，ここでは産業内貿易についてのリンダーの貢献について説明しておこう。

　ヘクシャー＝オリーンの理論では各国の消費者の嗜好はほぼ同一である（各国の需要の質はほぼ同じである）と想定し供給サイドの要因（生産要素賦存量）を

考察している（その結果レオンチェフ・パラドクスが発生する）。リンダーは貿易の原因を需要サイド（消費者の好み）に求める。リンダーによれば，一次産品貿易の説明はヘクシャー＝オリーンの理論が妥当するが，製造業品の貿易は各国の需要構造の類似性，需要重複の程度が重要な説明要因になる（グリーンナウェイ／ミルナー　2008：257）。

　　2つの国の需要構造が類似していればいるほど，この2国間での貿易は緊密に行われうる。……中略（筆者による）……あらゆる要因が1国の需要構造に影響を与えている。しかし平均所得はもっとも重要な単一の要因であり，実際に需要構造に支配的な影響をもっている，と提言してみよう。もしこれが事実であれば，平均所得水準の類似性を需要構造の類似性の指標として使ってよいことになる……（リンダー　1964：134-135）

　消費者の好みは異なっているが，その好みは主に1人当たりの所得に依存してくる。つまり需要の構造はそれぞれの国の所得水準に依存し，他方で生産はまず国内の需要に対応するから，先進国は需要と生産の両面でお互いに似た構造になるというわけである。ただし，先進国は所得水準が上がってくるほど同じような商品に関してもそれに対する需要が非常に多様化してくるので，先進国間では同種であっても少し差別化された商品の貿易が行われる。個々の国の多様化した需要に対応して，ある国の一企業だけで多種多様な商品をつくったのでは生産のロットが小さすぎて生産が非効率となるから，規模の経済の利益を享受しようとすれば，それぞれの国は同種類の商品のうち特定の商品生産に特化した方がよい。需要構造が似ている国は同種類の産業を発展させて差別化された商品を貿易するようになるため，貿易額が増える。この点についてはリンダー以降，前述したグルーベル＝ロイド，後述するクルーグマンなどの他に多くの研究者が，規模の経済，製品差別化，製品の要素集約度の差など多くの論点について検証してきた（研究の詳細を知りたい方は，グリーンナウェイ／ミルナー（2008：258-288）にある文献を参照していただきたい）。

リンダーの理論と整合する需要構造の国際貿易への影響（「リンダー効果」と呼ばれる）は実証的に行われ，それが観察されるケースとそうでないことがある。一般的に言って，１人当たりの所得が同じくらいの国は地理的に隣接していることが多く，距離は２国間の貿易の強度を説明する上で非常に重要な要素であるから（*Column* ②「重力モデル」も参照），理論を計量的に検証する場合には難しさがある。リンダー効果は非製造業よりも製造業の貿易で見られる傾向があり，製造業の中では消費財よりも資本財の貿易において標準化された製品よりも差別化された製品で見られる傾向があるとされる。

リンダーの議論は，以下に説明するクルーグマンたちによってさらに発展させられ，需要における消費の多様性や独占的競争が強調されていった。

2　新しい貿易理論(1)

貿易理論の変遷

まず伝統的貿易理論以降の貿易理論の発展を鳥瞰するために，冨浦英一（2014）が作成した図表により全体像を確認しておこう（図 2‐2 を参照）。

第１章で説明したリカードゥの考え方（比較優位）は，現在でも国際経済学の最初に取り上げられるメイントピックである。**絶対優位**は理解されやすい考えであるが，貿易を考える場合にもしばしば誤って用いられることがある。しかし２国間で考える場合，すべての財について生産性が劣る国も，劣位の程度が比較して低い財を生産し輸出することができるという**比較優位**の考え方は重要である。その後，第１次世界大戦後の戦後賠償問題をめぐってケインズと論争を繰り広げたオリーンが彼の師であるヘクシャーと共同で考え，サムエルソンが定式化した要素賦存理論（HOS 貿易理論：ヘクシャー＝オリーン＝サムエルソン理論）が構築された。これらの考え方は産業間貿易を考察するのには，有効であった。

次の理論的変革は，1970年代から1980年代にかけて生じた。その中心になったのは，2008年にノーベル経済学賞を受賞したクルーグマンである。彼は，ヘ

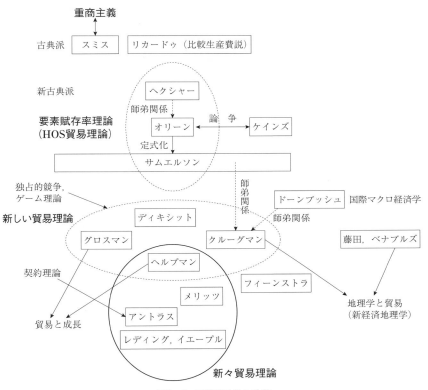

図2-2 国際貿易論の系譜

（注) 原図の英語表記については，奥が訳した。また統一のために表現を一部変更している。
（出所) 冨浦（2014：28)。

ルプマンとともに，それまでの理論が前提としていた完全競争から独占的競争
（不完全競争の1つ）の分析へと進めた。それによって，生産要素や技術で似通
っている先進国間の産業内貿易を理論的に説明することが可能になった。これ
は，伝統的貿易理論に対して**新しい貿易理論**（New Trade Theory）と呼ばれた
（冨浦 2014：25-27)。

　新しい貿易理論は，多くの研究分野に影響を与えた。寡占の理論を応用して
ゲーム理論的駆け引き状況を分析に取り入れ戦略的貿易政策の分析が行われた
り，Dixit-Stigritz 型の独占的競争理論モデルをヘルプマンとグロスマンが内

生的成長理論と結びつけて貿易と成長の関係に応用したり，藤田昌久とベナブ
ルズが国際貿易と経済地理を統合的に分析（空間経済学と呼ばれる）したりした。
新しい貿易理論の理論的基礎は「**収穫逓増**」（increasing returns）の分析にあり，
それは国際貿易から始まり経済成長から産業立地にいたる広範なテーマにおい
て研究のフロンティアを切り開いた（冨浦 2014：27）。

　この新しい貿易理論も，**クルーグマンがノーベル経済学賞**を受賞する頃には，
さらに「新しい」貿易理論（**新々貿易理論**：New New Trade Theory）が構築さ
れた。21世紀に入って新しい現実が示されてきたからである。1990年代以降の
グローバル経済の進展の中で，多くの国で輸出額が GDP に占める割合（輸出
依存度と呼ばれる）がより大きくなってきた。しかも，輸出を行っている企業が
きわめて少数であることも分かってきた。例えば，2000年にアメリカで操業し
ていた550万の企業のうち，輸出を行っている企業はわずか4％に過ぎないし，
しかもこの4％のうちの上位10％の企業（全企業の0.4％）がアメリカの輸出総
額の96％を占めていたのである。さらに，こうした輸出企業は輸出を行わない
企業より生産性が高いことも知られている（田中 2015：3-4）。

　伝統的な貿易理論や新しい貿易理論では，輸出が生産性の高い一部の企業に
よってになわれているという現実を上手く説明できない。なぜなら，そもそも
伝統的貿易論は19世紀の現実（一次産品と工業製品の産業間貿易が中心であった）
を背景に生み出され，貿易がなぜ行われるのか，産業間貿易による利益の源泉
などを説明すべきことにしており，新しい貿易理論は第2次世界大戦後の独占
的競争にもとづく産業内貿易を分析対象としていたから，暗黙のうちに，生産
性が等しい代表的企業を仮定していたからである。新々貿易理論は第3節で説
明することにして，次に新しい貿易理論について解説しておこう。

新しい貿易理論の誕生

　新しい貿易理論について，理論の構造と特徴をもっとも分かりやすく示して
いると考えられる，クルーグマンが1980年に『アメリカン・エコノミック・レ
ビュー』誌に発表した論文「規模の経済，製品の差別化，そして貿易パター

ン」（Krugman, Paul, 1980, "Scale Economies, Product Differentiation, and the Pattern of Trade," *American Economic Review,* Vol. 70, No. 5.）を紹介することによって，新貿易理論の特徴を示すことにしよう。

この論文でクルーグマンは，嗜好や技術，要素賦存が同じである2国間でも貿易が生じる理由を検討している。伝統的貿易理論は，リカードゥ・モデルでは技術の相違を，ヘクシャー＝オリーンの理論では生産要素賦存の相違を貿易の原因としていた。それゆえ，それらの理論では，技術や生産要素賦存の相違が小さい先進国間の産業内貿易が進展したことをうまく説明することは難しかった。そこで新しいフレームワークが必要とされたのである。

規模の経済，製品の差別化，完全競争という枠組みは，1960年代にグルーベルやバラッサといった国際経済学者によって議論されていたが，そのまま放置されていた。クルーグマンは，これらの要素を取り入れた単純な形式分析によって，生産要素賦存が類似している経済間の貿易の原因や輸出を促進する大きな国内市場の役割を示した。

論文に示されたモデルは，生産における規模の経済が働き，企業はコストなしで製品を差別化することができると考えている。それはディキシットとスティグリッツによって開発されたモデル（Dixit, Avinash K. and Joseph E. Stiglitz, 1977, "Monopolistic Competition and Optimum Product Diversity," *American Economic Review,* Vol. 67, No. 3.）を応用しており，均衡はチェンバレン（独占的競争理論研究の先駆者）型の独占的競争形態をとる。つまり各企業はある程度独占力を持っているが市場参入によって独占的利潤はゼロになるのである。このような不完全競争状態にある2つの経済が貿易を開始すると，たとえ嗜好，技術，要素賦存量が同じでも，収穫逓増によって貿易が生み出され，貿易利益が得られる。論文では，モデルを拡張することにより，輸送費用の影響と自国市場の影響も検証している。

規模の経済と貿易

次に新しい貿易理論の中心部分である**規模の経済**と貿易の関係について説明

しておこう。比較優位のモデルでは，**規模に関する収穫一定**（投入する生産要素量が2倍になると生産量が2倍になる）が想定されていた。しかし，現実の多くの産業において規模の経済が働くことが知られている。生産規模が大きくなれば，それだけ生産効率が上がるというわけである。これは**収穫逓増**とも言われる。ある産業への投入量が2倍になったとき生産量が2倍以上になるということである。

　さて，規模の経済がある時になぜ貿易のインセンティブが与えられるのであろうか。2国で同じ財を同じ技術で生産していると考えよう。しかし，どちらか片方の国の企業がある財に生産を集中するようにすれば，規模の経済が働いて生産量を増加させることが可能になるであろう。一部の財の生産を拡大させるためには生産要素をその財の生産により多く投入せざるを得ない。この追加的な生産要素をどこから見つけてくるのかという問題が生じるが，それは同種の他の財生産を減少あるいは中止することによって可能になるだろう。減少あるいは中止した財生産は，貿易相手国から輸入することにすれば，世界全体ではそれぞれの財生産が拡大することになる。

　ここで「規模の経済」と同じように重要な役割を果たすのが，貿易を行っている2国の「消費者の需要が多様である」ということである。A国の消費者もB国の消費者も，同じ産業に分類されるが，差別化された製品を需要し消費するとすれば，貿易は両国企業の生産にとっても望ましい状況をもたらす。例えば，日本のトヨタ自動車のレクサスとドイツのメルセデス・ベンツ・グループ社のベンツが，日本とドイツで輸出入されることを考えてみよう。それぞれの国の消費者が2つの車種を需要しているなら，日本とドイツで輸出入が行われることによって，トヨタにとって日本国内だけで販売するよりも規模の経済を実現できる生産・販売台数が確保でき，メルセデス・ベンツ・グループ社にとっても同様のことが起こるであろう。

　規模の経済が働く産業において，多数の企業が存在し市場競争を行っている状態が見られる傾向があり，これは独占的競争状態と呼ばれるが，独占的競争市場は，多くの企業が同種類の財を生産しながら，生産物の差別化を行ってい

る市場でもある。デザインやブランドによる差別化が競争上重要な役割を果たす。消費者の所得水準が上昇し好みが多様化する社会では，独占的競争状態が見られることが多い。このような状態にあると，企業は価格決定権をもっているから，自己の生産量を変化させることで財の価格に影響を与えることが可能になる。

　こうした状態で新しい財輸入が開始されると，消費者は2つのチャンネルを通じて貿易利益を受け取る。第1は，より多くの差別化された財を選択・消費可能になるということである。第2は，商品の多様化が進むと消費者は財の価格変化に対してより敏感に反応するようになる（輸入により**需要の価格弾力性**が大きくなる）から，結果的に財価格は下落しやすくなる（より多くの種類のブランド品が輸入されると，輸入以前より高い価格づけは難しくなる）。つまり，先進工業国の消費者が「多様性への愛」（より多様な商品を需要したいという欲望）を持つことにより，輸入が促進される（岩本・奥・小倉・河﨑・金・星野 2012：24-26）。

　また一般的に言って，多くの生産者にとって国内販売と輸出を比較すると，輸出はより多くのリスクとコストが必要であるから，国内市場の方が輸出市場よりも重要である。国内市場が小さい国の生産者は，規模の利益を得るために規格化された財を大量生産せざるをえない。これに対して国内市場が大きい国の生産者は，多様な財を生産することが可能である。このため同一産業内でも市場規模の異なる国の間で，異なる財に比較優位を持ち，貿易が生じることになるだろう。さらに輸送費がかかれば，企業は，大きな市場の国に立地して規模の経済を活かし外国に輸出を行うことになるだろう。大きな市場の国に立地して，そこから小さな市場の国に輸出するほうが，輸送費を節約できるからである。

　規模の経済と**輸送費**が重要である場合，ある財について大きな市場を持つ国は，その財の純輸出国となり，需要以上に生産が大市場に集中する傾向をもつだろう。これは「**自国市場効果**」（home market effect）と呼ばれている。（厳密な数学的なモデル展開を知りたい方は，先述したクルーグマンやディキシットとスティグリッツの論文がダウンロード可能であるので，それを直接読んで参考にしてもらいた

い。またクルーグマンは，論文の中で輸送費用について分析を容易にするために「氷塊型輸送費用」と呼ばれる単純な輸送費用を独占的競争モデルに導入している。この氷塊型輸送費用は，外国から自国に製品が輸送される間に製品の一部が溶けて消えてしまうと見なして定式化されるが，その後の国際貿易分野の研究でも多く用いられ，**新しい経済地理学**や**空間経済学**の発展の契機となった）。

3　新しい貿易理論(2)

規模の外部経済と規模の内部経済

ここで，クルーグマン／オブズフェルド／メリッツ（2017：161-162）によって，規模の経済についてさらに説明を加えておこう。一般的に，規模の経済は，外部経済と内部経済に分けて考えることができる。規模の外部経済は，単位生産費用がその産業の規模には依存するけれども，必ずしも個別企業の規模には依存しない場合に生じる。規模の内部経済は，単位生産費用が個別企業の規模には依存するけれども，必ずしも産業全体の規模には依存しない場合に生じる。

いまある産業に企業が10社あると想定しよう。それぞれの企業が100個の財を生産しているとすれば，産業全体では1000個の財を生産していることになる。ここで2つのケースを考える。（ケース1）産業規模が2倍になり企業は20社に増加したが，それぞれの企業は変わらず100個の財を作っているとする。産業規模が拡大した結果，各企業の生産費用は下がる可能性がある。産業の規模が拡大すれば，専門的サービスや専用機械の提供がより効率的に行われるからである。そうなれば，この産業は規模の外部経済を示したと言える。個別企業の生産が以前と同じ規模でも，効率性は実現される。（ケース2）産業規模は変わらず，生産量は1000個のままであるが，企業数が半減して残った5社が200個ずつ生産するようになったとしよう。この場合，もしも生産費が下がったら，それは規模の内部経済である。

規模の外部経済と内部経済は，産業構造にとり意味合いが異なる。規模の経済が純粋に外部的な産業（つまり大企業に優位性がない産業）は，多くの小企業

で構成されて競争的である。規模の内部経済は，大企業が小企業よりも費用優位性を持ち，不完全競争的な市場構造になる。現実の世界では両者が並行して生じるが，ここでは両者それぞれの特質を明確にするために，理論的に考えている。

　規模の内部経済が働く場合は，**不完全競争**的な市場構造になり，独占的競争状態になる。その場合の市場競争や貿易が開始される理由や貿易利益については，規模の経済と貿易の関連を先に言及した箇所である程度説明している。より厳密で詳しい解説を知りたい人は，クルーグマン／オブズフェルド／メリッツ（2017：181-195）に，不完全競争（独占競争）のミクロ経済学的解説から貿易への影響の詳細が説明されているからそれを参考にしてもらいたい。

　規模の外部経済について，さらに少し説明を加えておこう。産業の中で個別企業が小さいままでも，生産が特定の地域に集中するようになると，その産業の費用は下がることが多い。規模の経済が個別企業でなく産業レベルに適用される時，これは外部経済と呼ばれる。生産に関する外部経済の分析は，100年余り前に活躍した経済学者アルフレッド・マーシャルにまでさかのぼることができる。彼は，『経済学原理』第四編「生産要因。土地，労働，資本および組織」第10章「産業組織，続論。特殊化された産業の特定地域への集中　三」の中で，ある産業の特定の地域への集中が，その地域に立地する企業に4つの利益（ここで言う外部経済効果）をもたらすということを以下のような表現で述べている。①世襲的な熟練（ある産業における発明や改良技術，ノウハウが地域内で共有され，必要な情報が低コストで入手でき，そのような環境で，発明などが継続的に行われること），②補助業種の成長（補助する中小企業群が形成されること），③高度に専門化された機械の利用，④専門的熟練に対する地域的な市場（熟練労働者が特定地域にプールされること）（マーシャル（永沢越郎訳）1985：200-202）。

　マーシャルが指摘した①～④のうち，現代では，企業は孤立しているよりクラスターを形成している方が効率が高くなる理由という表現によって，①は知識のスピルオーバーが促進されること，②は専門特化した供給業者（専門サプライヤー）を支えられること，④は労働市場のプールを可能にすることとして，

現在の標準的な国際経済学の教科書でも取り上げられている（クルーグマン／オブズフェルド／メリッツ　2017：163-166）。

　このような特定地域に集積した産業として有名な例はいくつもあるが，サンフランシスコ湾岸近くのシリコンバレーに集積している半導体産業，ニューヨーク・ウォール街に集中している国際金融業，ロサンゼルス・ハリウッドにある映画産業などが，現代的なものとして一般的によく知られている。

　さて外部経済が働く場合の市場均衡は，すでに一般的な経済学の教科書などでよく知られているように，右下がりの需要曲線と前方下降的な供給曲線（右肩下がりの平均費用曲線）の交点で決まる。外部経済があるから産業の生産量が大きければ企業が販売したいと思う価格も下がり，産業の生産量が上がるにつれて生産の平均費用も下がる。この右肩下がりの平均費用曲線を前方下降的供給曲線と解釈できる（クルーグマン／オブズフェルド／メリッツ　2017：166-167）。

規模の外部経済と貿易

　2国間で貿易があった場合は，財価格の低い国の産業に生産が集中し，その国の生産費用は外部経済が働くことによってさらに財価格が下落するだろう。貿易の結果として，財価格は以前低かった国においてもさらに下落するのである。貿易のおかげで2国とも価格が下がる。これは規模の経済が働かない（収穫逓増のない）モデルとは大きく異なる。伝統的貿易理論で考えた時は，貿易によって2国の財の相対価格は収斂する傾向があり，一方は上昇し他方は下落した。規模の外部経済がある時は，世界生産を1国に集中する力が働き，それによって外部経済の便益が実現され，貿易を行っている2国とも価格が下がるのである。

　それでは輸出が可能になった国の優位性は何によって生じるのであろうか。1つの可能性は技術や資源の違いにもとづく比較優位である。例えば，人口が多く労働力が豊富な国では賃金は低く，労働集約財の価格は安い。上の例で示した輸出財が労働集約財であれば，製造業労働者の平均賃金がより低い国で生産が拡大するであろう。しかし，規模の外部経済が特徴の産業では，比較優位

は貿易パターンの一部しか説明しない。なぜ特定の国，しかもその特定地域で生産が集中したのかは明らかにならない。これを説明するのは，歴史的な条件であり，何かある要因がある特定産業，特定地域に最初の優位性をもたらし，この優位性は，最初に優位性をもたらした要因がもはや関係なくなったあとでも，規模の経済性によって「ロックイン」（固定化）される。**産業集積**をつくりだすのは，しばしば単なる偶然が決定的な役割を果たす。いまや世界的なIT集積地であるインドのベンガルール（旧称バンガロール）は，地元政治のきまぐれのおかげでテキサスインスツルメント社が1984年に新しいプロジェクトを始めたことによる（クルーグマン／オブズフェルド／メリッツ 2017：169-171）。

　もっとも重要な外部経済は，知識の集積から生じる。**知識集積**から生じる外部経済は，累積生産量の増加と生産単位費用の低減との関係を示す学習曲線によって示され，この曲線は横軸に累積生産量，縦軸に単位費用を取れば右下がりの曲線になるであろう。単位費用が現在の生産高でなく累積生産量の増加とともに下落することは，**動学的収穫逓増**と呼ばれている。

　このように歴史的な条件や偶然性が契機となったあと，状態が経路依存性（制度や仕組みが過去の経緯や歴史にしばられる性格）をもって，**ロックイン**されるのである。このように輸出産業として存在することを可能にする条件として，**歴史的な偶然性**以外に，**ダンピング**（一時的に生産価格以下で商品を投げ売りして市場を獲得する企業の競争戦略）で競争相手に打撃を与えることや，政府による強力な援助などが考えられる。

新々貿易理論の誕生と特徴

　第2節のはじめに述べたように，1990年代以降のグローバル経済の進展の中で，多くの国で輸出依存度が上昇し，しかも輸出を行っている企業はきわめて少数であった。しかし，新しい貿易理論は，輸出企業は生産性の高いごく少数の企業に限られているという事実を説明できない。なぜなら，伝統的貿易理論と新貿易理論のいずれも，企業は同質であるということを暗黙のうちに仮定してきたからである。

　それに対して，メリッツは，生産性が異なる企業が存在するという現実から
スタートして，生産性の高い少数の企業のみが輸出を行うモデルを2003年に発
表した論文で構築した（Melitz, Marc J., 2003, "The Impact of Trade on Intra-In-
dustry Reallocations and Aggregate Industry Productivity." *Econometrica*, Vol. 71,
No. 6.）。この論文の基本的な発想は，生産性の高い企業のみが，輸出に要する
大きな固定費用をまかなうほどの利潤を得ることができるというものである。
このモデルは，輸出企業，海外現地生産（FDI）企業の順に生産性が高くなる
モデルに拡張された。海外現地生産には現地での工場建設など莫大な固定費用
がかかるから，それをまかなうことができるのは，生産的な企業のみである。
このモデルは，とくに企業レベルデータにもとづく実証研究の理論的な基礎に
もなった。

　またメリッツによれば，グローバル経済の拡大にともなう貿易障壁の低下に
よってグローバル競争が活発化すると，今まで貿易障壁によって守られていた
低生産性企業は市場から退出せざるをえなくなる。このことは高生産性企業の
生産量を拡大させる。この過程で国全体の平均生産性が上昇して，人々の実質
所得が上昇する。グローバル競争による世界規模での企業淘汰によって，人々
はより豊かになるというのである。

　田中鮎夢は，『新々貿易理論とは何か』の中で，伝統的貿易理論，新貿易理
論，新々貿易理論の全体の比較を分かりやすい形で示しているので，それをま
とめた表2-2により3つの貿易理論の特徴を確認しておこう。また同書にお
いて新々貿易理論の系譜を明瞭に示しているので，図2-3を用いることで系
譜も示しておく。

　表2-2は，代表的貿易理論を説明しようとした対象，企業に対する仮定，
貿易の原因，貿易利益の源泉などについて，概括的にまとめたものとなる。一
目瞭然であるが，それぞれの貿易理論は生まれた時代背景がある。伝統的貿易
理論では，工業化と貿易が深く関係して世界に工業化が波及する19世紀から20
世紀の半ばまでの貿易拡大を説明しようとしている。それに対して新貿易理論
では，1960年代以降の産業内貿易の拡大という新しい現象がなぜ引き起こされ

表 2 - 2　貿易理論の比較

代表的な貿易理論	伝統的貿易理論		新貿易理論	新々貿易理論
主な説明対象	産業間貿易	産業間貿易	産業内貿易	企業の輸出・海外現地生産
企業に対する仮定（産業内）	企業の生産性は同じ	企業の生産性は同じ	企業の生産性は同じ	企業の生産性は様々
輸出企業は生産性の高い少数企業という事実	説明できない	説明できない	説明できない	説明できる
代表的文献の著作者	リカードゥ	ヘクシャーとオリーン	クルーグマン	メリッツ
貿易の原因	比較優位技術（生産性）格差	比較優位生産要素賦存の差	規模の経済（収穫逓増）消費者の多様性への愛	
貿易利益の源泉	比較優位に従った特化		規模の経済と消費者が利用可能な製品種類の拡大	低生産性企業から高生産性企業への資源の再配分

（出所）　田中（2015：5，12，26）より作成。

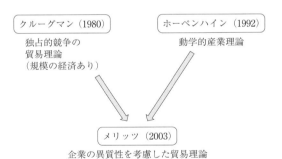

図 2 - 3　企業の異質性を考慮した貿易理論の成り立ち
（出所）　田中（2015：24）。

たかを説明する。新々貿易理論では，グローバル経済の世界的拡大による企業の巨大化，多国籍化という現実を説明しようとする。

　グローバル経済の拡大にともなって，メリッツによる理論が構築されたのは，クルーグマンによる**独占的競争理論**に，ヒューゴ・ホーペンハインによる企業

の動学理論を導入したことである。これによって貿易の一般均衡理論を構築した。メリッツのモデルは，第2節で取り上げたクルーグマンのモデルを受け継いでいる。すなわち，①規模の経済（収穫逓増）と，②生産には固定費用がかかると仮定し，③産業内では，各企業は他者とは差別化された製品を供給するという**独占的競争**モデルを考えている。

　メリッツがクルーグマンと大きく異なっているのは以下の④，⑤の2点である。④企業の生産性は異なっている。⑤輸出には，**輸出可変費用**（氷塊型輸送費用）に加えて，**輸出固定費用**がかかると仮定した。④について，クルーグマンは企業の生産性に言及していないから，暗黙のうちに企業の生産性は同一であると仮定しているとみなせる。メリッツは企業の生産性が高いほど利潤が高く，生産性の低い企業は利潤が低くなるから市場から退出せざるをえない。⑤から，生産性の低い企業は輸出を行えなくなる。

　以上のことから，「輸 出 閾値」（輸出に必要な最低限の生産性）を超える一部の企業のみが，輸出企業となる。「**輸出閾値**」を下回るが，「**参入閾値**」（参入に必要な最低限の生産性）を超える企業は非輸出企業になり，国内市場にのみ製品を供給することになる。このようなことからメリッツのモデルでは，同一産業内でも，輸出企業と非輸出企業が存在する現実を表現できる（田中 2015：23-24）。

　また新々貿易理論は，**貿易利益**として，新しい貿易理論と同様に製品の多様性の増加による消費者利益と規模の経済からの利益をそれぞれの国が享受できるとともに，さらにメリッツ・モデルでは，生産性の高い企業のみが生き残り，労働市場に摩擦がなければ高利潤・高生産性企業に労働者が集まり，経済全体として生産性上昇と厚生の上昇がみられることになるから，貿易による平均生産性の向上という利益が得られることになる。

　第1章と2章のこれまで言及してきた内容を一枚の表にして分かりやすい比較をしているのが，表2-3である。整理のために，確認してもらうとよいだろう。

表2-3　各種の貿易パターン／貿易モデルの分類

動学・静学	名称	分類	理論的な基礎	製品・サービスの属性	市場構造	貿易の決定要素	主な具体例	主な研究代表例
静学（学）的	産業内貿易 (Intra-Industry Trade: IIT)	水平的産業内貿易 (Horizontal Intra-Industry Trade: HIIT)	独占的競争理論	属性が異なるもの	独占的競争	規模の経済／属性に基づく消費者選好：(A)Love of Variety アプローチ (B)Ideal Variety アプローチ	規模の経済は一般に該当に製造業の経済に該当する。(A)好きな色合いのセーター、(B)同じセグメントの国産車と外国車	[規模の経済] Krugman (1979) [属性に基づく消費者選好] (A)Love of Variety: Krugman (1979) (B)Ideal Variety: Lancaster (1980)
		垂直的産業内貿易 (Vertical Intra-Industry Trade: VIIT)	比較優位	だいぶ品質や用途が異なる	競争的	品質の差別化に基づくものまたは技術的要因に基づくものと部品の完成品生産	カラーテレビと白黒テレビ、コンピューターとマイクロチップ	[質・品質] Flam and Helpman (1987) Falvey (1981) Falvey and Kierzkowski (1987) Durkin and Krygier (2000)
	産業間貿易 (Inter-Industry Trade)		比較優位	製品や産業は異なる		比較優位	小麦とトラクター	リカード・モデル、ヘクシャー＝オリーン＝サムエルソン・モデル
	企業内貿易 (Intra-Firm Trade)	垂直的プロダクション・チェーン (Vertical Production Chain)	直接投資／企業内貿易	製品は同一の産業に分類される意味で同質的。しかし、伝播の時期的な差があるので、高級品と普及品などの差別化が生じることがある。	多国籍企業／通商障壁	プロダクション・チェーン／フラグメンテーション、物理的・人為的通商障壁	IT製品の前工程と後工程／多国籍企業のマーケット指向や原料調達指向のFDI	Helleiner (1981, 1990) MacCharles (1987) Jones and Kierzkowski (1990) Deardorff (2001) Kol (1988)
動態（学）的	技術ギャップ・研究開発論など	技術ギャップ・研究開発 (R&D)	動態（学）的比較優位		競争的	技術力、研究開発力	IT技術の国際伝播	Hufbauer (1966) Gruber et al. (1967)
	プロダクト・ライフ・サイクル論 (Product Life Cycle: PLC)		動態（学）的比較優位／多国籍企業論			新製品開発力／高い購買力	カラーテレビの開発・普及	Vernon (1966, 1970, 1971)
	雁行形態論 (Flying Geese Model: FGM)		動態（学）的比較優位			比較優位	アジアでは当初日本で繊維産業が発展し、後にNICsが追いついて、日本は生産・輸出から輸入へと変わった。	赤松 (1956) 小島 (1958, 1982, 2004) 山澤 (1984) Kwan (1994)

（出所）グリーンナウェイ／ミルナー（2008：248）。

4　貿易と経済地理学

貿易と経済活動の立地——クルーグマンの貢献

　アメリカのポール・クルーグマンは，2008年に「貿易のパターンと経済活動の立地に関する分析」によってノーベル経済学賞を受賞した。第2節で説明したように，彼は収穫逓増が貿易パターンに大きな影響を与えることを示したが，とくに収穫逓増が外部経済によってもたらされる時に，地域間貿易にも同様のことが生じることを説明した。

　1国の地域経済には，**貿易財産業**もあれば**非貿易財産業**も存在している。アメリカの場合，雇用に占める非貿易財産業の割合は，おおむね全国で一定であり，例えばレストランではアメリカの大都市において労働力の5％程度を雇用している。これに対して貿易財産業では地域ごとに重要性が異なる。ニューヨークのマンハッタンでは，アメリカの総雇用の2％しか雇用していないが，株・債券取引に従事する人々の4分の1を雇用しているとされる。では貿易財産業の立地を決めるものは何か？　天然資源が重要な役割を果たしていることは容易に想像できるが，資本や労働という基本的生産資源が果たす役割は地域間貿易では国際貿易よりも小さい。なぜなら国際間と異なり，それらは容易に地域間を移動できるからである。専門的特化と貿易を動かすのは，外部経済である。アメリカのニューヨークが金融都市になったことやロサンゼルスが映画産業の都市になったことも外部経済から説明できる（クルーグマン／オブズフェルド／メリッツ 2017：174-179）。

　国際貿易と地域間貿易を動かす力はそれほど変わらず，さらには人口集積の結果として生じている都市の台頭という現象を，同じ現象，つまり空間的な相互依存作用の違う側面としてモデル化する動きが高まっている。これは経済地理学と呼ばれるが，この学問分野も長い伝統と歴史を持っている。以下では，国際経済学の教科書では触れられることの少ない経済地理学について簡単に解説しておく。なぜなら，国際貿易と同じ原理が地域産業の集積や都市化を説明

できることを理解しておくことが，国際貿易の理解についても視野を広げることになるからである。

経済地理学の伝統と発展

　青山裕子／ジェームズ・T・マーフィー／スーザン・ハンソン（2014：2-7）によれば，経済地理学の起源と進化には以下のように多様な説明が存在しているとされる。

　①英国の植民地主義と関連づけられるもの。植民地主義は，交易ルートや輸送様式をよりよく理解し，改良するために，商業地理学の研究を必要としたことによる。②J・H・フォン・チューネンやA・ウェーバーといったドイツ立地論（その後をW・クリスタラーやA・レッシュが続いた）が起源とされる。これらの立地論は，所与の地理的条件やアクセシビリティ（必要とする輸送費）の上で，農場，工場，都市がもっとも効率的に機能するような最適立地パターンを発展させることであった。その後，立地モデルは北米の経済地理学の中に組み込まれ，W・アイザードによって地域科学に発展した（アイザードはアメリカで地域科学研究の創始者として学説史上欠かすことができない。彼は1919年にフィラデルフィアで生まれ，1939年にテンプル大学を卒業した後，ハーバード大学に進み，1941年にシカゴ大学に移り，ナイト，ランゲ，ヴァイナーの下で学び，レオンチェフと親しく，レオンチェフが産業連関表に関するアイデアをまとめる手助けもしている。彼はいくつかの大学で教鞭を執ったが，1956年から1979年までペンシルバニア大学の地域科学部・大学院で教育研究に携わり，そこで多くの研究者を育てた（奥 2015：6））。③①，②とは別に，19世紀末から20世紀初めに活躍した，限界革命の中心人物の1人である，英国の経済学者A・マーシャルに由来するものがある。彼は，産業集積現象を明示的に示した最初の人物であり，規模の経済の重要性を示した。**産業集積**や**産業クラスター**は，その関心が経済的なものから社会的，文化的，制度的なものに移っていったけれども，現在でも重要視されている。④北米の人間＝環境の地理学に端を発する系譜がある。ある国土における豊富な抽出資源の適切な利用についての研究である。

　これらのうち，②と③の伝統にもとづいた研究者は，抽象的かつ普遍的な適用を求め，演繹的・科学的方法を用い，④にもとづく研究者は，経験的，個性記述的であり自然地理学と強く結びついていた。1950年代から1960年代にかけては，とくに経済地理学の中心は空間の科学にシフトし，一般均衡理論，計量分析など高度に抽象化された内容になった。

　1970年代から1990年代は，環境問題，世界経済の成長減速・停滞，欧米先進工業国の脱工業化などの諸問題が，経済地理学者の新しい研究テーマになり，実証主義，従属理論や世界システム論といった構造主義，労働経済学の研究からの援用，進化経済学，制度の経済学，産業組織の研究も経済地理学に新しい道を拓いた。その後，イノベーションや技術変化が，脱工業化後の新産業や雇用創出にとっての潜在的可能性を持っていると見なされ，生産組織上の諸相と地理的帰結，国家的な文脈での都市・地域戦略へ研究の焦点が移った。さらに，フランス，ドイツの哲学，社会学，建築学などを援用して，経済地理学は学際性と思想的混在がますます進み，方法論的アプローチは多様化している。

　1990年代以降は，大きく2つのグループによって発展がはかられている。1つは，上述の「文化論的転回」の認識論的部分に応えたグループであり，もう1つは，クルーグマンの研究に強く影響を受けたグループである。後者は地理経済学であり，「空間における生産要素の立地」の研究と定義される。これとは対照的に，前者の多様なアプローチを内包する経済地理学は，①場所と場所との間での経済的差異・特異性・格差，②産業・地域的発展の政治的・文化的・歴史的局面，③スケール間（グローバルとローカルの）経済的諸関係とその企業・産業・地域に対する重要性，④世界経済における不平等の原因と結果，に焦点をあてている。

地理経済学と地理政治経済学

　アメリカ地理学会の元会長でもあり，世界的な経済地理学者として著名なエリック・シェパードは，英語圏の経済地理学研究を，2つの独自の競合的なパラダイムによって特徴づけている。地理経済学と地理政治経済学である。前者

はP・クルーグマン，A・ベナブルズ，藤田昌久といった経済学者の研究を土
台にしており，後者は地理学において主要な位置にあるとされる。これらの2
つの類型分けは，先に述べた標準的な欧米の教科書と同一である。シェパード
が地理政治経済学と呼んでいるパラダイムは，多様なアプローチを内包しなが
ら，資本主義システムに内在する諸問題，①商品生産，時間，空間，②消費の
地理学，③ガバナンスと規制の地理学——生産規模，④自然，文化，社会，⑤
社会的空間的位置——不平等な地理的発展などを解き明かすとしている（奥
2015：8）。

　シェパードは，地域政治経済学パラダイムがリカードゥやマルクスといった
古典派経済学者の研究やケインズやカレツキなどによって影響を受けてきたし，
そういった古典的アプローチが新古典派経済学に論理的に劣っていないとする
スラッファやパシネッティの研究結果の上につくられていると主張している。
彼は，このようなアプローチが資本主義の空間的ダイナミックスに焦点をあて
て，都市と地方の成長，投資戦略と資本移動，労働市場，特化と貿易，国家や
他の社会制度の役割などを分析するとして高く評価している。

　さらに，日本でも，1930年代に経済地理学の源流があり，小原敬士，黒正巌
などが欧米の研究（チューネンやウェーバー）の紹介の域を超え，戦後に通じる
議論をしていた。1954年には経済地理学会が設立，1955年に『経済地理学年
報』が発刊され，1950年代，1960年代は，欧米では地域経済学，都市経済学，
地域科学といった名前で近代経済学的な地理学が発展していたが，日本では戦
前の立地論を継承しながらも，日本が経済成長をめざした地域開発の過程で生
じた地域間格差の問題（それは現在の地方の過疎化，地方創生の問題にも関係してい
る）に注目したマルクス経済学からのアプローチが行われた（奥 2015：14）。

　近年は，経済地理学の分野でも，グローバリゼーション，多国籍企業など国
際経済学に関連する分野のことも研究されており，学問分野の名称にとらわれ
ず，研究に注意を払うことが必要がある。経済地理学会編『キーワードで読む
経済地理学』によって，経済地理学の全体像を私たちは知ることができる。

─── *Column ②*　重力モデル（gravity model）──────

　2国間の貿易において，両国の貿易規模はどのように決まっているのだろうか。この基本的な問題に答えるのが，国際経済学では重力モデルである。重力モデルでは，経済規模（GDP）と2国間の距離が貿易額に影響を強く与えると考えて，規模の大きい国同士では取引額が増加し，距離が遠くなればなるほど額は小さくなるとする。これは，天体間の引力が天体間の重量に比例して，天体間の距離の2乗に反比例することに似ている。貿易の重力モデルでは，2カ国間の貿易は，他の条件が同じならば，両国のGDPの積に比例し，両国間の距離にともなって減少すると考える。

　大ざっぱな言い方をすれば，規模の大きい経済は所得が高いので，輸入に使うお金も多くなりがちである。また多様な製品を作るから，他の国が支出するお金を集める割合も大きくなる。だから他の条件が同一ならば，違う国同士の貿易は，どちらかの経済が大きければ，それだけ大きくなるというわけである。

　研究者が重力モデルを使用する時，モデルから想定される貿易額からとくに乖離しているデータを見つけることに注意を払っている。2国間の実際の貿易額が重力モデルの予測値より多かったり少なかったりする場合，経済学者はその原因を探ろうとする。その原因として，多国籍企業の存在や輸送費用，地理的要素などがあることが知られている。

　また，重力モデルによる推計は，距離が国際貿易に強いマイナスの影響を与えることを示している。一般的な推計では，2国間の距離が1％増えると，両国の貿易は0.7〜1％ぐらい低下するとされている。この原因の一つとして，財・サービスの輸送費の上昇があると考えられる。

　経済学者はまた，自由貿易協定が国際貿易にあたえる影響を評価することに重力モデルを用いている。もしも2国のGDPと2国間の距離から予想されるよりも現実の貿易量が多くなれば，自由貿易協定を締結したことは有効であるということになるだろう。ただし注意が必要なことは，自由貿易協定が公的な貿易障壁をなくすけれども国境をなくしたことにはならないから，同一国内の地域間の貿易量の方がはるかに大きいのであり，カナダとアメリカの自由貿易協定はそのよい例を示している（クルーグマン／オブズフェルド／メリッツ2017：13-19；田中 2015：93）。

　国際経済学は，現実の変化に対応して，理論的フレームワークを変化させてきた。他方，隣接する分野の研究も着実に発展してきている。多様な学問分野

を学ぶことは，大きな労力を必要とすることであるが，複雑化する現実を少し
でも理解するために，専門性を深く求めるだけでなく，幅広く学ぶ必要がある
だろう。

参考文献

イエットギリエス，グラツィア（井上博訳）『多国籍企業論——概念・理論・影響』
　同文舘，2021年。

伊藤元重『ゼミナール国際経済入門（改訂第 3 版）』日経 BP マーケティング（日
　本経済新聞出版），2005年。

岩本武和・奥和義・小倉明浩・河﨑信樹・金早雪・星野郁『グローバル・エコノミー
　（第 3 版）』有斐閣，2012年。

奥和義「グローバリゼーションと地域活性化——理論史的な観点から」『関西大学
　商学論集』第60巻第 1 号，2015年。

木村福成・椋寛編『国際経済学のフロンティア』東京大学出版会，2016年。

グリーンナウェイ，D ／ミルナー，C（小柴徹彦・栗山規矩・佐竹正夫訳）『産業
　内貿易の経済学』文眞堂，2008年。

クルーグマン，P・R ／オブズフェルド，M ／メリッツ，M・J（山形浩生・守岡桜
　訳）『クルーグマン国際経済学——理論と政策（原書第10版）』丸善出版，2017年。

経済地理学会編『キーワードで読む経済地理学』原書房，2018年。

田中鮎夢『新々貿易理論とは何か——企業の異質性と21世紀の国際経済』ミネルヴ
　ァ書房，2015年。

多和田眞・近藤健児編著『国際経済学の基礎「100項目」（第 4 版）』創成社，2018
　年。

冨浦英一『アウトソーシングの国際経済学——グローバル貿易の変貌と日本企業の
　ミクロ・データ分析』日本評論社，2014年。

古沢泰治「「新」新貿易理論」『世界経済評論』第51巻第 8 号（通巻第624号），2007
　年 8 月号。

リンダー，S・B（小島清・山沢逸平訳）『国際貿易の新理論』ダイヤモンド社，
　1964年。

Aoyama, Y., Murphy, J. T. and Hanson, Susan（2011）*Key Concepts in Economic Geography*, London Sage. 青山裕子／ジェームズ・T・マーフィー／スーザ
　ン・ハンソン（小田宏信・加藤秋人・遠藤貴美子・小室譲訳）『経済地理学キー
　コンセプト』古今書院，2014年。

Marshall, A.（1920）*Principles of Economics*. Macmillan and Co., London. 8*th* edition.（first published 1890）アルフレッド・マーシャル（永澤越郎訳）『経済学原理』第二分冊，岩波ブックサービスセンター信山社，1985年。

練習問題

問題1

国際貿易において規模の外部経済が働いたと考えられる産業を調べてみよう。

問題2

表2-3を参考に，伝統的貿易理論，新しい貿易理論，新々貿易理論について，もう一度，貿易の原因，貿易の利益について復習しておこう。

（奥　和義）

第3章

貿易政策

┌─── **本章のねらい** ─────────────────────────────

　貿易政策は，国民生活を向上させるために採用・実施される国際経済関係への規制や介入である。「自由で公正な人々の選択と競争が，社会の厚生（豊かさ）を最大にする」という市場経済システムの原理が，そのままに機能しているのであれば必要ないものである。なぜ貿易政策は市場が重視される現代社会で必要とされ続けているのであろう。また，どのような効果を持つのだろうか。この章では，大きく自由貿易政策と保護貿易政策に分かれる貿易政策に関する考え方の基礎を学び，その上でグローバル化が進む今日の世界での貿易政策の役割について考えていく。

└──

1　自由貿易論と保護貿易論

　現代の貿易は，国境を越えて行われる財（モノ）の取引＝財貿易と，居住者と非居住者間で行われるサービスの取引＝サービス貿易によって構成される。ただ伝統的には，貿易というと前者がイメージされるだろう。グローバル化が進む中で，サービス貿易の量は急速に拡大しており，サービス貿易を無視してよいわけはないが，ひとまず財貿易をイメージしながら話を進めよう。

　国境の内と外の間の取引への規制は，古くから行われてきたものである。例えば皆さんがよく知る「鎖国政策」は貿易政策としての側面を十分に持っている。貿易によって国を栄えさせた事例も歴史には数多く存在する。経済学にとっても，その成立以来，貿易は主要な研究領域の1つであった。貿易理論とし

て学ぶリカードゥ**比較優位理論**（比較生産費説）が世に出たのは，ほぼ200年前の1817年のことである。

　日本の近代化の過程でも，貿易は大きな役割を果たしていた。明治期以降の日本経済の発展の歩みは，輸出品が時代を経て高度化しながら先進諸国に追いつく過程としても見ることができる。現代の日本経済の停滞もまた，日本の貿易構造の中にその影をくっきりと写している。このように貿易は，国の経済のあり方と不可分に結びついているものであり，過去においても現在においても，国の経済を左右する重要な政策対象なのである。

　この貿易政策のあり方をめぐって，2つの大きな考え方がある。1つは，国際経済取引への規制・介入はできるだけ行わないほうがよい，という**自由貿易論**である。なぜ自由貿易が国の富をとませるのかについては，1章を復習してほしい。

　もう1つは，国際経済取引への規制・介入を行うことによって国の富を増進することができる，という，**保護貿易論**の考え方である。政策の手段としては，輸入品に税金を付加し価格を高くすることで輸入しにくくする関税，輸入数量を規制する数量制限，国内産業に支援を与え競争力を確保させる補助金政策，輸入手続きの複雑化や国内規制など関税以外の方法により輸入しにくくする非関税障壁など，多様な手段がある。

　自由貿易論の考え方は，リカードゥ以来国際貿易論の主流の考え方である。私たちの経済社会が自由競争に基礎をおく市場経済システムで成り立っているのであるから，それが主流の考え方であることは当然とも言える。近代世界が成立して以降，世界は，戦争や世界経済の混乱を乗り越え，基本的には常により高度な自由貿易の実現を目指して角逐しながらも協力してきた（第4章を参照）。日本が締結しているTPP（環太平洋パートナーシップ協定）のような自由貿易の強化を目指す取組みが国の重要課題となっていることにも，それは現れている。

　このように，自由貿易を志向する政策の大きな流れは，貿易政策の主流として脈々と流れてきたのである。けれども，それと対をなして，保護貿易論，国

際経済取引への規制・介入を指示する理論もまた途切れることなく継承されてきた。

　保護貿易論は必ずしも，自由貿易論が展開する論理そのものや，自由貿易が世界全体にとって望ましい方向であることを否定するものではない。自由貿易論では，各国は比較優位の原則に沿って競争力のある産業の産品を輸出し，効率の悪い産業の産品は低い価格の海外品を輸入することで利益を得る，としている。ここで自由貿易論は，貿易の方向を決める比較優位（産業の競争力の基盤）を決める諸条件（技術水準や生産要素の賦存量）を静態的にとらえ，つまりは変化しないものとしてとらえて，自由貿易が利益であることを導いている。また外国や競争企業の行動戦略は，自国，自国企業の行動の選択に何も影響をしない世界を想定している。保護貿易論が疑問を呈するのは，これらの自由貿易論が理論を組み立てている前提条件である。

　現実の世界では，技術水準も，資本や労働のような生産要素の賦存量も，変化していく。また外国や競争企業の行動の選択は，自国，自国企業が行動を選択する上での重要な要因である。保護貿易論は，これらのことを考慮に入れて考察した場合，国際経済取引への規制・介入が，自国や世界の利益を増加させることがあり得る，ということを示す理論である。古くは，19世紀のドイツのリストやアメリカのハミルトンが唱えた**幼稚産業保護論**があり，クルーグマンらによる新しい貿易理論でも保護貿易政策が利益をもたらす可能性が議論されている。次節では，これらの議論を検討していこう。

2　保護貿易政策の可能性を主張する諸理論

幼稚産業保護論

　日本の近代化や近年の東アジアの経済成長の過程を思い浮かべればすぐにわかるように，ある国の産業の技術水準は向上し，国際競争力を獲得していくことが可能である。もし，それらの産業が未熟で競争力を持たないうちに，競争力のある外国製品によって自国市場が席巻されてしまい，技術が向上していく

芽が刈り取られてしまえば，将来その産業が国際競争力を獲得しうる可能性が
たたれてしまうことになる。

　幼稚産業保護論は，産業の現時点の国際競争力ではなく，将来の国際競争力
の可能性を重視した貿易政策を行う必要性を主張するものである。具体的には，
将来国の経済を牽引するような有望な産業について，現時点において国際競争
力がない場合には，外国製品との競争から保護し，育成のための支援を行うと
いうことだ。関税を課し外国製品を高くすること，国内生産者に補助金や金融
支援を行うことを通じて保護育成するのである。産業の有望性は，需要の伸び
の将来性，他産業への波及効果（外部性），新産業創造基盤というような点で計
ることになる。将来需要が伸びる新産業，電子産業のように他産業にもその製
品や技術が広く使われる産業，人工知能やバイオテクノロジーのような新しい
産業のゆりかごとなるような分野については，現在の競争力が低くとも目をつ
むって保護育成すべきであるという主張である。

規模の経済，経験の経済

　同様のことを**規模の経済**（収穫逓増）を取り入れた新しい貿易理論を用いて
も主張することができる。

　生産活動において，生産量の増加や生産経験の積み重ねが進むにしたがって
生産コストが低下するという可能性が存在していることは，容易に想像できる
であろう。このことを考察に含めると，静態的枠組みの自由貿易論の前提では
議論できなくなる。単純化が過ぎるかもしれないが，直感的に理解してもらう
ために図3-1を使って説明してみよう。

　図3-1の曲線 X は，ある財を1つ生産するのに必要なコストを示している。
生産量の増加あるいは生産経験の積み重ねによって，生産コストが低下してい
くことが示されている。

　この時先発国である外国の企業の生産量（生産経験）は f 点，後発国である
自国の企業のそれは $d1$ 点であるとしよう。するとそれぞれの生産コストは，
外国は Cf，自国は Cd となる。結果として，この産業では外国が競争力を有

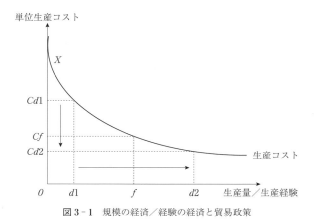

図 3 - 1　規模の経済／経験の経済と貿易政策

し，自国はそれを輸入する地位となってしまう。ここでこの結果をもたらしているのは両国の生産量（生産経験）の差だけである。もし，自国企業が経験を積む機会を与えられて，例えば *d2* 点の生産が可能となれば，両者の競争力は逆転する。幼稚産業保護論が主張する将来の可能性はここに示されているのである。このような場合，もしこの産業に競争力を持つことが自国経済にとってプラスになるのであれば，*d2* 点での生産が実現するようにこの産業を保護支援することが合理的な政策となる（*Column* ③）。

戦略的貿易政策

　規模の経済が存在するということを認めると，独占という問題が考察のテーブルにのってくることになる。さきほどの図 3 - 1 の想定で見ると，*f* 点の生産量を持つ企業に対し，それ以下の生産量の企業は競争で敗れてしまうことになる。新しい挑戦者も最初は少ない生産量（生産経験）から始めざるをえないのであるから，まず太刀打ちできない。こうして，この *f* 点の生産量を持つ企業だけが，この市場を独占することが可能となるのである。似通った価格設定を行える力を持つ少数の企業だけが生き残る寡占が成立するケースも同様の論理によっておこる（日本のビール産業を想起してみよう）。このような場合，企業

は図3-1のX線に沿った価格設定を行う必要はなく，競争の制約なく利潤を最大化する生産量と価格を設定することができ，これによって超過利潤（レント）を獲得することが可能となる。このような市場では，競争相手が少数なので，相手の行動を織り込んで自己の行動を決定することができる。これを戦略的行動という。経営学で競争戦略という用語が使われる時に，競争企業との関係が意識されているのと同様の言葉の用い方である。

　例えば旅客航空機産業を考えてみよう。国際的に旅客航空機市場は，飛行機の大きさによって数社による寡占が成立している。この産業で地位を確立している企業は，寡占によって超過利潤を得ている可能性がある。この超過利潤の部分は輸入国にとって損失であり，輸出国にとって通常の貿易利益以上の利得を得ていることになる。このような場合，政府が自国企業を支援することによって，あきらめていた参入を実現させることや，生産拡大を実現させ外国企業を退出に追い込むことは，自国の利益を増加させる可能性があるのだ。超過利潤を取り戻し自国のものとするのである。このような政策は，政府の支援により自国企業と外国企業の戦略に影響を及ぼして，自国に有利な状況を実現することを目指す政策なので，**戦略的貿易政策**と呼ばれる。日本は，小型中型の旅客航空機の開発に挑戦してきたがその過程で行われた政府の支援は，このような戦略的政策と見なしてよいかもしれない。

保護貿易論の問題点

　以上見てきたような保護貿易論が主張する国際経済取引への規制・介入が国の厚生を改善する可能性についての指摘は，それぞれに理論的根拠があるものである。しかし現実にそれらを根拠とした貿易政策を進めるにあたっては，解決しなければならない大きな問題がある。それは産業の将来性の評価という問題である。需要の伸びの将来性，他産業への波及効果（外部性），新産業創造基盤としての可能性などをどのように予測し評価すればよいのであろうか。

　後発国の場合は，相対的には簡単かもしれない。先発国の事例があるからだ。後発国は，先発国での実績を研究し，それらを評価する材料とすることができ

る。図3-1のような生産コストのグラフも先発国の事例にもとづいて想定することができるだろう。それでも，保護政策が必ず成功するわけではない。ラテンアメリカ諸国をはじめとする発展途上諸国の保護主義的産業育成政策は，1980年代の累積債務危機の要因となり，現在でもその傷跡は経済から払拭されていない。日本にしても，育成しようとした産業がすべて成功しているわけではない。非鉄金属産業や石油化学産業のような従来型の産業でも，医薬品やロケットのような先端型産業でも，政府の支援は世界規模での競争力獲得に必ずしもつながっていない。

　さらには，自動車産業のような現在の日本の輸出産業の成功事例についても，政府の支援がその成功につながる効果を持っていたのか否か，についても議論の分かれるところとなっている。1ドル＝360円という固定為替相場が，次第に日本の実力からは安すぎる水準になったことが輸出に有利に輸入に不利に働いた可能性や，外国企業の日本への直接投資に対する制限が国内市場への外国製品流入を防ぐ効果を持っていた可能性が指摘されている。ただ，貿易という観点だけから見ると，1970年代から80年代かけて日本主力輸出品となる家電製品や自動車産業に対する輸入関税等の保護政策は，強力なものであったとは言えない。むしろ，貿易政策よりも，それらの変化を掴み，海外市場での競争力獲得を目指した企業の自律的努力の貢献が大きかったとする研究もある（伊藤・奥野・清野・鈴村 1988）。製造業耐久消費財の量産品としての輸出という形は，それまでの貿易には見られなかった画期的な海外市場獲得戦略であった。それは，耐久消費財の普及という産業の変化や物流の革新に支えられており，世界の貿易のあり方を変える出来事であったと言ってもよい。

　もし将来有望な産業を見出すことが難しく，あるいは見つけ出すことができても保護の効果が不確かであるとすれば，保護貿易政策の積極的推進を支持することは難しい，ということになるのである。

貿易政策の政治経済学

　以上のように，貿易理論は保護貿易政策が国に利益をもたらす可能性を示し

てはいるが，現実の保護政策の根拠として盤石であるとはいえない。しかし，現実の経済を見れば，日本の農産品のように保護政策が定着している分野は少なくない。それは実際の政策が，政治的関係が関与する政策決定プロセスを通じて実現されるからにほかならない。

　その産業，産品を保護することに意義がある，ということを政治プロセスで認めさせることに成功した産業が保護を獲得するのである。では，どのような場合にそれは成功するのであろうか。

　一般に，保護貿易による損失は，その産品が海外に比べて高価格になることで生じる。この損失は特殊な財でない限り，消費する国民全般に広く薄く負担されることになる。その点でその負担感は意識されにくくなってしまいがちである。日本のコメの関税は（実際は従量税であるが海外のコメが国内で何倍になるかでおおよそ換算すると）700％程度になると計算される。つまり日本のコメは海外の7〜8倍になってしまうのだ。けれども，ほとんどの消費者は，このコメの価格差を生活の中で意識することはないのではないだろうか。食品安全性の問題もあるが，これだけの価格差にもかかわらず，コメの関税引き下げを求める動きはほぼないといえよう。

　ところが，生産者にとってはどうだろうか。関税引き下げがコメの価格低下につながることは，生活を揺るがす大問題である。関税引き下げによって，7分の1の価格になるということはなくとも，例えば2割の価格低下でも大変なことである。したがって，関税引き下げへの反対は切実な政治課題となる。ここに，保護主義を求める政治活動の力の源泉がある。

　保護を求める政治活動が成功するためには，その生産者グループの政治力（まとまり，運動のための資金力）が重要となる。しかしそれだけでは十分とは言えない。それに加えて，広く国民に対して理解をしてもらえる社会的利益を示すことができれば，保護の獲得にはより有利となる。

　1つの大きな社会的利益の可能性は，先に見た将来の産業の有望性である。日本の現状のように先進国になってしまうとなかなか難しいが，産業界，学界，官界の働きかけで国民に産業の将来に期待してもらうことができれば，保護は

将来への投資として正当化されうる。

　では衰退産業ではどうだろうか。将来競争力を回復する見込みのない産業で
も保護を獲得することはできる。国の安全保障上の重要性，国土の自然・伝統
文化の保全など他の社会的価値を示すのである。コメの場合，食料安全保障や
日本の農村文化と自然の保全に貢献すると主張されており，かなり国民に浸透
している様に見える。日本政府が主張する「農業・農村の多面的機能」の議論
がそれである（農林水産省 HP を参照）。そのような価値がアピールできない場
合でも，その産業の衰退によって地域社会が崩壊の危機に瀕するような場合や，
その産業の従事者を他の産業に転換させることが難しく貧困問題を引き起こし
てしまうというような要因も，政治的保護の獲得にはプラスとなる。経済学理
論の中の生産要素である労働とは違って，私たち人は成長し老いる存在である。
仕事の熟練度や生活の基盤は人生とかなり結びついており，肉体能力も学習能
力も人生のサイクルの中で展開している。実際の人は，コスト無しで異なる職
業へ転換することはできないのだ。中高年者のこれまで生活を支えてきた職が，
自由貿易による外国との競争で失われた場合，他産業で同程度の所得を稼げる
職を見つけることは難しいことは容易に想像がつく。ここに保護貿易を求める
政治エネルギーの源泉の１つがある。

　これらは自由貿易理論が十分取り込めていない問題である。自由貿易理論で
は，輸入産業の衰退による失業は，他の産業で直ちに吸収されるものと想定さ
れている。また，安全保障や文化的価値は，利益の計算に含められていない。
そのような自由貿易理論に欠けている論点が，保護貿易の主張の橋頭堡となる
のである。けれども，政治的に推進される根拠があったとしても，保護貿易政
策は，自由貿易に比べて，国の経済に負担を与えるものであることは否定でき
ない。常にその根拠は吟味され見直されなければ，保護貿易が特権となって国
民への負担としてのしかかってしまうことになる。

3　グローバル化と貿易政策

グローバル化と貿易の変化

　グローバル化は，貿易にさまざまな変化を及ぼしている。モノ，資本（資金，企業），サービス，人の国境を越えた経済活動が飛躍的に高まっているのである。図3-2は世界の財とサービスの貿易額の推移を示している。1980年と比較して，財の貿易量は2015年に約8倍，サービス貿易額は2013年に約13倍に拡大している。この間貿易の伸びは，世界経済の拡大を上回っており，1980年には貿易額は世界のGDPの約35％だったが，2014年には約60％の水準となっている。世界の経済における国境を越えた経済活動の比重が大きく高まっていることがわかるだろう。

　そして単に量の拡大にとどまらず，質的にも貿易は変化している。

　まず，国境を越えたバリュー・チェーン（価値連鎖）の展開がある。財の製造工程は細分化（フラグメンテーション）され，工程毎部品毎に最適な生産立地を求めて展開されている。単に立地が選択されるだけでなく，外注（アウトソーシング）か子会社を設立しての企業内分業かも選択されている（冨浦 2014：6-15）。その結果，完成品ではない部品や半完成品の貿易が増加している（経済産業省通商白書 2022：第Ⅱ-1-1-30図）。

　また図3-2のように財貿易の伸びを上回って，サービス貿易も拡大している。サービス貿易は，金融，保険，特許料，観光などの項目で構成される。サービスはその商品としての特性に生産と消費の同時性がある。例えば，電車での輸送というサービスを購入する場合，そのサービスは電車に乗ることによって同時に生産され消費されるのだ。グローバル化によって，企業や人が，つまりサービスの生産者と消費者が国境を越えて移動することによって，居住者と非居住者（単純化すれば異なる国籍者）間のサービス取引の可能性が大きく開かれることになったのである。特許料については，次章で見るWTO（世界貿易機関）によるTRIPs協定（知的所有権の貿易関連の側面に関する協定）により世界

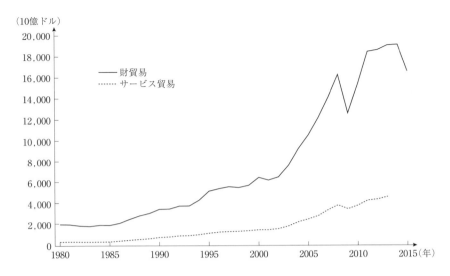

図3-2 世界の財・サービス貿易の推移

（出所） WTO, Statistical Database を資料として作成。財貿易額は，1980年から2015年の世界の輸出額。
サービス貿易額は，1980年から2013年の国際収支ベースの世界の輸出額。

で知的財産権制度の整備が進んだことが寄与している。

　この節では，このようなグローバル化によって生じている貿易の変化が貿易
政策にどのように反映しているかを検討していこう。

国境を越えるバリュー・チェーンの展開

　生産工程の分割は，これまで製品単位で考えられていた比較優位（国際競争
力）を工程や部品・半製品単位で考えられるべきものに変化させた。図3-3
の左側のように，情報のやりとりや部品の輸送時間と費用といった工程と工程
をつなぐ費用は，1つの工場内あるいは隣接した工場群間で行う方（図3-4上
側のような配置）が当然低い。国境を越えて工程を展開する（図3-4下側のよう
な配置）ことは，あえてその不利を選択することになる。他方で工程毎のコス
ト構造の違い（ある工程は労働者を多く使う，ある工程は高度な機械を必要とする，
ある工程は緻密な加工精度を必要とする，ある工程は単純な組み立て，というような）

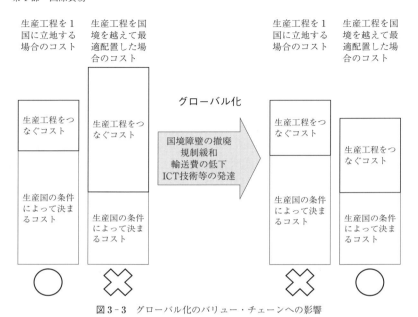

図3-3　グローバル化のバリュー・チェーンへの影響

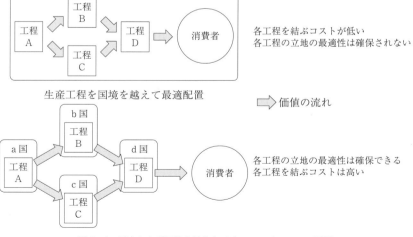

図3-4　国内および国境を越えたバリュー・チェーンの展開

に応じて最適な生産立地を選択することは，企業の競争力の基盤となり得る（図3-3で，生産国の条件で決まるコストは国境を超える配置の方が低い）。グローバル化の進展と同時に，一方で工程間をつなぐ費用が情報通信技術（ICT）の発展，工程間の調整が最小限ですむデジタル技術への転換とモジュラー化によって低下し，他方で各国の貿易・投資自由化政策等の国境障壁を撤廃する政策，規制緩和政策によって，広い意味での輸送費（生産工程をつなぐコスト）が低下し，国の間の比較優位差の活用可能性が高まった。そのことにより，国境を越えるバリュー・チェーンの展開は大きく進むこととなったのである（消費者による購買によって財の価値が実現するまでの，財の生産過程の連鎖のことをバリュー・チェーンという）。

　そして，このバリュー・チェーンの編成のあり方は，同じ製品でも開発初期の生産の精緻な調整が必要な段階と，軌道に乗り確立したマニュアルに沿った生産方法が確立した段階においても異なっている。**プロダクト・ライフ・サイクル理論**は，このことを説明するものである。さらに，最適立地の選択は，モノ作りの工程にとどまらない。研究開発部門，マーケティング部門，顧客サービス部門，会計部門というような間接部門についても国境を越えて配置され，場合によってはアウトソーシングされているのである。サービス産業においてもまた最適な立地を求めて国際的展開が進んでいる（*Column* ④）。

規制緩和という貿易政策

　このような環境のもとでは，産業を育成するための保護政策は貿易政策の主流ではあり得ない。産業を自前で育成するより遙かに早く，外国の資本と技術の導入で競争力を持つ産業を成立させることができるからだ。産業を，段階的に技術を学び発展させることを目指すのではなく，一足飛びに最先端技術を持つ分野の競争力獲得を目指すことも可能となっている（リープ・フロッグ（蛙跳び）戦略という）。東アジアにおける電気・電子産業を軸とする輸出産業の興隆は，少なくとも当該産業について貿易や直接投資への規制を緩和し，自国の比較優位（主に低賃金労働力）を先進諸国の資本と技術に結びつけることで達成さ

れたものである。その過程で自国企業の成長も達成されたのである。

　タックス・ヘイブンといういびつな形の政策もまた，税制という規制を緩和することを通じて，金融産業というサービス産業の立地を獲得し，自国経済を活性化するための政策とみることができる。

　生産要素が国境を越えて移動する世界（このことも各国の規制緩和政策の結果だが）では，動くことのできない各国という空間は，最適な立地を求める生産要素，とくに資本に選択されることで経済活動を活性化させていくことがもとめられる。アメリカや中国のような巨大な国内市場という魅力で，移動する資本に対して強い交渉力を持つ場合は別だが，現代の貿易政策の基本は，規制を緩和していく政策にならざるを得ない。

　この規制緩和政策の対象は，国境での経済取引の規制にはとどまらない。国内の金融制度，労働制度，安全や環境の規制などさまざまな国内の規制も対象になってくる。国ごとの規制の違いは，その差を克服するための調整コストを企業に負担させるので，国境を越えて展開する企業にとって障害となる。その意味で関税のような国境での障壁とは異なる貿易障壁（非関税障壁）の一種となる。これらを緩和あるいは国際間の違いを調整し，国境を超える経済活動を活性化させることが求められているのである。

　もちろんこれらの規制は国民の安全や生活を支える規制でもあるのだから，慎重に検討されねばならない。ただ，日本の現状を考えてみると，先進国の中では経済規模に比べて**対内投資**が小さい国であることも事実である。対内直接投資額の大きさを GDP 比で見て比較してみると，日本は3.7％に過ぎない。アメリカは29.4％，ドイツは23.4％となっている（資料，UNCTAD, *World Development Report 2014*）。このことは，この四半世紀に及ぶ日本経済の低迷と無関係ではない。もちろん日本経済の不振の大きな要因は少子高齢化の進行であろう。人という生産要素の量的停滞は需要面でも供給面でも経済に響く。

　アメリカも同じ様に（あるいはより深刻に）製造業の競争力の低下に苦しんできたが，日本と異なる点は，そのような国内の生産要素の量的停滞をおぎなう海外からの生産要素の流入があることである。アメリカには資本も人も流れこ

んでいる。

　人の移動については，社会にとってさまざまに検討しなければならない問題があるのでひとまずおくとしても，なぜ，これだけの経済規模を持つ日本への対内投資が相対的に低くとどまるのだろうか。それは，日本のサービス産業を含む生産活動の高コスト構造や，ビジネス・チャンス獲得の不自由さに原因があると考えるのが自然である。もしこの背景に規制があるとすれば，その緩和は日本経済にとっての課題となる（経済産業省 2015：第Ⅲ部第３章）（*Column* ③）。

知識経済化と貿易政策

　グローバル化の中で進む大きな経済の変化は，「知」の経済資源としての力の拡大である。このことをもたらした要因の１つは，世界規模での知的財産権の制度面の整備の進展といえよう。WTO の TRIPs 協定の成立は，国際条約レベルでの知的財産権制度を各国が整備し遵守することを義務づけることとなった。これによって知的財産権の国際取引というビジネス・チャンスが拡大されたのである。また，製品や技術分野ごとに国際規格がある場合はそれを基礎として用いることを各国に課していることも，技術をめぐる競争に影響を与えている。

　これによって知的財産権が貿易の重要な項目となったのである。日本経済を例としてみてみると，図３-５のように知的財権等使用料が日本のサービス貿易分野での稼ぎ頭として急速に成長していることが分かる。特許の輸出に比較優位を持つ国にとって，貿易政策としてまず重要なことは，外国に，とくに発展途上国に対して知的財産権の遵守を求めていくこと，そしてそのための国際的枠組みを強化していくことになる。そして，知的資源を生み出し開発していくための環境整備である。革新的技術の研究開発支援にとどまらず，生産管理のノウハウや映像・音楽・書籍などのソフトな「知」の創造とその市場開拓を支援するための政策も必要となるのである。日本文化を幅広く紹介するジャパン・エキスポの開催というような政策もこれにあたる。

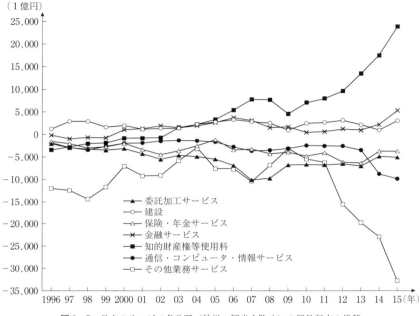

（1億円）

図3-5　日本のサービス各分野（輸送・観光を除く）の貿易収支の推移
（出所）　財務省，国際収支データを資料として作成。

国際標準の力

　「知」の力，とくに技術面での国際競争をめぐって重要なのが国際標準の獲得である。財には，紙のサイズやねじの太さ，電気の電圧のように定まった規格がある。これがなくバラバラだと，財の利用において頻繁に調整が必要となり効率が低下してしまうからだ。これは各国毎に定められているが，国際経済取引が拡大してくると，国際間で共通の規格の必要性が高まってくることになる。これが**国際標準**である。国際標準には，ISO（国際標準化機構），IEC（国際電気標準会議）等の国際標準設定機関で定められるものが多いが，パソコンのOSのようにいくつかの商品が競争しながら集約されていく結果となるものもある。

　まだ標準が確定していない新技術による商品開発の場合，自社・自国の開発

した技術が国際標準となるかどうかは，国際競争に大きな影響を及ぼすことになる。日本の携帯電話産業の盛衰はこのことをよくあらわしている。ガラケーと呼ばれる携帯電話は，携帯電話の通信方式が世界で3種類存在していた世代の機器だ。この世代の日本方式は事実上日本のみで採用されており，世界各地の携帯電話との互換性はなかったのだ。各国は日本に携帯電話を輸出するためには自国方式と異なる日本方式をわざわざ生産しなくてはならず，コスト面で不利であった。その結果日本国内の携帯電話市場は日本企業がほぼ分け合うという構造となったのである。しかし逆のこの通信方式の違うことが，日本企業が世界で競争していく上での足かせとなったのである。そして国際標準の通信方式が採用されたスマート・フォン時代が到来した時，新たな標準のもとで競争力のあるビジネスモデルを構築できず，日本の携帯電話メーカーはほぼ壊滅することになったのである。

　新世代の技術開発，例えば燃料電池においても，現在 IEC と ISO で国際標準の策定作業が進められているが，この動向の行方は国際競争を左右することになる。自社・自国が開発に力を入れた規格が採用されることで，他の規格にあわせるための調整を行うことや，他の規格の特許保有者に技術料を支払うなどのコストが発生せず，競争上先行者としての優位を獲得できるからである。巨額の開発費用が投下される新技術ではこの利益は一層大きくなる。自動車の燃料電池の場合，車だけでなく，電気を補給するためのステーションのような社会インフラの整備も，国際標準によってその方式が左右されてしまうことになる。

　ISO や IEC での国際標準の決定は，一応専門家の技術評価にもとづいて行われることになっている。世界にとって最適な技術が，専門家によって選択される仕組みという想定である。しかし現実には，単に優れた技術が採用されるわけではなく，技術評価委員や委員長の選出過程から，多数派を形成するための国際間のパワーゲームの場となっている。自国・自国企業の開発した技術が国際標準として採用されることを目指すことは，現代における貿易政策の展開の1つの形なのである。日本政府も2011年に国際標準化戦略目標を定めるなど

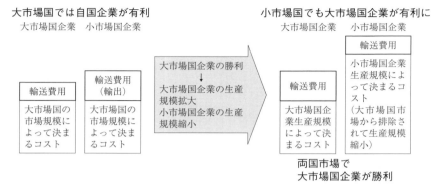

大市場国では自国企業が有利

大市場国企業　小市場国企業

小市場国でも大市場国企業が有利に

大市場国企業　小市場国企業

図 3 - 6　自国市場効果による世界での競争における大規模市場国の有利さ

取組みを進めている。

地域貿易協定（自由貿易協定）の推進

　現代の世界では，複数の国の間で，世界よりも自由な貿易空間を形成しよう
とする試みが盛んに行われている。EU（ヨーロッパ連合）がその代表的なもの
と言えよう。2018年に11カ国で発足した TPP もこの 1 つだ。隣接した諸国が
これを形成するケースが多いことから**地域貿易協定**（RTA）と呼ばれる政策で
ある（自由貿易協定（FTA），経済統合などの用語も用いられる）。これについては，
第 4 章で詳しく取り上げるが，ここでは，地域貿易協定の貿易政策としての意
義を，「自国市場効果」と関連させて説明しよう。

　自国市場効果の背景にあるのは，新しい貿易理論で取り入れられた規模の経
済と輸送費の影響である。規模の経済がある産業では，大量に生産することに
よって競争力を獲得することができる。この産業の製品を 1 国で集中して生産
した方が有利となるのである。図 3 - 6 の左のように，国毎に市場規模の差が
あるとすると，大市場国では，その国に拠点のある企業が有利となる。輸送費
を節約できるからである。他の国に拠点を置いてしまうと大市場国に大量に輸
出しなくてはいけなくなって輸送費がかかる，という理由だ（技術水準や要素賦
存には差がなく国際競争には影響せず，規模のみが影響する，という図 3 - 1 の枠組み

で考えている)。そして，大市場国で勝利した企業は，もっとも大規模で生産できる企業となり，もっとも生産コストを小さくできる。そのことで輸送費をカバーできれば，図3-6の右のように他国の市場でも勝利することが可能となり，世界の市場で有利となるのである。

　つまり，規模の経済と輸送費が産業の競争力と立地にとって重要な場合，ある産業の財について大きな市場を持つ，ということが競争の結果を左右する可能性があるのだ。これを自国市場効果という。地域貿易協定は，貿易障壁という貿易にかかる費用という観点で広い意味と輸送費とみなされるコストを削減する政策とみることができる。このことによって，自国とみなせる範囲を拡大し，自国の市場規模を拡大することを通じて，世界市場での産業間競争の中で立地，つまり輸出国としての地位を獲得・維持するための政策なのである。

貿易自由化による輸出促進の国内経済への効果

　地域貿易協定や世界の自由貿易の進展は，自由貿易論の観点からは，海外からの安い輸入品の導入によって，国内の生産資源利用の効率が改善されることを通じて達成されるとされてきた。その点に加えて，近年展開されている新々貿易理論（異質な企業モデル）の成果では，国内輸出産業の生産性を一層改善していく効果を通じて，経済厚生水準を向上させていくという動態的な利益の可能性が指摘されている。

　現実の世界では，比較優位を有する産業においても，輸出を行う企業とそうではない企業が併存している。新々貿易理論は，貿易理論が国毎産業毎でとらえている貿易を，企業レベルでとらえなおしてみることにより，これまでみえてこなかった事象に迫ろうとする試みである。

　そこでの1つの発見は，輸出を行っている企業の方が，行っていない企業よりも生産性が高い，ということである。研究開発費用等を投じ，生産性を高めていくことの結果，競争力を獲得するという論理の流れを描けば，このことは当然とも言える。近年の研究で明らかになっている興味深いことは，その逆の論理，つまり輸出を行っている企業ほど研究開発に取り組んでいる比率が高い，

ということである。輸出と研究開発に補完関係があるのである。輸出に乗り出すことができた企業は，これまでの国内市場に加えて売り上げを獲得することができ収入が増加する。この収入の増加が研究開発費用の支出をより容易にすることになるのだ。

　地域貿易協定や世界の自由貿易の進展は，外国市場への輸出の障害を軽減し，これまで輸出できなかった企業が輸出に取り組む可能性を広げることとなる。そして輸出企業のすそ野が広がることが，研究開発に取り組む企業のすそ野を広げるのである。つまり研究開発を推進させる効果を持つと考えられる。

　新々貿易理論が示唆するもう 1 つの貿易自由化の効果は，国内市場の再配分の効果である。貿易自由化によって国内市場の競争が厳しくなり，その結果生産性が高い輸出企業の国内市場シェアが高くなり，生産性が低く輸出ができていない企業のシェアが下がる可能性がある。この結果として，研究開発に投資する力を持つ企業の収入が増えることになり，その産業，そして国にとって研究開発が促進され，国の動態的な厚生水準の改善につながることが期待できると指摘されている（新々貿易理論とその政策への応用については田中（2015）を参照してほしい）。

4　貿易政策のあり方を考える視点

戦略としての自由貿易政策

　前節でみたように，グローバル化が進む世界経済において，自由貿易政策ないし規制緩和政策が貿易政策の主要な手段となっている。そこで重要なことは，自由貿易論の理論的想定のように，ただ貿易をすべての分野ですべての国を対象に同じように自由化していく，という政策はとられていないということである。

　例えば，日本の競争力を持つ産業にとっては，日本企業の海外輸出や国際的展開を支え，日本が海外から収益を稼ぎ出す力を最大限に活用できる自由貿易が目指されるのである。製造業品の国境を越える取引は自由に，直接投資を含

む資本移動は自由に，発展途上国でも知的財産権は厳格に保護され，外国でも
日本企業が差別されずビジネス・チャンスをつかむことができる，そのような
自由貿易だ。他方で，経済理論的には根拠はあいまいだが，少なくとも国内政
治的には，重要農産品は保護することができる自由貿易が望まれる。また，社
会保障制度や労働基準，環境基準，安全基準など国民の生活福祉にかかわる国
内規制は，多少外国からの輸入に不利に働くとしても，日本独自のものをまも
ることが選好される傾向が強い。

　大きな流れとしては，すべての分野ですべての国を対象として自由化が進む
方向に向かってはいる。しかしその流れの上で，どの分野をどの国を対象に，
そしてどのような速度で自由化を進めるかをめぐって，各国の戦略が角逐しな
がら国際経済活動の自由化は進んでいるのである。自由貿易政策もまた各国が
戦略的に展開しているのである。

貿易政策を見る視点

　ここまで検討してきた貿易政策は，自国の利益を拡大することを目指す政策
である。自国経済の厚生を改善する，という視点で貿易政策を検討してきたわ
けだ。ここで忘れてはならないのは，貿易政策を行うことができるのは自国だ
けではないということである。外国も，またその国の利益を目指して貿易政策
を行うものである。自国が，自国の利益のためにある産業を保護し外国の輸出
を妨げたとしよう。外国がそれを甘受せず，自国からの輸入を妨げるために同
じように保護政策をとるとどうなるだろうか。結果として貿易が成立しなくな
ってしまうことにつながる。歴史にある1920年代の関税引き上げ競争は，その
ことが実現してしまった事例である。そしてその後の世界恐慌，第2次世界大
戦へとつながっていったのである。

　自由貿易理論が，現実とは異なる仮定に立脚したものとして批判されながら
も，今日なお力を持っているのは，その理論的基盤の強さに加えて，その結論
において自由貿易が世界全体と各国の厚生水準の上昇につながる，としている
点にある。保護貿易論が利益の争奪戦としての世界を描くのに対し，自由貿易

論は win-win の世界を描くのである。

　利益の争奪戦という視点のみで貿易政策を考えてしまうと，その争奪戦が行われる舞台そのものを壊してしまう可能性がある。スポーツがルールに縛れた中での競争であるのと同じように，貿易政策をめぐる国際間の角逐も，自由貿易が世界にとってプラスであるという前提を認めた上で，各国がその枠内で争うゲームであらねばならない。

　もちろんそこではルールそのものの在り方も争いの結果に影響するのであるから，各国は，少しでも自国に有利な自由貿易のルールを実現しようとする。ただ，そこでの自国利益追求は，自由貿易が世界全体にとっても利益である，ということと切り離すことはできない。例えば，日本など先進諸国が知的財産権の整備がこれからの世界にとって重要であるという主張をする時，イノベーションや創造の促進という知的財産権整備により期待できる世界全体にとってのプラスと，先進国がそこで利益を獲得できるという個別のプラスが表裏一体で存在しているのである。

　利益の争奪戦としての貿易政策，win-win の世界としての貿易政策，この 2 つの視点が切り離せないことを理解してもらった上で，もう 1 つ別の角度からも現実の貿易政策を評価する視点を持つことを望みたい。それは，利益の争奪戦の弱者の視点からも見てみようとする姿勢である。例えば，日本は先進国であるから，知的財産権制度の整備は国の経済にとってプラスになる。しかし発展途上国にとってはどうだろうか。知的財産権を生む活動は発展途上国では少ないと想定されるので，知的財産権制度の整備は途上国にとって特許料などの支払いの増加を意味する。よく言われる問題は途上国における薬価の上昇によって，途上国の貧困層を薬の利用から排除してしまう問題だ。おそらくそれでも長期的には途上国にとってもプラスであるはずだが（昔，開発された薬が当時は限られた人しか利用できなかったが，現在では安価でだれでも入手可能となり，社会全体の健康水準を高めている），今生きる貧しい人々にとってのマイナスも考察する必要のある問題ではないだろうか。これは何も海外の弱者に限らない。日本が自由貿易を推進していく中で，国内にも争奪戦の弱者は増加していかざるを

─── *Column* ③　広義の貿易政策の必要性 ───

　この章では，貿易に関する政策に比重を置いて議論をしてきた。しかし今日の世界経済では，対外経済関係に働きかける政策の分野を貿易政策に限定することはできない。図3-7は日本の経常収支を示している。日本は東日本大震災後の時期を別にすれば高い水準経常収支黒字を記録している。ただ，その黒字の内容は大きく変化していることがわかるだろう。かつての輸出によって黒字を稼ぐ日本という状況はなくなり，黒字の稼ぎ頭は第1次所得収支，つまり日本企業・金融機関の海外が海外のビジネスで稼いだ利益となっている。図3-7の期間には輸出も増加しているので，輸出が日本経済にとって重要でなくなったということは決してできないのだが，日本経済にとって海外での日本企業の活動の重要性が高まっていることが示されている。そのような変化を受けて，海外での企業活動の自由や安全を確保するための投資協定（BIT）は，貿易政策と並んで日本の対外経済政策の主要な課題となっている。

　この章で説明している知的財産権や国際標準の問題も含めて，グローバル化の中で国際経済関係の多様化していることに合わせて，政策の範囲もまた広がっているのである。

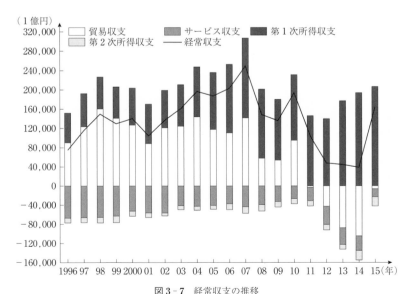

図3-7　経常収支の推移

（出所）　財務省，国際収支データを資料として作成。

─── *Column ④*　サービス貿易を通して見た日本経済 ───

　図3-5のサービス貿易のグラフが，知的財産権が日本の主要な輸出分野となっていることを示している点は，本文で記した通りである。このサービス貿易のグラフを材料に，サービス貿易を通してみた日本経済について，もう少し説明しておこう。

　このグラフには，サービス貿易の2つの大きな構成要素，輸送と観光を示していない。近年新型コロナウイルス禍以前には，とくに後者の観光には注目が集まっていて，国内経済，地域経済の活性化のための政策の焦点となっていた。このような産業での貿易政策は，国内の観光地の整備など，従来の貿易政策とは大きく異なることになる。図3-5で赤字が急速に増えているのが，その他業務サービスである。これには，法務・経理関連サービス，広告・市場調査等に係るサービスが含まれているので，日本企業の海外での事業活動が増加し，海外での支払いが増えていることの結果である。その意味で日本企業の活動のグローバル化の結果であるが，違う角度から見ると日本企業のグローバル化と，日本国内経済のグローバル化（海外企業の日本国内での活動）のアンバランスが拡大していることが，この点からも見えることになる。日本企業が海外進出している規模よりも，海外企業が日本に進出してくる規模が小さいので，このような結果になるのである。

　観光にしろ，その他業務サービス項目にしろ，その動向は，日本経済に呼び込む海外企業や人をどのように拡大していくかが，日本の政策課題であることを示している。

得ない。今後私たちが，例えば日本の具体的貿易政策を評価しようとするとき，日本にとってのプラス面や他の強国（アメリカ）との利害得失，そして全体にとってのプラス面だけでなく，国内や，参加国の中で相対的に弱い立場の国や人々の視点からも検討する姿勢を持つ必要がある。そのことが自由貿易への信頼を維持し高めていくことにつながる。

参考文献

小川紘一『国際標準化と事業戦略──日本企業のイノベーションとしての標準化ビジネスモデル』白桃書房，2009年。

経済産業省『通商白書』各年版。

田中鮎夢『新々貿易理論とは何か──企業の異質性と21世紀の国際経済』ミネルヴァ書房，2015年。

冨浦英一『アウトソーシングの国際経済学──グローバル貿易の変貌と日本企業のミクロ・データ分析』日本評論社，2014年。

農林水産省「農業・農村の多面的機能」（http://www.maff.go.jp/j/nousin/noukan/nougyo_kinou/）。

練習問題

問題1

保護貿易政策が正当化されるケースを2つ以上あげて，その論理を説明しなさい。

問題2

保護貿易政策の問題点について説明しなさい。

問題3

保護貿易政策に貿易理論レベルで正当な理由がなくても，それが採用されるのは，自由貿易論にどのような問題点があるからですか。説明しなさい。

問題4

知識経済化がもたらしている新しい貿易政策の領域について，知的財産権，もしくは標準化というキーワードを使って説明しなさい。

問題5

地域貿易協定のような貿易自由化政策の効果としてあげられる，自国市場効果，研究開発を推進させる効果，再分配効果，それぞれについて簡単に説明しなさい。

（小倉明浩）

国際貿易制度の歴史と現在

━━ 本章のねらい ━━

　国際貿易制度とは，どのようなものだろうか。ニュースなどでよく登場する言葉で言えば，世界貿易機関（World Trade Organization; WTO）や環太平洋パートナーシップ協定（Trans-Pacific Partnership; TPP）がそれにあたる。これらは，多くの国が参加する国際機関，多国間協定である。ただ，国際貿易制度という場合，それがすべてではない。国際貿易が行われることを支える国内の法律や行政機関のような制度，国際間（２国間のものから多国間のものまで）の協定や合意事項，それらのすべてのものが国際貿易制度に含まれる。これらのうち，この章では，国の経済や政策の在り方に大きな影響を及ぼす国際協定や国際機関に焦点をあてて考えていこう。

　近代国家成立以降の世界では，国際貿易は，国家間の協定やこれにもとづく国際機関に支えられてきた。なぜなら，現代の国家は，その領域にかかるすべてのことを排他的に（国外からの干渉を受けずに）決めていくことができる権利＝国家主権を有するという共通理解の上に国際社会が成立しているからである。国境を超えるモノ，カネ，人の出入りを管理することは，国の主権の重要な一部である。

　このことからだけ考えれば，貿易に関する制度は各国が自由に定めればよく，それに外国は干渉できないのだから，国際間の問題にはなりえない。では，なぜWTOやTPPのような国際貿易制度は，国内に政策論争を巻き起こす問題になるのだろうか。また，この論争はどのようなポイントを巡って行われているのだろうか。この章では，国際協定や国際機関などの国際貿易制度を巡る論点を考えるための視角の獲得を目指す。そのために，まず国際社会において国際貿易制度がなぜ必要となるのか，という点を検討する。そのうえで，現代の国際貿易制度を巡る論点に関して，その歴史的展開を踏まえて比較していくという方法で特徴を明らかにしていく。

1　国際貿易制度とは

　完全市場モデルの世界では，市場参加者が，自由に各々の「最適」な選択を
していくことが，限られた資源をもっとも効率的に利用し最大の価値を生み出
すという意味で，世界にとって「最適」な結果をもたらすことができるとされ
ている。しかし，現実の市場経済は，完全市場の経済理論モデルが想定するよ
うな，それ単独で機能するものではない。現実世界の各市場参加者にとっての
「最適」は必ずしも自明ではないからである。取引する財・サービスに関する
情報や，将来の可能性についての情報は不完全であり，そのような不完全な情
報に基づいて行われる選択の「最適」性には限界があるのだ。

　そのような限界を補完し，市場を機能させているものが，社会であり，制度
である。社会における人の間の結びつきは，相互信頼を高め，取引のリスクを
引き下げる。そのほか多様な仕組みが構築され市場経済を支えている。例えば，
法制度のように国家による強制力の裏付けにより市場経済のルールを定めてい
るもの，教育制度のように市場では評価されにくい分野を支えるもの，さまざ
まな仕組みが身近にあることは，すぐにわかるだろう。このような制度の背景
には，国家があり，国ごとに制度が構築され，市場とは異なる仕組みで資源
（資金）を配分し，市場を支えている。

　世界規模でも，市場が機能するためには制度の支えが必要となる。ただ，現
代の国際社会は，国家により構成されている。各国家は，主権を持ち自国の領
域内のことを他国に干渉されずに決める権利を持っている。それゆえ，市場を
支える制度は国ごとに構築され，市場と制度の組み合わさり方は，各国ごとに
異なり多様だ。そして，そのように異なる市場‐社会が寄り集まったものが，
国際社会であり，世界経済なのである。

　それゆえ，国際社会の制度は，その参加者である国家の合意により形成され
るものとなる。合意の基盤となる共通の価値・目標，それを実現するための各
国家が従うべきルール，そしてそのルールを維持する仕組み（具体的にはルール

違反を防ぐ仕組み）によって国際制度（国際レジームとも言われる）は構成されることになる。そして，その制度を支える国際間の協力関係も含めて国際体制と呼ばれる。例えば，世界平和という共通の目標を実現するために，国際連合（国連）が創設され，そこでのルールが定められ，そして安全保障理事会の決議による制裁等のルール違反を防ぐ仕組みがあり，それらにより平和を維持していく，という仕組みである。

国際貿易制度の場合は，その基盤となる共通の価値・目標は，自由な国際経済取引を実現していくことだ。これは自由貿易が，世界と各国にとってもっとも利益をもたらす，という市場経済システムへの信頼にもとづいている。それを実現するためのルールが，各国の合意により作られているのだ。

そして，そのルールが各国を縛ることになる。国際社会では，各国は主権を持っているので，本来，国境を越える取引を自由に制限する権利を持っている。貿易制度を自由貿易にするかどうかは各国の勝手である。けれども，それでは国際的な自由貿易は実現しないので，この各国が本来持っている権利を国際ルールにより縛り，勝手にはできなくするものが国際貿易制度である。

国際貿易制度は，共通の目標である自由貿易を実現するためのものであり，その意味で世界経済が発展していくために不可欠なものである。しかし他方で，それは，国家が自由に自国の制度を作る権利を制限するものなのだ。それゆえ，その在り方は，世界経済の在り方を左右することはもちろん，各国の利害にも大きく関わることになる。本章では，そのような国際貿易制度について，歴史的展開をふまえ，そのことを通じて現代の国際貿易制度の特徴とそれが直面している課題について考えていく。

2　国際貿易制度の展開

国際貿易制度の基本原則

自由貿易を実現するための国際貿易制度は，次のような基本的なルールの要素が含まれていなければならない。**自由主義**，**無差別主義**，**多角主義**，そして

為替の自由化の4つの原則がそれにあたる。

　第1の自由主義の原則は，自由貿易を実現するためのルール，つまり各国が勝手に貿易制限を行うことを防ぐルールである。各国は，国際間の約束（条約等）で許されている範囲でしか，貿易を制限できない，というものだ。

　第2の無差別主義の原則は，市場競争における公正性とかかわる。市場の競争の結果が効率的であるためには，競争が公正であることが必要である。参加者の一部が優遇されていれば，競争は不公正なものとなり，競争結果の最適性は保証されなくなるからだ。国際貿易の場合も同様で，競争参加者が対等な条件で競争できる場を確保することが必要になる。これをいかに設計するかが，国際貿易制度の在り方に大きく影響することになる。この点は後で検討する。

　第3の多角主義の原則は，できるだけ多くの国が国際貿易制度に参加していることが望ましい，というものである。これまでの国際貿易制度は，できるだけ多くの国の参加を目指してきた。ただ，1990年度以降，世界全体の国際貿易制度の枠組みとは別に，一部に国が独自に自由貿易の枠組みを作る動きが活発になっており，国際貿易制度の在り方を検討する上での課題となっている。

　第4の為替の自由化の原則は，聞きなれない言葉かもしれないが，要するにお金（資金・資本）の国際的な移動を制限しない，ということである。貿易という取引は物々交換ではないので，モノの国際移動と一体になって（反対方向に）資金の移動が伴う。これを制限しない，ということである。国際貿易の原則としては，その点だけ理解してもらえれば十分だ。ただ，国際貿易が円滑に進むためには，支払いのための資金移動が制限されないだけでなく，通貨が各国ごとに異なることを考えれば，両替のための仕組み（為替相場制度）も必要となる。さらには遠隔地に資金を効率的に移動させる仕組みである外国為替制度も必要になる。このような制度が，外国への投資のための資金移動の制度も含めて，国際金融制度と呼ばれ，第8章で取り扱われる。

　現代までの国際貿易制度，それを支える体制は，以上の4つの原則の在り方によりそれを特徴づけることができる。19世紀後半のイギリスを中心とする自由貿易体制，第2次世界大戦後から1980年代までのIMF-GATT体制（ブレト

表 4-1　3 つの自由貿易体制の比較

自由貿易体制の 4 要素	19 世紀自由貿易体制	IMF-GATT 体制	グローバリゼーションを支える自由貿易体制
自　由	国際通商条約のネットワーク	GATT（国際条約）数量制限を禁止ラウンドを通じた関税引き下げ	WTO（国際機関） • 自由貿易ルールを強化 • 紛争解決制度を強化 • サービス貿易など新分野のルールを整備 ＋ RTA による自由貿易の推進
無差別	最恵国待遇原則（外国間を無差別）	最恵国待遇原則（外国間を無差別）	GATS では，内国民待遇原則，市場アクセスの保証（国内での時刻と外国企業間の無差別も含まれる）
多　角	条約締結国の拡大	GATT 加盟国の拡大	WTO 加盟国の拡大RTA ではこの原則は保証されない
為替の自由化	イギリスを基軸とする金本位制投資のための資金移動も活発	ドルを基軸とする固定相場制経常取引の自由化（貿易のための資金移動自由化）	変動相場制各国が資本移動を自由化→金融のグローバリゼーション

ンウッズ体制），そして現代の自由貿易体制だ。表 4-1 にそれらの特徴を簡潔にまとめている。

イギリスを中心とする自由貿易体制

　歴史で学ぶように有史以来，国際間の取引は行われてきたわけだから，国際間の貿易に関する国と国の間の約束（条約）は，古くから存在する。しかし，それが地球全体を覆うような仕組みとして形成されたのは，19 世紀後半のことである。ちょうど日本が鎖国をやめ開港し，一部の国だけではなく世界各国との貿易に参加した時期にあたる。

　19 世紀後半には，世界各国が，貿易に関する条約（通商条約）を締結し，その条約のネットワークが網羅的に世界を覆うことによって，自由貿易が推進された。

　自由主義の原則については，条約により，各国が貿易を制限する権利が制約された。輸入禁止などの貿易制限措置は，各国が勝手に決めるのではなく，相手国との合意によって決められることとなった。歴史で日本の開港について学んだ際に出てくる，不平等条約問題の1つ，関税自主権問題もこれに関わることだ。

　無差別原則については，各国間の通商条約に**最恵国待遇**（MFN）条項を組み込むことで実現された。最恵国待遇条項は，条約を結んだ相手国にもっとも優遇された条件での貿易を保障するものである。すべての国とこの条項を結べば，すべての相手国がもっとも優遇された条件にならなければいけないのだから，結果的にすべての国が同じ条件になるわけだ。

　多角主義原則については，この条約のネットワークを広げていくことで実現された。日本もその拡散のプロセスで，開港し，組み込まれていったわけである。

　為替の自由化については，金（あるいは銀）貨幣を基準として各国通貨の交換比率を決定していく金本位制度により，確保されることとなった（詳細については第8章に譲る）。

　この仕組みを，イギリスを中心とする自由貿易体制と呼ぶ理由は，その推進や維持がイギリスの政治・経済力，言い換えると覇権に依存していたからである。当時，イギリスは，その貨幣である金・金貨の自由な取引を認め，自由貿易を推進していく政策を採っていた。その資本力と，植民地を含む広大な市場がテコとなって，自由貿易が各国にとって魅力ある政策となりえたのである。日本の工業化の過程でも，東南・南アジアのイギリス植民地との自由貿易は，安価な原料の供給地として，また製品の市場として大きな役割を持っていた。

自由貿易体制の弱点と19世紀自由貿易体制

　イギリスを中心とした自由貿易体制は，19世紀末以降その限界に直面する。それには，次のような自由貿易体制が共通して抱える弱点がかかわっている。

　第1に，自由貿易体制が国際間の協調によって成立している，という点だ。

自由貿易は，理論的には各国にとって利益をもたらすものだが，その利益は各国の国民にとって必ずしも見えやすいものではない。輸出による雇用の増加はわかりやすいかもしれないが，理論が想定する本来の利益は，輸入による資源の節約（安価の輸入品の利用）にある。しかしその利益は，輸入競争に圧迫され失業や倒産が生じる産業がある場合，その"被害"により見えなくなってしまいがちなのだ。とくに，国の経済が低迷している場合には，自由貿易の"被害"が利益を覆い隠してしまい，協調の基盤が侵食されてしまう。

　第 2 に，**国際収支**（貿易収支・経常収支）の赤字の問題がある。理論的には国際収支は均衡するはずだが，現実には赤字が持続する国は珍しくない。赤字が持続するということは支払いが受け取りを上回り続けるわけだから，国の債務が膨らんでいくことになる。これは，いつかは返済しなくてはいけないものだ。赤字が持続できない（債務が増やせない，つまりは借りられない）状況になった場合，返済資金を確保するために，経済を引き締める緊縮政策を採用しなければならない。経済を不況にし，需要を減らすことにより輸入（支払い）を減らすのだ。これは国にとってつらい選択である。このつらさに耐えられなくなった時，国は自由貿易を放棄し貿易を制限する政策を採用することや，為替相場の変更・資金移動の制限という政策を迫られることになる。

　第 3 に，第 1，第 2 の弱点の克服を**覇権国**，イギリスが支えているという点がある（覇権国の存在が，自由貿易体制成立・維持の条件であるという考え方を「覇権安定論」という）。イギリスは，その本国と植民地での自由貿易を維持することを通じて，各国に輸出という目に見えやすい自由貿易の利益の実現を支え，資金の貸し出しや投資を通じ資本を輸出することで赤字国を支える役割を担っていた。しかし，当時の新興国であるアメリカや，ドイツの追い上げによって，イギリス自身の経済に陰りが生じると，輸入や資本輸出に制限を課さざるを得なくなり，自由貿易体制を支えることができなくなってしまったのである。その結果，20世紀前半は，2つの世界大戦とその間の大不況と貿易戦争がおこり，自由貿易の国際貿易体制は崩壊することとなったのである。

IMF-GATT 体制（ブレトンウッズ体制）

　第2次世界大戦後，世界の経済発展と平和にとって，自由貿易が重要であるという共通認識の下に構築されたのが，1947年に創設された **IMF**（国際通貨基金）と，同年調印された条約である **GATT**（関税及び貿易に関する一般協定）による自由貿易体制である。これらは，1944年アメリカのブレトンウッズで開催された会議で創設が決定されたので，**ブレトンウッズ体制**とも呼ばれる。

　この創設は，イギリスを中心とする自由貿易体制の崩壊の経験を踏まえ，より強力な国際間の協調枠組みをつくろうとするものであった。

　IMF は，自由貿易体制の原則のうち，為替の自由化を担っていた。そこでは，ドルを基軸通貨とする**固定為替相場制度**と，資金移動については経常取引の自由化（経常取引の自由化とは，貿易の支払いのような経常収支の取引項目にかかわって移動する資金移動のこと。投資のための資金移動，つまり資本収支の取引の自由化は含まない）を国際機関のルールとして定められていた。また，自由貿易体制の弱点である国際収支赤字国の困難を支援する融資制度も有していた。ただ，ドルというアメリカ通貨を中心に据えたことからもわかるように，アメリカという覇権国を中心とする体制であるという限界は引き続き避けられていなかった。また，国際収支の赤字問題についても，また第2次世界大戦後の欧州・日本の復興需要をアメリカからの直接的資金支援が支えていたし，赤字国と対になって存在する黒字国の側の赤字解決への協力を組み込むことができていなかった。これらの点については，創設時とくにアメリカとイギリスの間で対立があった（**Column** ⑤参照）が，アメリカ側の案で決着した。

　GATT は，創設が計画されていた ITO（国際貿易機関）の一部をなす条約であったが，ITO が成立しなかったために，自由貿易制度をささえる役割を担うことになったものである。

　自由主義の原則については，GATT では，貿易制限は原則として関税に限定された。つまり，例外を除き，輸入を数量で制限すること（輸入禁止を含む）はルール違反とされた。これは，関税の方が，数量制限よりも，取引の自由の制限度合いが小さいという考え方による。関税の場合，高くても買うというこ

とができるのに対し，数量制限ではそれもできなくなるからである。

　無差別主義原則については，GATT の加盟国に対する最恵国待遇付与の条項があり，ある加盟国の他の加盟国との貿易の条件は加盟国間で無差別となる。例で説明すると，アメリカが自動車輸入に関税を課す場合，ドイツには10%，日本には20%というように差別してはならず，日本に対しても10%を適用しなければならない，ということである。アメリカ市場で，ドイツ製自動車と日本製自動車が同じ条件で競争することを保障しなければならないということである。しかし，日本が自動車を輸入する際に世界各国に課す関税がすべての国に同じ10%で，アメリカのそれが20%である，ということが禁止されているわけではない。あくまでも輸出してくる国の間の競争を無差別にしなければならないということだ。この点は，現代の国際貿易制度との比較で問題になるところなので注意しておいてほしい（表4-1も参照）。

　多角主義原則については，各国の間の自由貿易条約のネットワークではなく，1つの国際条約に世界各国が参加する形がとられており，世界各国の共通の合意によって成立する，という点で進化したものとなっている。

IMF-GATT 体制とアメリカの覇権

　ただし，覇権国に依存するという性質がなくなったわけではない。まず，為替相場制度の面では，ドルを中心とする固定為替相場制度であり，その安定の基軸はアメリカの経済力にあった。そして，自由貿易を推進する上でもアメリカが大きな役割を担っていた。各国にとって，自由貿易体制に参加することの最大の魅力は，アメリカ市場への輸出であったからである。第2次世界大戦後の欧州の復興や日本の高度成長にとって自由貿易は重要な役割を果たしていた。そのような状況下で，自由貿易を進める GATT のルールからの逸脱は，アメリカ市場からの排除のリスクを覚悟しなければならないものだったのである。

　また，関税引き下げのための GATT 加盟国間の交渉（多国間通商交渉：ラウンドと呼ばれる）の開始，交渉課題の設定，合意への働きかけ，そのいずれの局面でもアメリカのリーダーシップが働いていた。例えば，1964年から3年間

にわたる多国間通商交渉は，ケネディ・ラウンドというその通称が示すように，当時のアメリカのケネディ大統領が，1962年の年頭に開催を提唱したもので，アメリカによる既存関税の50％削減等の自由貿易推進の政策に支えられたものであった。

そのようなアメリカの覇権の下，GATT体制では，各国の関税率は低下し，世界貿易は大きく拡大した。

IMF-GATT体制と自由貿易体制の弱点

以上のように，IMF-GATT体制は，イギリスを中心とする自由貿易体制の崩壊の経験を活かし，より強い国際協調の基盤となる国際機関，多国間の国際条約により構築された。しかし，自由貿易体制の弱点を克服できてはいなかった。それは，アメリカの覇権に支えられた体制であり，不況や国際収支赤字による国際協調基盤の浸食に対する脆弱性は，依然として残っていたからである。

さらに，第2次世界大戦後は，自由貿易体制に新たな問題が付け加わることになる。**発展途上国**の問題である。第2次世界大戦後，植民地であったアジア，アフリカ諸国が次々と独立し，国際社会に参加することになった。自由貿易制度の基本的な枠組みでは，これらの発展途上国も，先進諸国と自由・無差別に世界経済で競争していくこととなる。自由貿易理論の上では，発展途上国であっても，自由な国際貿易から利益を得られるはずである。しかし，独立したばかりの発展途上国は，主要な輸出品である**一次産品**価格の不安定性や，一次産品への依存から脱却するために育成しようとしていた工業製品の輸出機会の不足，という問題に直面していた。これらの問題点は，1964年に開催された第1回国連貿易開発会議（UNCTAD）において，「開発のための新しい貿易政策を求めて」という報告書で指摘された（この報告書は，UNCTAD初代事務局長プレビッシュの名をとり「プレビッシュ報告」と呼ばれる）。自由貿易体制が，発展途上国にとっても魅力的であるためには，これらの課題への解決策を提示する必要があったのだ。これに対応するように，1965年には，GATTの条文に第4部が追加され，発展途上国の優遇の可能性を導入することとなった。加盟国は，

特恵関税制度と呼ばれる発展途上国向けの特別に低い関税率を導入することが認められ，途上国輸出品が優遇されることが可能となった。しかし，依然として発展途上国の経済開発は課題であり続けたのである。

IMF-GATT 体制の動揺と耐性

1970年代に入り，GATT による自由貿易体制の弱点が顕在化することになる。まず，為替相場制度については，アメリカ自体が，国際収支の赤字に陥り，為替相場の変更や資本輸出の制限を選択することを余儀なくされる状況となった。1971年，ニクソン・ショックと呼ばれるアメリカの一方的宣言により，ドルを基軸とする固定為替相場制度の根幹が放棄される。1973年には，日本を含む世界の主要国で固定為替相場制度が放棄され，**変動為替相場制度**へと移行することとなった。

さらに，1973年の**石油ショック**（石油価格の大幅な上昇）によって，世界経済は，物価上昇（インフレーション）と経済停滞（スタグネーション）が併存する**スタグフレーション**と呼ばれる状況となる。不況でモノが売れないのに物価が上昇するという，経済の常識ではありえない状況が現れたのである。それに対し，各国はそれまでの通常の経済政策では対処できず，長期の停滞に陥ることとなった。このことが自由貿易体制に打撃となったのである。先進各国は，自国の産業保護，雇用維持を優先し，貿易制限，保護貿易政策を導入した。このような事態に対し，GATT は対処する能力を持たず，1970年代後半から1980年代前半にかけて，世界の貿易額は伸び悩むことになる。図4-1は，GDP に対する貿易額の比率を示したものだが，これを見ると1970年代後半と1980年代前半，2つの時期に貿易額が停滞していることがわかるだろう。この第1の停滞期の前の時期と2つの停滞期の間の時期には，貿易額の比率が高まっているところがあるが，これには2度にわたる石油ショックによる石油価格の上昇が影響している。

このように IMF-GATT 体制は，大きく動揺したわけだが，イギリスを中心とする自由貿易体制の時のように，そのものが崩れてしまったわけではない。

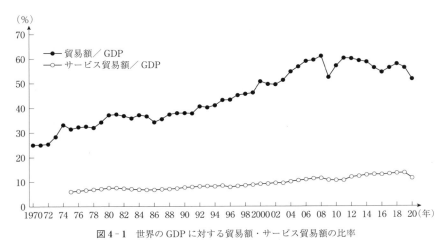

図 4-1　世界の GDP に対する貿易額・サービス貿易額の比率

（出所）　World Bank, World Development Indicators　（https://databank.worldbank.org/source/world-development-indicators#）.

　例えば，第 2 次世界大戦前のアメリカの輸出額は，1930年代前半には，それまでのピークの約 3 分の 1 の水準にまで落ち込んだが，1970年代後半には，図 4-1 のように，世界貿易額の伸びは低迷したが，戦前のような大きな減少は経験していない。

　このことの背景には，国際協調の崩壊が，大不況と世界大戦につながってしまったという過去の失敗の経験への反省がある。自由貿易体制制度崩壊のコストの高さが認識されていたということである。そして自由貿易体制が，各国間の通商協定のネットワークとしてではなく，多国間の国際枠組みとして形成されていることによる耐性も作用していると考えられる。多国間の国際枠組みとなっていることによって，自由貿易が，ある意味，世界の正義として位置づけを確保し，各国がそれに反する政策をとりにくくなっていたのだ。

　1970年代から1980年代にかけて採用された保護貿易政策は，GATT のルールにあからさまに挑戦しようとするものではなく，そのあいまいさや抜け穴を利用するものであった。例えば，**輸出自主規制**（VER）という措置がある。これは当時，日本の欧米向けの製造業品輸出に課されたものだ。GATT のルー

ルでは，輸入国が輸入を，関税以外の手段でルールに反して制限することは禁止されている。しかし，輸出国が，輸入国に配慮して自主的に制限することは想定外で禁止されていなかった。そこで，欧米各国は，日本に対して輸出自主規制を行うよう圧力をかけ，日本も産業界の自主的な規制として輸出を制限したのだ。これは輸入国の産業を保護するという効果の上では，輸入制限と同じだが，GATT のルールには抵触しない。このように，建前としては自由貿易を尊重しながら，保護貿易が行われたのである。逆に言えば，本音では自由貿易を否定したくても，表立っては否定できないというほどまで，自由貿易の意義，価値は高まっていたと言える。

　そして，1980年代以降，自由貿易体制は，その基礎となる自由な市場経済への信奉が再構築されることにあわせて，現代のグローバリゼーションを支える制度として再構築されることとなる。

3　グローバリゼーションを支える国際貿易制度——WTO

WTO 設立への背景

　1970年代に保護主義の台頭により動揺していた自由貿易体制だが，その背後では新たに自由貿易体制の出現を必要とさせる状況が展開していた。

　第1は，**新自由主義**の考え方の台頭である。1970年代のスタグフレーションは，もはや政府が経済の好不況を的確にコントロールすることができない，ということを示した。政府の経済への関与に対する信頼性を掘り崩したのだ。このことから，政府による経済への規制や管理は可能な限り小さいほうがよく，市場に任せれば経済はうまくいく，という新自由主義の考え方が強くなったのである。この考え方に基づいて，先進各国では，規制緩和や民営化がすすめられていった。このことは，自由貿易を支持する力となった。

　第2には，経済活動のグローバル化が加速し始めたということがある。変動為替相場制への移行の後，まず金融自由化が進み始めた。変動為替相場制は，為替相場を市場が決めるというもので，外国為替取引，つまり通貨の売買が自

由であることを基礎として成立する。そして，通貨の売買を自由にするということは，国境を超える資金の移動を自由にしていく方向につながるからだ。1970年代以降，民間の国際的に資金の貸借や投資が拡大していくことになる。それに伴って，国際経済活動が，貿易だけではなく，金融などのサービス活動，海外への投資，と多様な形で展開するようになっていった。この多様化し，グローバル化する経済活動に対応しうる国際貿易体制への必要性が高まってきたのである。

新たな国際貿易体制── WTO の特徴

　以上のような背景から，1986年ウルグアイにおいて，自由貿易体制を強化するための国際機関とルールを作るための交渉，ウルグアイ・ラウンドが開始されることとなった。その後約10年の交渉を経て，1994年に合意に達し，1995年1月に **WTO**（世界貿易機関）が発足することとなった。

　WTO は，自由貿易体制として2つの方向で強化されている。1つは，国際貿易体制を支える国際機関，ルールとしての強化である。そしてもう1つは，国際経済活動の多様化に対応するルールの範囲の拡大である。

　国際機関，ルールとして強化という面では，GATT において，あいまいであった既存ルールや抜け穴を修正し，すべてのルールをすべての加盟国に適用する原則となった。さらにはルール違反に対する仕組みも強化されている。

　とくに，ルール違反に対する仕組み＝紛争解決制度の強化は注目される。ある国が貿易を制限し，それがルールに反している疑いがあるとしよう。この場合，もしルール違反であれば，輸出国はビジネスのチャンスを喪失することになるから，その国の貿易制限は撤廃されねばならない。このような場合，ルール違反であるかどうかを裁定する仕組み，そして違反を認定した場合にルールに従わせる仕組みが必要となる。これが紛争解決制度である。GATT においてもこの仕組みは存在していたが，十分に機能していなかった。

　WTO では，全加盟国で構成される紛争解決機関（DSB）が設置されている。ある加盟国が，他国のルール違反を判断する委員会（パネル）の設置を要請し

た場合，DSB の審議で設置しないことが合意されない限り，パネルが設置され審理が行われる。これは，**ネガティブ・コンセンサス方式**と呼ばれる。つまり，1国でもパネルの設置に賛成であれば，ルール違反かどうかの審理は行われるということだ。GATT 下では，紛争処理案件は，1948年から1994年までに約300件であったが，WTO 下では，1995年から2021年までで600件以上となっており，ルールを守るための枠組みがより機能していることが示されている。またこの制度整備と併せて，加盟国は，外国がルール違反をしていると一方的に決めつけて対抗措置をとることも禁止された。WTO には自由貿易の護り手として機能を付与されたのである。

　ルールの範囲の拡大という面では，新しい分野のルールが策定された。新自由主義的政策の一環として，各国が国境を超える資本の移動や企業活動を自由化する政策を採用した結果，経済のグローバル化が進んだのである。国境を超える経済活動は，モノの貿易だけでなく，サービスの国際取引も進み，企業活動も国際化することとなった。例えば，1980年代までの日本では，保険会社は日本企業というのが常識であったが，今や日常的に外国資本の保険会社を目にすることができ，日本企業であれ，外国企業であれ，より質と価格の優れた保険を選んで購入することができる。さらにはインターネットが発展した今日では，個人が直接海外の企業などと取引することも可能となっている。このような国際経済活動の多様化に対応するための，新しい分野のルールが必要となったのである。

　WTO の新分野のルールとしては，以下の3つのルールが注目される。サービスの貿易に関する一般協定（GATS），貿易に関連する投資措置に関する協定（TRIMs），知的財産権の貿易関連の側面に関する協定（TRIPs）である。

サービス貿易のルール

　GATS は，サービス貿易の自由化を実現するためのルールである。サービス貿易とは，サービス（通信，金融，流通，輸送，観光，教育など）の居住者と非居住者間の取引である。厳密さを無視して言うと，異なる国の人，あるいは異

表 4-2　サービス貿易の形態

モード	サービス提供の態様	事　例
第 1 モード 国境を越える取引	消費国（輸入国）　提供国（輸出国） △　○ 消費者　　　　　提供者	・インターネットを通じた相談，レッスン ・カスタマーセンターの海外へのアウトソーシング
第 2 モード 海外における消費	消費国（輸入国）　提供国（輸出国） △　　△　○ 消費者　　消費者　提供者	・海外旅行での消費 ・海外で航空機，船舶を修理
第 3 モード 業務上の拠点を通じたサービス提供	消費国（輸入国）　提供国（輸出国） △　○　　　　○ 消費者　海外拠点　提供者（企業等）	・海外支店での金融サービス提供 ・海外支店を通じた物流サービス提供
第 4 モード 人の移動によるサービス提供	消費国（輸入国）　提供国（輸出国） △　○　　　　○ 消費者　提供者　提供者（自然人）	・外国人による公演活動（音楽家など） ・外国人の短期間の訪問によるサービス活動

（出所）　外務省ホームページ（https://www.mofa.go.jp/mofaj/gaiko/wto/service/service.html）を参考に作成。

なる国の企業の間でのサービスの取引がサービス貿易である。GATS では，このサービス貿易を 4 つの形態（モード）に分類している（表 4-2 を参照）。

　第 1 モードは，インターネットを通して外国のインストラクターの英語レッスンを受講する，というように，サービスの提供者と消費者の間に国境が存在し，サービスが国境を越えるものである。第 2 モードは，消費者が外国に移動しサービスを受けるものだ。海外でのサービスの消費である。外国でホテルに宿泊するようなケースがある。第 3 モードは，サービスの提供者（企業）が海外に拠点を設ける場合である。海外支店を通じた金融サービスの提供などのケースである。そして第 4 モードは，サービスの提供者が人であって，その人が海外に移動しサービスを提供するものである。外国の演奏家が日本でコンサートを行うような場合だ。

　サービス分野における自由貿易のルールは，基本的な原則はモノの貿易ルー

ルである GATT と同じである。ただし，特定の約束を行ったサービス分野については，以下のようなルールを守らなければならない。まず，市場アクセスの保証である。サービス取引では，第３モード，第４モードのように供給者が国境を超えることが前提になるものが多い。そこでは，供給者が国境を超えて外国での事業展開をできなければ「自由貿易」が実現しない。よって海外の企業や人が，国内でサービス事業活動を展開する自由を認めていくことが，「貿易自由化」として求められるのである。

そして，その外国企業や人は，国内企業や人と同等の条件で事業を展開する権利を認められなければならない。自国内だからといって，自国企業を有利に扱い，外国企業を不利にするような規制や政策は認められないことになる。これを**内国民待遇原則**という。ただ，これは特定の約束を行ったサービス分野についてのみ適用される。各国は，サービス分野それぞれについて４つの形態でのサービス提供について，約束するかどうか決めている。例えば，放送分野はサービス産業だが，日本はこの特定の約束を行っておらず，外国資本の参加は制限されている（外国資本が株式の20％以上を保有する企業には放送事業は認められない）。このようにすべての分野で市場アクセスの保証や内国民待遇が義務となっているわけではないが，GATS によって多くの分野の自由化が進められている。

TRIMs と TRIPs

TRIMs は，国が国内で活動する外国企業に対して行う規制や措置のうち，貿易に影響があるものに関するルールである。例えば，外国企業に，国内で生産された中間財を一定以上の割合で使用するよう義務づける要求（ローカル・コンテント要求）や，外国企業がその取引において輸出と輸入を均衡させることを要求することがあげられる。これらの措置は外国が自由に貿易することを妨げるので，自由貿易をゆがめるものとして原則禁止されている。

TRIPs は，知的財産権制度に関するルールである。これは，WTO 加盟国に対し，既存の国際条約（特許などの工業所有権に関するパリ条約，著作権に関する

ベルヌ条約）に定められルールを遵守する義務を負わせるものである。知的財産権制度は，発明などの創造を，創造者の権利を守りつつ社会に広く公開していくことを通じて，豊かさやさらなる創造を促進するための制度である。グローバルな企業活動にとって，海外でその知的財産権が侵害されることは大きな損失となる。そしてそのことが新たな創造へのインセンティブをそいでしまえば，創造が停滞することとなり，社会全体の損失となるのだ。そのような認識に立って，世界全体で知的財産権を保護していくことがTRIPsの狙いである。

WTOの意義の二重性

　WTOによる新たな国際自由貿易体制の成立は，世界の共通目標である自由貿易の維持と発展，グローバル化に対応した制度の確立という意味で，世界全体にとって利益となるものである。国際自由貿易体制が「国際公共財」とも呼ばれるのはこのことによる。WTOは，世界貿易の拡大に貢献し，図4-1に示されるように，WTO成立と前後して，2000年代にかけて世界の貿易の比重は高まっていった。1980年代にはGDPの40％以下であったものが2000年代には60％を超えている。また，サービス貿易のGDPに対する比率も同じ期間に約2倍になっている。

　他方で，それは国の主権と国際貿易制度との間に新たな課題を提起するものでもある。

　前述したように，自由貿易は，国の貿易制限の自由を束縛することによって成立する。GATTでは，それは国境でのモノの輸出入への制限を対象としていた。また，無差別な競争が保証されなければならないのは，自国に輸出してくる外国間の競争であった。しかし，WTOではそれ以外の領域についても国の政策は制限され始めている。GATSの市場アクセスの保証や内国民待遇原則は，自国内で自国企業を優遇してはいけない，というものである。TRIMsの外国企業への措置の制限も，国内で活動する企業への政策が制限されるというものだ。TRIPsは，知的財産権制度という国内の制度の在り方が国際条約によって縛られるというものである。さらにSPS（衛生と植物検疫のための措置）

協定のように，国が国民の健康を守るために定めている安全基準についても，国際的レベルで説明可能な合理性を持つことを要求するルールも強化されている。国際貿易制度による国の主権の制限は，国境から国内へと及んできているのである。

　そして，自由貿易体制の強化は世界全体にとって有益なことではあるが，それがもたらす利益は，各国が均等に得るわけではない。例えば，知的財産権の保護が強化されることによる利益は，少なくとも短期的には，知的財産権をより多く保有する国，つまりは先進国が得ることになる。知的財産権を保有しない国は，その権利の使用料を負担しなければ，新しい発明などを利用することができないのである。この問題は，かつては AIDS 治療薬が高価格となり途上国の貧しい人々が買えないという問題，新しくは新型コロナウイルスに対するワクチンや治療薬の利用可能性が偏っているという問題につながっている。

　グローバルな経済活動への制限がなくなること，その基盤となる制度が整備されることは，経済活動を活性化させ世界全体にとってプラスとなることである。しかし，グローバルに活動することができる力や資源は，国で言えばより豊かな国に偏って存在しているし，人の間でも差がある。国際自由貿易制度の確立は，全体にとってプラスではあるが，持つ国，持つ人により有利に働く傾向があることは否めない。しかも，国の政策の自由はより制約され，持たない人を守るために優遇するような政策が取りにくくなっているのである。近年，アメリカにおけるトランプ前大統領支持の背景となった自由貿易への批判の高まりのように，先進国においてすら自由貿易への信頼が損なわれつつある兆候が見られる。その影響だけとは言えないが，2010年代には，世界貿易の拡大のペースも停滞傾向となっている。

4　地域貿易協定の隆盛

地域貿易協定（RTA）とは

地域貿易協定とは，複数の国の間で，WTO において約束している水準以上

の自由化を実施するものである。これは協定加盟国間の貿易自由化の水準と，非加盟国に対する自由化の水準に差をつけるものであるから，厳密には無差別原則に反する。しかし，WTO協定以上の自由化（一定期間内に原則としては実質上すべての貿易について関税等を撤廃）するという条件で，認められている。

　貿易理論の観点からは，地域貿易協定による自由化によって新たな貿易が創出されることは，プラスの効果（貿易創出効果）を持つと考えられている。他方，協定によって，非加盟国が加盟国との競争で不利になることにより，非加盟国の産業が加盟国の産業よりも効率的であるにもかかわらず，競争で負けてしまうことになれば，より不効率な加盟国の産業が協定の効果により生き残ることになるので，このことはマイナスの効果（貿易転換効果）を持つ。貿易自由化の促進というプラスの効果への信頼が高ければ，地域貿易協定は推進されることになる。

　そのほか，地域貿易協定は，国境の経済的な壁を取り払って，加盟国間の市場の一体性を高める効果を持つ。加盟国間の取引が国内取引に近くなるのだ。これによりばらばらの市場が，1つの大きな統合市場となるという効果を期待できる。地域貿易協定を進める政策が**地域経済統合**とも呼ばれるのは，このことによる。現代の産業の多くは，規模の経済，あるいは集積の利益を持っている。その場合，より巨大な市場を自国と市場としていることが，生産を拡大し競争優位を獲得する上で有利に働く（自国市場効果，第3章参照）。同じ技術・生産性を持つ企業があり，そのコスト差が生産規模だけから生じるようなケースを考えよう。そこで，ある国での自国企業と外国企業の競争を考えると，外国企業は輸出する際に貿易費用（輸送費や貿易障壁によるコスト）を負担しなければならないが，自国企業はその必要がない。したがって，自国市場では自国企業が有利になる。大きな市場を持つ国の企業の生産量は，小さな市場の国の企業よりも大きくなり，規模の経済により，大きな市場を母国とする企業が有利となるわけである。国同士の競争を考えると，地域貿易協定を結び，より多くの国と自由な経済取引を行うことができるネットワークを築くことができること，大きな統合市場を構築していることが，他国に対して競争優位をもたらす

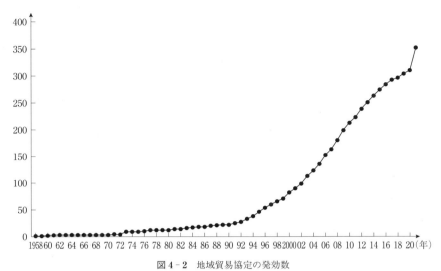

図 4 - 2　地域貿易協定の発効数

（出所）　WTO, Regional Trade Agreements Database（http://rtais.wto.org/UI/PublicMaintainRTAHome.
aspx）.

可能性があるのである。

　地域貿易協定には，以上のような効果を期待することができ，とくに1990年
代以降，各国が積極的に推進してきた。図 4 - 2 のように，1990年代前半に約
20であった地域貿易協定数が，2020年には300を超えている。EU（ヨーロッパ
連合）はその代表的な取り組みである。世界の 3 大経済圏をみると，ヨーロッ
パには EU，北米には USMCA（アメリカ・メキシコ・カナダ協定）がある。アジ
アはそれらに比べると遅れていたが，2022年 1 月に RCEP（地域的な包括的連携
協定）が成立した（RCEP は，ASEAN 10カ国と日本，韓国，中国，オーストラリア，
ニュージーランドの枠組みとして合意されている）。図 4 - 3 のように，日本は，
RCEP のほか，TPP11（環太平洋パートナーシップ）協定（2018年発効）， 2 国間
での EPA（経済連携協定）を締結しており（2022年 1 月時点で18の国と地域，アメ
リカを含む TPP12はいったん合意に至り署名されたが，アメリカ・トランプ政権が離
脱を表明し発効しておらず，バイデン政権でもアメリカ復帰の見込みはない状況であ
る），締結国との貿易が日本の貿易を占める割合は80％を超えるに至っている。

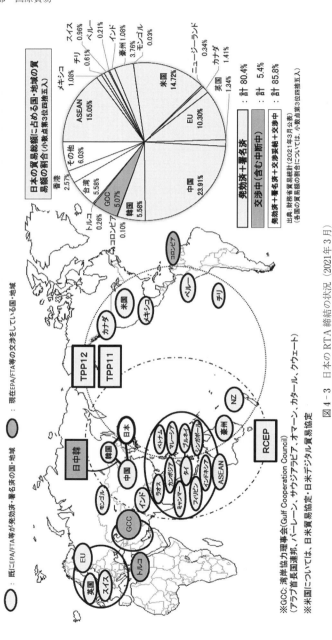

図4-3　日本のRTA締結の状況（2021年3月）

※GCC：湾岸協力理事会(Gulf Cooperation Council)
（アラブ首長国連邦、バーレーン、サウジアラビア、オマーン、カタール、クウェート）
※米国については、日米貿易協定・日米デジタル貿易協定

（出所）外務省、我が国の経済連携協定（EPA/FTA）等の取り組み（https://www.mofaj/gaiko/fta/index.html）より引用。

地域貿易協定隆盛の背景

　グローバル化が進む世界経済において，企業は国境を越えて最適な生産ネットワークを構築し競争している。そこでは，他国との経済取引をより円滑に結ぶことができる国，大きな市場へのアクセスに有利な国が，経済活動の立地先として選択されやすい。地域貿易協定隆盛の背景には，この要因が働いている。日本は，世界第 3 位の GDP 規模だが，その日本でも他国との競争の中で，単独では経済活動を引き付けるには十分ではないのである。また，協定による自由化の促進は，国内での競争を強化し生産性を高める投資を刺激することや，生産性の低い企業や分野を淘汰することを通じて，国の生産性水準を上昇させる可能性を持っている。まさに国の競争戦略として，地域貿易協定推進の政策は進められているのである。

　他方で，世界全体の自由貿易体制の強化は，WTO 成立以降，大きな進展はみられていない。2001年に WTO の下での新しい**多国間通商交渉**（ドーハ・ラウンド）が開始されたが，国際生産ネットワークが拡大している電気・電子部品の貿易自由化（情報技術協定：ITA）のような部分的成果はあるものの，包括的な合意への到達は困難な状況にある。これは，発展途上国のうち新興国と呼ばれる諸国が世界経済で台頭したことにより，世界が多極化し，各国間自由化への利害関係が複雑化してしまい，世界全体での合意点を見つけることが難しくなったことが影響している。これに対し，地域貿易協定は，限られた国間で，合意できる分野と水準で自由化を推進していくものであるから，より柔軟に進めることができる。このことも地域貿易協定が選択されている背景にはある。

地域貿易協定推進における課題

　現代における地域貿易協定は，WTO の自由化以上の自由化を進めるものである。それは，国境での障壁の引き継げ，障壁撤廃範囲の拡大を進めるものだが，それにとどまらない。WTO のルールが，国内の制度の在り方も制約し始めていたことは先に確認したが，地域貿易協定では，それを上回る水準での合意が行われている。例えば TPP11 では，サービス貿易については原則自由化

するとされ，例外的に制限する分野を協定で合意している。これは，WTO の
GATS が自由化する分野を約束しているのと逆である。これにより加盟国で
の日系の小売業の活動が行いやすくなることが期待されている。また，知的財
産権でも特許保護の期間が延長されるということになり，日本も国内法の改正
を行っている。さらに，WTO ではまだ整備されていないインターネットを通
じた商取引，電子商取引やデジタル貿易と呼ばれる分野に関してもルール作り
が行われているのだ。

　つまり，地域貿易協定が，新しい時代の自由貿易のルールの在り方をリード
しているのである。例えば地球環境問題は，世界全体の課題であるが，これに
関する環境規制は国がその必要性に応じて独自に決めてきたものである。しか
し，そのように，これまでは国内で決められてきた環境規制の在り方も，貿易
ルールと結びつけ始められている。この面では EU が積極的で，自国の環境保
護に対する政策を貿易ルールに組み込もうとしている。EU と MERCOSUR
（南米南部共同市場，ブラジル，アルゼンチンなどで構成）間の協定では，アマゾン
森林消失を防止する規定が組み込まれている。日本と EU の EPA（2019年発
効）でも，地球温暖化対策の国際枠組みである「パリ協定」の着実な実行が合
意に組み込まれている。

　地域貿易協定は，限られた国の間の交渉での合意であるから，WTO のよう
な多国間の枠組みに比べ，より迅速に新しいルールを作っていくことができる
可能性がある。ただそのことから生じる問題点もある。第 1 に，それぞれの協
定の内容が異なるという点がある。日本も多くの協定を締結しているが，その
内容は同じではない。つまり相手国によって条件が異なるのである。これが世
界中で行われているわけだから，貿易，国際経済取引の自由化度は，多種多様
になってしまっている。これは**スパゲッティ・ボウル現象**と呼ばれるが，これ
によってどのルールが適用されるかが複雑になり，貿易手続きのコストが上昇
している側面がある。

　第 2 に，地域貿易協定は，各国の国際競争戦略によって結ばれるものである
から，締結相手国にどうしても偏りが生じてしまう。例えば日本の地域貿易協

定では，アフリカ諸国は対象となっていない。新しいルールのネットワークから零れ落ちる諸国が生じてしまう可能性があるのである。これらの諸国は経済活動獲得競争において不利になってしまうことになる。

　第3に，地域貿易協定は限られた国の間の交渉によって進められるので，どうしても力関係が明確に影響しやすくなる傾向がある。多国間であれば可能な弱者連合のような交渉戦術が取れないからだ。日本はアメリカとの交渉については，できるだけ多国間の枠組みでの交渉を進める戦略で，アメリカが含まれていた TPP 交渉を推進したのだが，アメリカは TPP での成果が不満で離脱してしまい，日本との2国間交渉を要求してきた。その結果締結されたのが，日米貿易協定（2020年発効）である。

　とくにこの第3の点と，地域貿易協定が，国内の制度にも影響する新しい貿易ルール作りを主導しているということを考え合わせると，新しいルールの基準作りが，力の強い国主導で進んでいく可能性が展望される。もちろん WTO でも国間の力関係は貿易ルールの在り方に影響するのだが，地域貿易協定ではそれがより直接的になってしまうのである。

5　自由貿易への信頼と国際貿易制度

　自由貿易の推進は，かなり強固な世界の共通目標である。とくに第2次世界大戦後の世界ではそうであった。私たちの社会は，市場経済社会であるから，そのことはある意味当然ではある。しかし，他方で私たちの社会は国で区切られているのであるから，国境を越えて共通目標を，ひとつの社会として実現していくことには，大きなエネルギーが必要になる。今日のグローバリゼーションの進展を見れば，自由貿易体制の構築，発展において，世界の協調は成功してきたと言えるであろう。

　けれども，21世紀に入り，その協調の基盤が揺さぶられ始めているかもしれない。自由貿易は全体の利益を拡大するが，そこには国際間にも国内にも，勝者と敗者が生じる。1990年代以降の各国国内での格差の拡大が懸念されている

Column ⑤　ケインズ案とホワイト案

　IMF-GATT 体制設立をめぐる議論において，イギリスのケインズ案とアメリカのホワイト案の対立があったことが知られている。この背景には，当時のアメリカとイギリスの間の国際貿易体制設立をめぐる利害が絡んでいた。単純化して言うと，当時覇権を確立しようとしていたアメリカは，アメリカの力がより明確になる仕組みを提案した。ドルが国際通貨の基軸であることや，赤字の各国に対する支援も，IMF の融資機能よりも，アメリカが直接支援する枠組みを求めたのである。対してイギリスはより中立的な国際機関が中心になる制度を提案した。世界の共通の通貨単位の創設や，赤字が赤字国だけの責任ではなく，黒字国も国際収支不均衡を解決する責任を負うことを明確にしようとしたのだ。結果として，アメリカの提案を基礎に IMF-GATT 体制は構築され，アメリカの覇権への依存という弱点を持つこととなった。

Column ⑥　自由貿易協定と関税同盟

　地域貿易協定には，大きく分けると自由貿易協定と関税同盟がある。前者は，加盟国の貿易は自由化するが，非加盟国との間の貿易政策については，各国がバラバラに決めるものである。それに対し，後者では加盟国間の貿易自由化だけではなく，非加盟国に対する貿易政策も共通化する。つまり後者のほうが貿易の単位としてより一体性が増すことになる。USMCA や日本の EPA 協定，RCEP などは自由貿易協定である。他方，EU や MERCOSUR は関税同盟に含まれる。EU では，貿易自由化のほか，国内政策・規制の共通化，そして通貨統合も進められており，一体的な経済単位，経済・通貨同盟の形成が進められており，各国独自の政策の自由度がより限定されるものとなっている。この点が，国際機関である EU から権利を国に取り戻すべきという主張につながり，2020年末にイギリスが離脱する際の議論の焦点となっていた。同じ方向で，国の政策自由度を強めようという主張は，WTO 等の国際貿易制度に対しても起こりうる。

ことは，よく指摘される事実である。もしこの傾向が持続し，敗者にとって未来が展望できない状況が固定化するような社会になってしまえば，自由貿易への信頼はぜい弱化しかねない。自由貿易のルールが，国を縛る程度と範囲が拡大し，国が弱者を競争から保護する自由はますます制約されてきている。資源

再分配を通じて，競争に参画する力，チャンスの獲得を支援する社会でなくなってしまえば，自由貿易の推進を止める，あるいは逆転させ，国の政策の自由を取り戻すという要求が強くなることも考えられる。アメリカのトランプ政権での政策や，中国の大規模な自国産業育成政策，さらにはEUが環境など積極的に自国の政策目標を貿易ルールに組み込もうとしていることは，その方向の兆しとも見ることができる。

　自由貿易体制は，20世紀前半一度崩壊し，第2次大戦後再構築された。それは，1970年代の危機を乗り越え，新たな体制としてグローバリゼーションを支えている。しかし今また課題に直面しつつある。私たちは，自由貿易体制の存在意義を再度確認し，将来を選択していかなければならない。

参考文献

岩本武和『ケインズと世界経済』岩波書店，1999年。

岩本武和・奥和義・小倉明浩・河﨑信樹・金早雪・星野郁『グローバル・エコノミー（第3版）』有斐閣，2012年。

遠藤正寛『地域貿易協定の経済分析』東京大学出版会，2005年。

経済産業省『通商白書』各年版。

高瀬保編著『増補 ガットとウルグアイラウンド』東洋経済新報社，1995年。

松下満雄・清水章雄・中川淳司編『ケースブック ガット・WTO法』有斐閣，2000年。

羽鳥敬彦編『グローバル経済』世界思想社，1999年。

練習問題

問題1
IMF-GATTが動揺した背景について説明しなさい。自由貿易体制の弱点と関連付け説明しなさい。

問題2
WTOは，自由貿易制度として，どのような点が強化されているか，簡潔に説明しなさい。

問題 3

GATT 無差別原則と WTO・GATS の無差別原則の違いについて説明しなさい。

問題 4

地域貿易協定による自由化の推進の利点と問題点について説明しなさい。

問題 5

日本が締結している地域貿易協定について，とくに日米貿易協定，日本 EUEPA，RCEP の共通点と違いを調べてみよう。経済産業省や外務省のホームページが参考になる。

（小倉明浩）

第Ⅱ部

国際金融

第5章

国際収支と国際貸借

― **本章のねらい** ―

　第Ⅰ部の各章を通して学んだように，国際貿易は比較優位や特化という形で世界全体に経済効率をもたらすが，その背後には必ず支払いのための国境を越えた資金の流れが発生する。また，近年の情報通信技術の長足の進歩や金融市場のグローバル化の進展に伴い，実体経済とは離れた国際金融取引自体の規模も巨大化している。

　本章のねらいは，ある1国のこうした国際貿易（国際的な財・サービスの取引）や国際金融取引（国境を越えた資金移動）が，どのような姿なのかを総体的に捉える国際収支と国際貸借の考え方について，その計上ルールなどの基本的な枠組みから理解することである。そしてその上で，その国際収支が一国の国民経済とどのようにリンクするかをマクロ的に把握できるようになることを目指す。

1　国際収支

国際収支表

　国際収支（balance of payments）とは，1年や四半期（3カ月）などのフロー（一定期間）における1国のすべての対外経済取引を体系的に計測したもので，**国際収支勘定**（balance of international account）ともいう。その統計を表にしたものが**国際収支表**（summary table of balance of payments）で，1国全体の貿易などによる国境を跨いだ対外的な財・サービスの流れと，その対価などを含むすべての資金の流れを記録した，1国のマクロ経済にとっての基本統計である。

IMF（International Monetary Fund：国際通貨基金）は，IMF 協定第 8 条第 5 項にもとづいてその加盟国に対して国際収支統計に関する報告を義務づけており，その報告に際する様式のガイドラインを「国際収支マニュアル」（Balance of Payment and International Invest Position Manual; BPM）として定めている。こうして作成される国際収支統計を IMF 方式の国際収支表と言い，この統計の標準化によって，加盟国間などの国際的な比較や国民経済計算（System of National Accounts; SNA）との接続が可能になっている。また日本においては，「外国為替及び外国貿易法」の規定にもとづき，財務大臣から委任を受けた日本銀行が国際収支表を作成し，財務省と共同で「フロー統計」として日本国内向けに公表しているが，2014年 1 月以降，統計作成における各項目の計上原則は，この IMF 国際収支マニュアル第 6 版（以下，BPM6）に示された標準ルールに準拠している（日本銀行ホームページ他）。

IMF 方式の標準ルール

では，BPM6 における国際収支表への各項目の計上についての標準ルールとは，具体的にどのようなものなのだろうか。同マニュアルにおいてとくに重要な，①**居住者と非居住者**，②**複式簿記**，③**発生主義**という 3 点の原則についてみてみよう。

① **居住者と非居住者**　　国際収支表では，計上される国際間の経済取引は，国民概念（national concept）に基づく国籍などの区別による各主体の間ではなく，国内概念（domestic concept）に基づく当該国での居住者（residents）・非居住者（nonresidents）の間のものとして集計される。この時，居住者とは当該国に経済活動の中心（center of predominant economic interest）を置く経済主体（個人，企業・団体）のことである（IMF 2009：70）。例えば個人であれば，当該国での滞在期間が 1 年未満の外国籍の季節労働者やビジネスマン，観光客などは非居住者として計上されるが，外国籍であっても 1 年以上滞在し主たる経済活動を当該国で行っている者は国内居住者として計上される。また企業・団体についても，大使館員・海外駐留の軍隊などの一部を例外とし

表 5 - 1　国際収支表への計上例

	貸　　方		借　　方	
経常勘定	①財輸出 ④第1次所得収支	250 6	②財輸入	150
				106
金融勘定	②金融資産減（その他投資） ③金融資産減（その他投資） ⑤金融負債増（直接投資） ⑥金融資産減（その他投資）	150 60 18 80	①金融負債減（その他投資） ③金融資産増（証券投資） ④金融資産増（その他投資） ⑤金融資産増（その他投資） ⑥金融資産増（外貨準備）	250 60 6 18 80
				106

（注）　単位は億円。資本勘定は取引なし。金融勘定は，「純金融フロー＝金融資産の準取得（資産の貸方－借方）－金融負債の純発生（負債の貸方－借方）」で計算。

て，当該国に本社を置く企業であっても海外支社は非居住者である一方で，当該国に永続的に拠点を置いて経済活動を行っている外国籍企業の子会社・事務所などは，すべて国内居住者として計上されることになる（秦・本田 2010：70-73他）。

② 複式簿記　　国際収支表は，国際間のすべての経済取引について 2 回（貸方（credit）と借方（debit）の両方）記録する，複式簿記（double-entry bookkeeping）の方法にもとづいて作成されている（IMF 2009：10，34-35）。経済取引を原因と結果の両面から捉えると，ある国内居住者が非居住者から何か財を購入すれば何らかの形で支払いをする必要があるし，またその非居住者は結果的に支払代金を別の財の購入に充てるか貯めるかすることで 1 つの取引が完了するため，貸方をプラス，借方をマイナスとして同額が記録されることになる。具体的には，貸方に財・サービス輸出，所得受取，資産減または負債増が，借方に財・サービス輸入，所得支払，資産増または負債減が計上される（表 5 - 1）（IMF 2009：10）。ただし，商業簿記における財務諸表（financial statements）としての損益計算書（income statement）とは異なり，キャッシュ・フロー計算書（statement of cash flow）に類似した収支会計で，慣行的に貸方が左，借方が右に記載される。

③ 発生主義　　対象となる経済取引の統計上の取り扱いは，支払代金の決済が完了した時点や財が物理的に通関した時点ではなく，その取引が発生した時点（所有権の移転が発生した時点）で計上される発生主義（accrual basis）に基づいている（IMF 2009：36-39）。例えば，ある財の輸出取引を考えるとき，輸出地の銀行による**ユーザンス付輸出**（export usance）の場合，実際に輸入者から輸出者にその代金が支払われるのはユーザンスによる支払い猶予期限の後になるが，国際収支勘定には取引発生時点で輸出金額が計上される。また支払い猶予期間中は，輸出者の金融取引における海外資産（支払いに対する受益権）が増加する形で，相殺して計上されることになる（深尾 2010：87-88他）。またこのとき，日本の国際収支であれば自国通貨である円建てで計上される。

国際収支表の構成

　国際収支表は，大別すると**経常勘定**，**金融勘定**，**資本勘定**の3つの勘定と誤差脱漏で構成される。BPM6などにより各勘定項目についてみていこう。

① 経常収支（経常勘定）　　当該国（国内居住者）から海外（非居住者）への財貨・
（current account）　　サービスの取引（海外への輸出（export））と，当該国（国内居住者）の海外（非居住者）からの財貨・サービスの取引（海外からの輸入（import））による実物資産の増減，および海外との所得のやりとりを表すのが経常収支である。経常収支は，以下の貿易・サービス収支，第1次所得収支，第2次所得収支の合算となる。

　（1）　貿易・サービス収支（balance on goods and service）

　当該国から海外への国境を越えた財（goods）の取引における売却を輸出，購入を輸入とすると，貿易収支（balance on goods）は財の輸出と輸入の差である（例①，②）。日本では財務省が作成する貿易統計などでは，輸出については財の価格は FOB（free on board：本船渡契約）で，輸入は CIF（cost, insurance and freight；運賃保険料込条件）で計上されるが，国際収支表では輸出入ともFOB建てで計上され，差額となる運賃・保険料などは後述するサービス収支として計上される（秦・本田 2010：81）。財の輸出が輸入を超過していれば**貿易**

収支黒字（trade surplus），輸入が輸出を超過していれば**貿易収支赤字**（trade deficit），輸出と輸入が等しければ**貿易収支均衡**（balanced trade）となる。

　サービス収支（balance on service）は，サービスの取引における輸出と輸入の差である。サービス取引には，①輸送（国際貨物・旅客運賃，港湾経費，用船料），②旅行（海外旅行における宿泊費・飲食費）など，③通信，④建設，⑤保険（保険サービス料，代理店手数料），⑥金融（信用状，外為取引・証券取引の手数料・資産管理），⑦情報（データベースへのアクセス料など），⑧知的財産権等使用料（特許権・著作権等使用料），⑨その他営利業務（広告，調査，デザイン報酬など），⑩文化・興業，⑪公的サービス（大使館，軍隊などの現地調達他）などが含まれる（秦・本田 2010：83-84，財務省ホームページ）。サービスの輸出が輸入を超過していれば**サービス収支黒字**，輸入が輸出を超過していれば**サービス収支赤字**となる。

（2）　第 1 次所得収支（primary income）

　第 1 次所得収支は，生産要素である資本と労働についての国内居住者と非居住者間のやりとりによって発生する所得・財産所得で，金融資産・債務から生じる**投資収益**（investment）と，**雇用者報酬**（compensation of employees）がこれにあたる。投資収益は，直接投資収益（direct investment）と証券投資収益（portfolio investment），その他投資収益（other investment）に分類され，直接投資収益は国内親会社（居住者）・海外子会社（非居住者）間の利子（interest）・配当金（dividend）などの受取・支払の差額が，証券投資収益は国内居住者による債券・株式などの対外金融資産保有によって発生する利子・配当金の受取と，非居住者による国内金融資産保有によって発生する利子・配当金の支払いの差額が，所得の純増になる（例④）。また雇用者報酬は，船舶・航空会社の乗務員給与など国内居住者が海外で稼得した報酬と，非居住者（1 年未満の短期労働者）へ支払われた報酬の差額が所得の純増になる。

（3）　第 2 次所得収支（secondary income）

　第 2 次所得収支としては，実物資産（real asset）やサービスあるいは金融資産の無償取引や海外送金などによる一方的な移転（transfer）が計上される。移

転は，相手国の資本形成に寄与する贈与を除いた，対価を伴わない消費財の取引に対する見合いで計上され，食糧援助，賠償，贈与，国際機関への拠出金，無償 ODA（official development assistance；政府開発援助）などがこれにあたる。

② **資本移転等収支（資本勘定）**　対価の伴わない資本財の取引，および非生産・非**（capital account）**　金融資産（nonproduced, nonfinancial assets）の取引に対する見合いで計上される項目である。同じく非市場的取引を計上する第2次所得収支との相違は，その対象が消費財か資本財かにある。

(1)　資本移転（capital transfer）

資本移転には，固定資産の所有権（ownership）移転を伴う取得・処分にかかる資金移転などが計上される。相手国の資本形成（港湾・橋梁などインフラストラクチャー等）に寄与する無償資金援助（贈与）・債権者による債務免除（debt forgiveness）などがこれに含まれる。

(2)　非生産・非金融資産（nonproduced, nonfinancial assets）

非生産・非金融資産の取引として，天然資源（natural resources）や無形資産（排出権，特許権，著作権，商標権，販売権など）の取得・処分が計上される。

③ **金融収支（金融勘定）**　国内居住者と非居住者間の，債権・債務の移動を伴う**（financial account）**　金融取引を計上するのが金融勘定で，資産負債原則（asset and liability principle）にもとづき，居住者による海外への投資が金融資産（financial assets），非居住者から国内への投資が金融負債（financial liabilities）になる。ある一時点における残高を表すストック概念である資産・負債は，その一定期間内の増減分がフロー概念である経常収支の受取・支払などの見合いで計上される。したがって国際収支表では，国内居住者の金融資産のネット取得（金融資産・借方－貸方）から，国内居住者の金融負債のネット発生（金融負債・貸方－借方）を差し引いたものが**金融収支**（純金融フロー）として金融勘定に計上される（表5-1）。この差額がプラスであれば純資産増（純貸出），マイナスであれば純資産減（純借入）となり，前者が金融収支の黒字，後者が金融収支の赤字にあたる（*Column* ⑦）。金融収支は，以下の直接投資，証券投資，金融派生商品，その他投資，外貨準備を合算したものになる。

(1)　直接投資（direct investment）

直接投資には，投資先企業の議決ベースでの10％以上の株式出資（子会社化），国内親会社（居住者）と上記出資先法人である海外子会社（非居住者）の間の資本取引，収益の再投資，不動産取引など，自国以外における事業について永続的な権益を取得するための投資（経営支配を目的とする投資）が計上される（例⑤）。

(2)　証券投資（portfolio investment）

証券投資には，議決権ベースで10％未満の株式への出資と投資信託保有からなる株式・投資ファンド持ち分，および中長期（原債償還期間が1年超）・短期（原債償還期間が1年未満，CP，CDなど）債券保有など，一般的なポートフォリオ上での資産運用目的の投資が計上される（例③）。

(3)　金融派生商品（financial derivatives）

金融派生商品には，先物取引（futures transaction），オプション（option transaction）・スワップ（swap transaction）やワラント債（bonds with warrants；新株引受権付債券）など，原資産が金融に係る派生商品（第2章，第6章）の受取支払の未済残高が計上される。

(4)　その他投資（other investment）

直接投資・証券投資・金融派生商品・外貨準備以外のすべての国際金融取引がこの項目に含まれる。より具体的には，銀行による国境を越えた貸付・借入（loan）や現預金，貿易信用（trade finance）・前払いなどがこれに含まれる。居住者が貿易において，国内の取引銀行が口座を有する**デポ・コルレス**（depository correspondent bank）先である海外銀行を通じた代金支払いを行う際なども，預金取扱機関の短期対外資産の変動として計上される（例②）。

(5)　外貨準備（reserve assets）

通貨当局（日本では日本銀行・財務省外国為替資金特別会計など）の管理下にある外貨資産（現預金・有価証券）や貨幣用金（monetary gold），SDR（special drawing rights；IMF特別引出権），IMFリザーブ（reserve position）の増減がこれにあたる。通貨当局による外貨準備の保有増は，国内居住者が海外金融資産

の保有を増やしたのと国際収支上は同じ意味を持つため，BPM6 からは金融収支に含まれるようになった（*Column* ⑦）。既述のように金融収支は資産・負債に分けて計上されるが，外貨準備はその性格上資産としてのみ計上される。中央銀行・政府による外国為替市場への介入では，例えば円高ドル安の際の日本銀行による円売りドル買い介入など，通貨価値の安定のために自国通貨による外貨準備の売買を行うので，この項目の増減に直結することになる（例⑥）（第6章）。

④ 誤　差　脱　漏　　　誤差脱漏とは，国際収支統計上の借方と貸方の
　（net errors and omissions）　不突合（statistical discrepancies）を意味する。複式簿記の原則にもとづき，ある国際取引を貸記項目と借記項目に計上する際に，それぞれの原資料が異なることなどを原因として，双方の総額に不一致が生じてしまうことに対する調整項目として置かれている。

例①　日本の A 社が，アメリカの B 社に，5000万ドル（1ドル＝100円の為替レート）で自動車5000台販売。B 社は日本国内の取引銀行である C 銀行に保有する口座から，A 社に250億円支払い（C 銀行の預金残高が250億円減）。

　→国内居住者（A 社）による財（自動車）の非居住者（B 社）への販売は，日本の経常勘定の貸方に輸出250億円として計上。

　→日本の金融勘定の借方に金融負債（その他投資・現預金）の減少250億円として計上。

例②　日本の D 社が，アメリカの E 社から，1.5億ドル（1ドル＝100円の為替レート）で航空機1機購入。D 社は取引銀行である F 銀行に150億円支払い，F 銀行はアメリカにおけるデポ・コルレス先である G 銀行に保有する口座から E 社に1.5億ドル支払い（F 銀行のデポ・コルレス先の勘定残高が1.5億ドル減）。

　→国内居住者（D 社）による財（航空機）の非居住者（E 社）からの購入は，

日本の経常勘定の借方に輸入150億円として計上。

→日本の金融勘定の貸方に金融資産（その他投資・為替銀行短期対外資産）の減少150億円として計上。

例③　日本の機関投資家 H 社が，イギリスの I 社が発行した社債を，取引銀行である C 銀行から振出した4000万ポンド（1 ポンド＝150円の為替レート）の小切手で購入。

→国内居住者（H 社）による社債の非居住者（I 社）からの購入は，日本の金融勘定の借方に金融資産（証券投資）の増加60億円として計上。

→日本の金融勘定の貸方に金融資産（その他投資・現預金）の減少60億円として計上。

例④　日本の機関投資家 H 社が，保有しているイギリスの I 社の発行株式から400万ポンド（1 ポンド＝150円の為替レート）の配当金を，C 銀行に保有する預金口座への振込で受取り。

→非居住者（I 社）による配当金の国内居住者（H 社）への支払いは，日本の経常勘定の貸方に第 1 次所得収支（証券投資収益）の受取 6 億円として計上。

→日本の金融勘定の借方に金融資産（その他投資・現預金）の増加 6 億円として計上。

例⑤　中国の J 社が，日本の山林 1000 m² を，地主 K 氏から現金 1 億人民元（1 人民元＝18円の為替レート）で買取り。

→非居住者（J 社）による日本国内の不動産取得は，日本の金融勘定の貸方に金融負債（直接投資）の増加18億円として計上。

→日本の金融勘定の借方に金融資産（その他投資・現預金）の増加18億円として計上。

例⑥　日本銀行が，政府短期証券（FB）発行によって得た資金で，外国為替
　　　市場においてアメリカ財務省証券を8000万ドル（1ドル＝100円の為替レ
　　　ート）買取り。

　→日本の中央銀行による外国為替介入は，日本の金融勘定の貸方に金融資
　　産（外貨準備）の増加80億円として計上。

　→日本の金融勘定の借方に金融資産（その他投資・現預金）の減少80億円と
　　して計上。

　例①～⑥の6種の国際取引を国際収支表に計上したものが（表5-1）である。
国内での居住者と居住者，海外での非居住者と非居住者の間の取引は，国際的
な取引ではないため国際収支としては計上されない。また，金融勘定のみに該
当する取引（金融資産の売買取引など）をいくら行っても，貸方・借方の形態
（資産の保有形態）が変化するだけで，当該国の対外純資産の総額は変化せず，
差引きの金融収支自体（純金融フロー）は変化しない（例③，⑤，⑥）。これに影
響を及ぼすのは，経常勘定と同時に相殺される取引のみである（例①，②，④）。
　誤差脱漏を捨象すると，経常収支と資本移転収支の合算が黒字ならば，金融
収支は同額だけ純資産増（黒字）に，合算が赤字ならば純資産減（赤字）にな
る。これは，経常収支において余剰な資金が発生している場合は海外への純流
出が，資金が不足している場合は海外からの純流入がおこっていることを示し
ている。したがって，国際収支の諸勘定の関係は以下の式(5.1)のようになる
（CA：経常収支，CT：資本移転収支，FA：金融収支，E：誤差脱漏）。

$$CA + CT - FA + E = 0 \qquad (5.1)$$

国際貸借表

　国際貸借表（balance of international indebtedness）とは，ある一時点（年末時
点）における1国のすべての対外資産・負債の残高を体系的に計測したもので，
フロー統計である国際収支統計に対応して，対外バランス（net balance of ex-

ternal assets and liabilities)，国際投資ポジションを示すストック統計である。

　国際貸借表には，当該国の**対外資産**（total assets）として国内居住者が保有している海外資産の残高が，**対外負債**（total liabilities）として国内居住者の非居住者に対する負債（非居住者が当該国で保有している資産）の残高が計上される。資産・負債の内訳は，国際収支表と同様に，(1)直接投資，(2)証券投資，(3)金融派生商品，(4)その他投資，(5)外貨準備の5種であるが，外貨準備は資産としてのみの計上である。この対外資産と対外負債の差し引き残高が対外純資産（net external assets）で，ネットの国際投資ポジション（net international investment position）を表す。国際収支表の金融勘定における純資産増の経年的な累積がこの対外純資産の残高を形成することになり，恒常的・構造的に対外純資産を有する国を債権国（creditor nation），その逆を債務国（debtor nation）という。

2　日本の国際収支と国際貸借

　では，財務省公表の「国際収支総括表」および「本邦対外資産負債残高の概要」のデータをもとに，近年の日本の国際収支・国際貸借についてみていこう（財務省ホームページ）。

経常収支・資本等移転収支

　高度経済成長期以来，日本の貿易収支はほぼ一貫して黒字であったが，2011年以降赤字に転落した（2011～2015年）。これは東日本大震災による原子力発電所停止と火力発電所への代替による大幅な原油輸入量増と，一時急激に進んだ円高ドル安（1ドル＝約79円（2011～2012年））による製造業の海外現地生産化などが要因だと考えられる。その後2016年以降は，再び黒字が定着しているが（年間1～5兆円程度），近年の原油高による輸入額増の影響もありかつてほどの規模（年間10兆円前後）ではない。

　サービス収支は，逆に大幅な赤字を続けてきていたが，アベノミクスの円安

効果による訪日外国人観光客の急増（1036万人（2013年）→3188万人（2019年）（日本政府観光局ホームページ））によるインバウンド需要や知的財産権等使用料の受取増などにより2015年頃から急激に改善した。しかし2020年以降，新型コロナウイルス流行の影響もあり再び大幅に赤字が増加している。貿易・サービス収支を総合すると，赤字化した2011年以降，数年間は黒字に再転換していたが，2019年以降は再び赤字傾向となっている。

　第1次所得収支は，1990年代以降一貫して大幅な黒字であるが，とくに2010年代からその黒字幅を増大させ，年間20兆円を超える巨大な規模となっている（2015年〜）。これは，海外への直接・間接投資からの収益の還流であり，長年にわたって蓄積されてきた海外資産残高の果実であると言える。一方，第2次所得収支は1990年代以降すべての年で，資本等移転収支も震災直後の小幅な黒字（282億円（2011年））を除けばほぼすべての年で，赤字が続いている。これは国際機関への拠出金や海外無償援助などによる出超が定着していることを意味している。

　以上を総合した経常収支（と資本等移転収支の合算）は，2020年前後でも巨額の黒字基調（15〜23兆円程度）であるが，2011年の震災以降はその主要因を貿易収支と第1次所得収支の2つの柱から第1次所得収支のみへと大きくシフトさせてきている（表5-2）。

金融収支

　直接投資は，1990年代以降一貫してネットでの資産増加を続け，かつその額も増加傾向にある。近年は，2021年までその増加幅は15兆円前後で推移しているが，2020年のみは前年（24兆円）の反動からか一時的に増加幅が減少した（9.6兆円）。証券投資・金融派生商品およびその他投資は，年によってプラスマイナスが変動し，かつ振り幅が大きいが趨勢的には純貸出の動向が続いている。また外貨準備も，近年では2012年等の例外を除き基本的に蓄積され続けているが，特に日本銀行による巨額の外国為替介入があった2003年には単年で20兆円を超える突出した積み上げとなっている。

表 5 - 2　日本の国際収支表（2000〜2020年）

	計上項目	2000年	2005年	2010年	2015年	2020年
経常勘定	貿易・サービス収支	743	769	686	△282	△73
	①貿易収支	1,270	1,177	952	△89	301
	②サービス収支	△527	△408	△266	△193	△374
	第 1 次所得収支	769	1,185	1,362	2,130	1,915
	第 2 次所得収支	△106	△82	△109	△197	△255
	経常収支	1,406	1,873	1,938	1,652	1,588
資本移転等		△100	△55	△43	△27	△18
金融勘定	直接投資	369	517	625	1,613	960
	証券投資	384	107	1,270	1,603	423
	金融派生商品	51	80	△103	214	87
	その他投資	157	685	△1	△1,305	△216
	外貨準備	526	246	379	625	1,198
	金融収支	1,488	1,634	2,171	2,188	1,374
誤差脱漏		181	△183	276	562	△196

（注）　単位は100億円。小数点以下は四捨五入しているため合計が合わない箇所がある。
（出所）　財務省ホームページ「国際収支総括表」より筆者作成（2022年 2 月 1 日確認）。

表 5 - 3　日本の国際貸借表（2000〜2020年）

	計上項目	2000年	2005年	2010年	2015年	2020年
対外資産残高	直接投資	3,231	4,608	6,893	15,185	20,597
	証券投資	15,012	24,949	26,921	41,179	52,579
	金融派生商品	38	310	429	4,508	4,470
	その他投資	11,724	10,854	12,970	18,112	22,546
	外貨準備	4,148	9,944	8,933	14,855	14,421
		34,152	50,666	56,145	93,840	114,613
対外負債残高	直接投資	610	1,238	1,874	2,477	3,967
	証券投資	10,161	18,196	15,205	32,105	42,602
	金融派生商品	37	392	527	4,569	4,235
	その他投資	10,040	12,771	12,949	21,970	28,112
		20,847	32,597	30,554	61,121	78,916
対外純資産		13,305	18,070	25,591	32,719	35,697

（注）　単位は100億円。小数点以下は四捨五入しているため合計が合わない箇所がある。
（出所）　財務省ホームページ「本邦資産債務残高表」より筆者作成（2022年 2 月 1 日確認）。

　以上を総合した金融収支は，近年も毎年の経常収支黒字に見合う大幅な純資産増を続けている（表5-2）。

国際貸借

　対外純資産は，円ドル相場の変動などにより一時的に微減する年はあっても基本的に増加基調であり，この20年間で200兆円以上累積している（表5-3）。その結果，2020年末の日本の対外純資産残高は357兆円に達し，30年連続して世界一の規模となっている（2位ドイツ323兆円，3位香港224兆円（財務省ホームページ））。

　こうした対外資純資産増は，日本国内における大規模かつ継続的な金融緩和によって市場に放出された膨大な資金が，投資先として海外に流出したことによってもたらされたと考えられる。近年はとくに直接投資の伸びが顕著だが，既述のように，こうして累積した巨大な対外資産からの投資収益が第1次所得として国内に還流し，経常収支黒字を形成する原資となっている。

3　国際収支と国民経済の関係

アブソープション・アプローチ

　第2節まででみてきたように，国際収支は当該国の対外的な経済活動の総体を補足したものである。では，こうした国際収支と国民経済はどのように接続されるのか，いくつかの側面から整理していこう。

　まず，最初に挙げるのは，開放経済モデルにおける基礎的な国際収支理論であるアブソープション・アプローチ（absorption approach to the balance of payment）である。支出の面からみた国民総所得（Gross National Income; GNI）は，民間消費，民間投資，政府支出，純輸出で構成され，以下の恒等式(5.2)が成立する（Y：所得，C：消費，I：投資，G：政府支出，EX：輸出，IM：輸入）。

$$Y = C + I + G + EX - IM \tag{5.2}$$

　GNI は，1 国の経済規模について所得サイドから計測する集計量で，国民総生産（Gross National Product; GNP）と事後的に一致し，国内総生産（Gross Domestic Product; GDP）に海外からの要素所得（factor income）の純受取を加えたものになる。要素所得には財産所得である投資収益と雇用者報酬が含まれるので，国際収支表における第 1 次所得収支にあたる。したがって，ここでは経常収支（CA）を輸出・輸入の内訳に所得の受払を含む計上海外余剰（surplus of the nation on current account）と同じものとし，所得 Y に純移転が含まれると仮定すると，恒等式(5.2)は(5.3)式に書き換えられる。

$$CA = Y - (C + I + G) \tag{5.3}$$

　このうち，民間消費，民間投資，政府支出の合算である国内の総支出（＝C + I + G）が，内需すなわち国内生産の吸収要因を意味するアブソープション（absorption）である。このアブソープションから国際収支の調整を考えるアブソープション・アプローチによれば，(5.3)式の右辺より，経常収支は総所得（産出）とアブソープションの差となるので，経常収支赤字（CA≤0）は 1 国全体が生産以上に支出していることによる資金不足（$Y \leq (C + I + G)$）を，経常収支黒字（CA≥0）は生産以下しか支出していないことによる資金余剰（$Y \geq (C + I + G)$）を表していることになる。これは，経常収支赤字国の収支改善には所得 Y の増加かアブソープションの縮小（＝内需引締）が，経常収支黒字国の収支縮小には所得 Y の減少かアブソープションの拡大（＝内需拡大）しか調整方法がないことを意味している。また，当該国がほぼ完全雇用であれば，所得 Y を増加させる政策はインフレーションを招くだけなので，このとき経常収支を改善するためにはアブソープションを抑制するしかない（*Column* ⑧）。

　このようにアブソープション・アプローチでは，国際収支の調整のために必要なのはマクロ変数に直接働きかける政策のみであり，為替レートはその変動に影響を与えないと考える。また，国際収支を捉えるにあたって，自国の生産・内需のみに着目し海外の生産・外需を考慮していない。

弾力性アプローチ

アブソープション・アプローチでは考慮されなかった，為替レート変動など
による経常収支自体の変動（(5.3)式の左辺）への影響については，為替レート
による経常収支調整機能を重視する**弾力性アプローチ**（elasticities approach）に
よる考え方がある。弾力性アプローチでは，経常収支（貿易収支）が純輸出
（輸出 EX − 輸入 IM）であることから，その調整については輸出・輸入が依存す
るそれぞれの価格弾力性に着目する。為替レートが減価すると，交易条件の好
転により輸出量増・輸入量減の効果が期待されるが，減価当初は輸入価格上昇
の効果により一時的に経常収支は悪化する **J カーブ効果**（J-curve effect）が働
くと考えられる。当初の経常収支が均衡していた場合，それを黒字化するため
には，前者の効果が後者の効果を上回る必要があり，この条件を示したのが以
下の(5.4)式である（x：内需の輸入弾力性，m：外需の輸出弾力性）。

$$x + m \geq 1 \qquad\qquad (5.4)$$

この条件式を**マーシャル＝ラーナーの安定条件**（Marshall-Lerner condition）
という。この条件がクリアされ，(5.3)式の左辺が上昇する時，同時に右辺は
短期的には有効需要の原理により総需要（＝Y）が上昇することでバランスす
るとされる（第1，2章）。

また，逆に経常収支や対外純資産残高が為替レート水準の決定に影響を与え
るとする考え方としては，**ポートフォリオ・バランス・アプローチ**（portfolio
balance approach）などがある（第6章）。

国際収支と IS バランス

国際収支を，国民経済計算上の IS バランス（I-S balance; 貯蓄・投資バラン
ス）と結びつけて考えることも可能である。分配の面から見た国民所得は，民
間消費，租税，民間貯蓄で構成され，以下の恒等式(5.5)が成立する（S：貯蓄，
T：税）。

$$Y = C + T + S \tag{5.5}$$

この(5.5)式と先述の(5.3)式を併せて書き換えると，貯蓄・投資バランスと経常収支の関係を表す(5.6)式になる。

$$S - I = G - T + CA \tag{5.6}$$

これは，民間部門の貯蓄超過（$S-I≧0$）または投資超過（$S-I≦0$）は，政府部門の貯蓄超過（$G-T≦0$）（＝財政黒字）または投資超過（$G-T≧0$）（＝財政赤字）と，経常収支黒字（$CA≧0$）または経常収支赤字（$CA≦0$）の和に，事後的に等しくなることを示している。例えば，1980年代に日本とアメリカの間の貿易不均衡が日米経済摩擦として問題化した際に，アメリカ側は日本に対して財政拡張による内需拡大を求めてきたが，これはISバランスに基づく(5.6)式によれば，アブソープション・アプローチと同様に日本の貯蓄超過を吸収するための財政拡張がその経常収支黒字を縮小させるので，2国モデルを前提とすればそれに対応するアメリカの経常収支赤字が改善することを期待したものだと考えられる（坂井 1991：130-138他）。

また，資本移転がYに含まれるとすれば，金融収支と経常収支は等しくなるため，(5.6)式は(5.7)式のように書き換えることができる。

$$(S + T) - (G + I) = FA = CA \tag{5.7}$$

(5.7)式は，1国全体の貯蓄（国民総貯蓄$(S+T)$）から1国全体の投資（国民総投資$(G+I)$）を差し引いたものが金融収支になることを示している。すなわち，**国民総投資**が**国民総貯蓄**を上回っている時（$(S+T)-(G+I)≧0$），当該国で資金の供給不足があり，金融資産の純減（純借入）という形で海外からの資金が流入していること，その逆に，国民総貯蓄が国民総投資を上回っている時（$(S+T)-(G+I)≦0$），当該国で余剰な資金が発生しており，その資金は金融資産の純増（純貸出）という形で海外に流出していること，を表している。

2020年現在の日本は後者のケースで，それが政府部門の巨額の投資超過にも

かかわらずマクロ経済が持続可能である所以であるが，(5.7)式からは将来的に国内で賄える資金（国民総貯蓄$(S+T)$）が減少した場合，財政と民間投資の資金需要（国民総投資$(G+I)$）を満たすためには，海外からの資金流入が必須になることを読み取ることが出来る。すなわち，少子高齢化の進展による民間貯蓄(S)の縮小や財政赤字(G)の拡大が継続した場合，そのファイナンスを海外からの投資（金融収支赤字）に依存せざるを得なくなる日が来る可能性があるということである。

国際収支と経済成長

　最後に，前項のISバランスとも関連する経済成長と，国際収支・国際貸借の関係についてみてみよう。新古典派経済学の基礎的な経済成長理論に，**ソロー・モデル**（Solow model）がある。ソロー・モデルは，閉鎖経済モデルを基本として，資本と労働の代替性，労働力の毎期一定率nでの増加（人口増加），所得の毎期一定率sでの貯蓄（資本蓄積）などを仮定する。このとき，1国の生産関数を(5.8)式としたとき（K：資本，L：労働），これを労働者1人当たりに直した生産関数は(5.9)式と変形できる（$y(=Y/L)$：1人当たり産出量，$k(=K/L)$：1人当たり資本量）。

$$Y = f(K, L) \tag{5.8}$$

$$y = f(k) \tag{5.9}$$

　資本減耗を捨象すれば，財市場が均衡するのは，$S=I=sY=\Delta K$より（s：貯蓄率），以下の(5.10)式が成立するときで，このときの成長率を保証成長率（warranted rate of growth）という。

$$\Delta K/K = sf(k)/k \tag{5.10}$$

　また，資本蓄積を意味する労働者1人当たりの資本の増加額（Δk）は，(5.11)式のように表され，労働者1人当たりの貯蓄額$sf(k)$から労働力増加による労働者1人当たり資本の減少額nk（新たな参入労働者のための資本装備費）

を引いたものになる。この蓄積過程のことを**資本の深化**（capital deepening）という（n：労働力増加率）。

$$\Delta k = sf(k) - nk \qquad (5.11)$$

（5.11）式より，$\Delta k = 0$ の時，資本の深化が止まって労働者1人当たりの資本 k（＝資本装備率・資本労働比率）が均衡し，労働者1人当たりの産出量 y（＝労働生産性）も定常状態となる。これを，労働者1人当たりの資本の成長率（$\Delta k/k$）に関する式に書き換えたのが(5.12)式で，財市場を均衡させる保証成長率が，労働力の成長率 n が表す自然成長率（natural rate of growth）と一致するとき（$n = \Delta L/L$），定常状態（steady state）の成長率である**均斉成長**（balanced growth）に収斂することを表している。

$$\Delta k/k = sf(k)/k - n = 0 \qquad (5.12)$$

ソロー・モデルでは，定常状態においては，労働力を増加させる人口成長と労働節約的な技術革新のみが，経済成長率を上昇させるのであり（balanced growth path：均斉成長経路），貯蓄率 s の上昇は均斉成長における成長率自体にはまったく影響を与えない（growth effect：成長効果）。しかし，貯蓄率 s の上昇によって，資本のレンタルコストが低下するので投資が増加し，労働者1人当たりの資本 k が上昇する。したがって，より高い貯蓄率 s は，定常状態への収束（convergence toward the steady state）の移行過程における成長率の一時的な上昇と，労働者1人当たりの資本 k と所得 y 水準の恒常的な上昇を促進する（level effect：水準効果）。

では，ソロー・モデルを国際間の貿易・資本移動がある開放経済に拡張するとどうなるだろうか。開放経済では，1国内において貯蓄と投資が一致する必要が無くなり，利子率が国家間で等しくなるよう資本移動が発生すると仮定すると，資金は貯蓄余剰国から不足国に流れるのが国際的な金融フローのパターンになる。したがって，新しい定常状態への移行期において，初期状態で資本が乏しい国（低貯蓄率の国）には資本が流入する。これは，閉鎖経済モデルで

貯蓄率sが上昇したのと同じなので，同国は一時的に定常状態での成長率以上の経済成長を達成し，恒常的な1人当たりの資本kおよび所得yを上昇させて，債務を返済していくことになる。逆に初期状態で資本が豊かな国（高貯蓄率の国）では，**資本の限界生産性**（marginal productivity of capital）が低下することで他国への投資の誘因が生じて，資本が流出する。これは，閉鎖経済モデルで貯蓄率sが下降したのと同じなので，同国は一時的に定常状態における成長率以下の低成長となり，恒常的な1人当たりの資本kおよび所得yも低下することになる。こうして，貯蓄が再分配された後の両国の成長は，閉鎖経済モデルと同様に均斉成長に収斂する。

　このようなソロー・モデルを開放経済に拡張した金融フローを前提として，一国の国際収支構造と経済発展段階との間の対応関係を考えるのが，G・クローサー（G. Crowther: 1907〜1972年）やC・キンドルバーガー（C. P. Kindleberger: 1910〜2003年）らによる**国際収支の発展段階説**（balance of payments stages hypothesis）である。国際収支の発展段階説では，個々の国々を，①債権国か債務国か（ストック），②純貸出国か純借入国か（フロー），③経常収支が増加しているか減少しているか，という国際収支・国際貸借についての3つの観点から，以下のような6段階の発展段階に分類している（秦・本田 2010：97-99他）。

　(1)未成熟債務国

　　国内産業が未発達で国内貯蓄も不足している。経済成長のために海外からの資本流入（純借入）で負債の累積が始まる段階。

　(2)成熟債務国

　　輸出産業の発達によって貿易サービス収支は黒字化するが，借入に対する利払いのために経常収支は赤字であり，海外からの資本流入が続き金融収支は赤字が続いている段階。

　(3)債務返済国

　　依然として純債務国であるが，貿易サービス収支の大幅な黒字化により経常収支も黒字化して債務返済が進み，金融収支も黒字化する段階。

── ***Column*** ⑦　IMF 国際収支マニュアル第 5 版 (BPM5) (1996〜2014年) との相違 ──

本章でも触れたように，IMF が BPM6 を 2008年12月に公表し，日本でもこれに準拠する統計に移行するために，2014年 1 月取引分から新基準によって国際収支統計が発表されるようになった。では BPM5 に依拠した旧基準との相違としては，具体的に以下の 3 つに大別される（財務省ホームページ「国際収支統計の見直しについて」）。

①大項目の変更

BPM5 では大項目の 1 つであった「資本収支」の内訳項目の「投資収支」と，同じく大項目の 1 つであった「外貨準備増減」が，BPM6 では統合されて大項目「金融収支」となった。また同じく「資本収支」の内訳項目の「その他資本収支」が BPM6 では「資本移転等収支」として大項目となり，「資本収支」項目は廃止された。

②項目名の変更

BPM5 では大項目「経常収支」の内訳項目であった「所得収支」と「経常移転収支」が，BPM6 ではそれぞれ「第 1 次所得収支」と「第 2 次所得収支」と項目名を変更された。また，BPM5 の大項目「外貨準備増減」は，BPM6 では「金融収支」の内訳項目の「外貨準備」と項目名を変更された。

③符号表示の変更

BPM5 の「投資収支」では，資金の流出入の観点から，流入をプラス，流出をマイナスとしていたが，BPM6 の「金融収支」では，金融資産・負債の増減の観点から，増加をプラス，減少をマイナスとして計上するように変更された。

とくに③の符号変更が重要で，本文で説明したように BPM6 では金融収支がプラスの場合は純資産増を表しているが，これは BPM5 では資本収支赤字，外貨準備増としてマイナスで表記されていたものである。したがって，国際収支全体を表わす本文の式 (5.1) も従来は以下の式のように表されていた（CA：経常収支，CT：資本収支，RA：外貨準備増減，E：誤差脱漏）。BPM5 に基づいた資料・著作などを読む際には注意が必要である。

$$CA + CT + RA + E = 0$$

┌─── *Column* ⑧　国際収支の天井 ───────────────────

　戦後日本では高度経済成長期まで，国内景気が過熱気味になると原材料等の輸入増大で経常収支（貿易収支）が悪化し，経済成長が停滞した。このことを，国際収支による制約が経済成長の上限を形成しているという意味で，国際収支の天井（balance of payments constraint）という（金森・荒・森口 2013：391）。これは，当時は固定相場制であるブレトンウッズ体制下にあり，資本移動の制約がある上に外貨準備が少なかったため，経常収支が改善するまで総需要抑制政策をして景気を引締め，改善後にその抑制政策を解除するストップ・アンド・ゴー（stop-and-go）政策を取る必要があったためである（金森・荒・森口 2013：683）。

　このことは，本文で説明したアブソープション・アプローチ（式(5.3)）からも理解することができる。すなわち，まず当該期は固定相場制下にあったため同アプローチが想定するように為替レート変動の影響は無視できる。また，その上で経常収支（＝左辺）をプラスに保つためには，所得 Y －アブソープション（$C+I+G$）（＝右辺）をプラスにする必要があり，金融引締めなどの総需要抑制政策でアブソープションを縮小させることでそれを果たしていたと考えられるのである。

└──

(4)未成熟債権国

　対外純資産が増加し所得収支が黒字化して純債権国になり，経常収支・金融収支の黒字幅が大きくなる段階。

(5)成熟債権国

　賃金上昇などによる対外競争力の低下により貿易サービス収支は赤字化するが，海外純資産からの所得収支の黒字により経常収支は黒字である段階。

(6)債権取崩国

　依然として純債権国であるが，貿易サービス収支の赤字幅が大きくなり経常収支も赤字化，対外債権を取り崩すようになる段階。

　こうした発展段階の分類によって，イギリス，アメリカなどの先行的な先進国とそれをキャッチアップしてきた後発国の経済成長を跡付けることができる

とされる。また，1990年代以降のアメリカについては，対外純資産残高がマイナスになっており，海外純資産を取り崩して純債務国に転落する「第vii段階」に分類する場合もある（サックス／ラレーン　1996：698-699）。

　国際収支の発展段階説を日本について当て嵌めてみると，第2次世界大戦によって生産設備（資本ストック）が壊滅した後，ゼロからの復興期においては純借入による急速な資本装備率の上昇がそのまま高度経済成長に繋がり，資本の深化の過程における成長とともに債務の返済・債権の蓄積を行ってきたと考えられる（(1)未成熟債務国〜(3)債務返済国）。そして近年の国際収支・国際貸借の状況（表5-2，5-3）などからは，より成熟した段階の経済への移行期にあることが観察される（iv未成熟債権国〜v成熟債権国）。

参考文献

金森久雄・荒憲治郎・森口親司編『経済辞典（第5版）』有斐閣，2013年。
河﨑信樹・奥和義編著『一般経済史』ミネルヴァ書房，2018年。
クルーグマン，P・R／オブズフェルド，M／メリッツ，M・J（山形浩生・守岡桜訳）『クルーグマン国際経済学——理論と政策（原書第10版）』丸善出版，2017年。
坂井昭夫『日米経済摩擦と政策協調』有斐閣，1991年。
サックス，J／ラレーン，F（石井菜穂子・伊藤隆敏訳）『マクロエコノミクス（上・下）』日本評論社，1996年。
秦忠夫・本田敬吉『国際金融のしくみ』有斐閣，2010年。
深尾光洋『国際金融論講義』日本経済新聞出版社，2010年。
藤田誠一・松林洋一・北野重人編『グローバル・マネーフローの実証分析』ミネルヴァ書房，2014年。
山本和人・鳥谷一生編著『世界経済論』ミネルヴァ書房，2019年。
IMF（2009）*Balance of Payments and International Investment Position Manual Sixth Edition*（*BPM6*）. Washington, D.C.: International Monetary Fund. (https://www.imf.org/external/pubs/ft/bop/2007/pdf/bpm6.pdf, 2022年1月22日閲覧)。
財務省ホームページ「国際収支状況：財務省（mof.go.jp）」(https://www.mof.go.jp/policy/international_policy/reference/balance_of_payments/index.htm, 2022年1月20日閲覧)。
財務省ホームページ「財務省貿易統計 Trade Statistics of Japan（customs.go.jp）」

（https://www.customs.go.jp/toukei/info/, 2022年1月23日閲覧）。

日本銀行ホームページ「国際収支関連統計（IMF 国際収支マニュアル第6版ベース〈2014年1月取引分〜〉）：日本銀行 Bank of Japan（boj.or.jp）」（https://www.boj.or.jp/statistics/br/bop_06/index.htm/, 2022年1月20日閲覧）。

日本政府観光局ホームページ「訪日外客統計（報道発表資料）」（https://www.jnto.go.jp/jpn/statistics/data_info_listing/pdf/2020_december_zantei.pdf, 2022年1月20日閲覧）。

練習問題

問題1

経常収支の増減が何によってもたらされるか，具体的な項目について整理しなさい。

問題2

金融収支における外貨準備の増減は，どのようなケースで発生するのか説明しなさい。

問題3

1980年代の日米経済摩擦において，アメリカが日本に財政政策の拡張を迫った理由について考察しなさい。

（内藤友紀）

本章のねらい

　日々の TV ニュースなどにおいて，株式価格と並んで毎日必ず取り上げられる経済指標がその日の為替レートである。現在，企業にとっての国際間の貿易取引や資金決済においてはもちろん，われわれ一個人にとっても海外旅行やネット上での FX 取引による外貨投資などを通じて，外国為替や為替レートはきわめて身近なものとなっている。本章のねらいは，外国為替と為替レートとはどのようなものなのかについて，外国為替取引に付き物のリスクとそのヘッジ方法や，外交為替市場の構成，為替レートがどのように決まるのかについてのさまざまな理論などを中心に理解していくことである。

1　外国為替とは

内国為替と外国為替

　まず「為替」という語句について整理しよう。為替という言葉自体は，本来，遠隔地間の決済や資金移動を意味しているが，一般的に為替という言葉から想起されるのは，主に TV ニュース・新聞記事等で扱われている為替レートや貿易問題などから連想される**外国為替**であることが多いと思われる。外国為替とは，現送（現金の輸送）をせずに国際間の資金移動や決済を行う方法のことで，転じて外国為替市場（後述）における外貨の売買（foreign exchange）を指す場合もある。しかし，当然ながら国内における資金移動，債権・債務の決済も行われており，これを**内国為替**という。

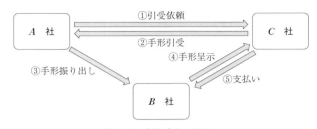

図6-1 為替手形の仕組み

(注) A社はC社の債権者, B社の債務者。

また，資金の流れる方向で分類する為替の種類としては，**並為替**（順為替）と**逆為替**の2種がある。並為替は送金為替（remittance bill）とも呼ばれ，債務者が債権者に資金を送る方式で，狭義の送金為替と振込為替を総称するもので，より具体的には普通送金（郵便）・電信送金の形をとる。一方，逆為替は取立為替（bill receivable）とも呼ばれ，債権者が債務者から（送金為替とは逆に）代金を取り立てる決済方式で，具体的には為替手形（bill of exchange）の形をとる（金森・荒・森口編 2001：722, 911他）。この為替手形は，Cに債権，Bに債務をもつAが，Cを支払人とする為替手形をBに振り出し，Cが手形を呈示したBに対して支払いを行うことで完結する手形取引である（図6-1）。

外国為替の場合も基本的な形は同じである。並為替としては，輸出入取引の決済などにおいて，輸出業者の取引先銀行と輸入国にあるその取引先銀行と契約関係にある**コルレス銀行**（correspondent bank）を通じた，送金小切手，普通送金，電信送金などが用いられる。また逆為替としては，輸出業者Aが輸入業者Cを支払人とする為替手形を振り出し，**船積書類**（shipping documents）を添付して取引銀行Bに買い取ってもらった上で，取引銀行B（とその輸入国の取引先であるコルレス銀行）がその代金を回収する形をとる輸出為替として用いられることが一般的である（図6-1）。

外国為替の特徴

では，外国為替には内国為替にはないどのような特徴があるのだろうか。ま

ず1つ目として，外国為替においては通貨の交換の必要性が生じることが挙げられる。通貨が異なる国家間の国際取引の場合，必然的にそれぞれの通貨同士の交換が発生する。したがって，外国為替では，内国為替には存在しない**為替リスク**（exchange risk）が常に問題となる。通常，輸出入などの遠隔地間の取引においては決済までにタイムラグが存在するため，外貨建て取引においては，変動相場制（floating exchange rate system）を前提とすれば，まさにその為替レートの変動の可能性によって被る損失の危険性が存在することになるわけである。また決済を請け負う銀行も，同様に為替リスクを回避するために**為替ポジション**や資金ポジションの調整が必要になる（後述）。次に2つ目としては，債権債務関係を同一の**中央銀行の勘定**（中央銀行預け金）で行うことができないことが挙げられる。例えば日本国内であれば，各々の取引銀行間の決済は日本銀行当座預金における勘定で行われるが，上述のように国際間の取引であれば，邦銀の海外支店や，為替取引に関する約定を結んだ外国銀行である**コルレス銀行**との間に相手国通貨での**コルレス勘定**（correspondent account）を保有しあって入金・引落し（決済）を行う必要が生じるのである。

2　外国為替レート

為替レート直物取引・先物取引

　外国為替レート（または外国為替相場）とは，外国為替取引における当該国通貨と外国通貨（外貨）との交換比率のことで，日本のように自国通貨建て表示が一般的である場合，外貨1単位を自国通貨に換算して表示する（例：1米ドル＝103円，1ユーロ＝130円など）。イギリスのように外国通貨建て表示の場合，自国通貨1単位を相手国通貨（外貨）に換算して表示する（例：1英ポンド＝1.5米ドル，1英ポンド＝1.2ユーロなど）。現代日本のような変動相場制下においては，外国為替取引に適用される為替の売買レートは，**外国為替市場**（foreign exchange market）における需給によって変動する（後述）。

　この外国為替取引には，売買の約定と同時に通貨の受け渡しを行う**直物取引**

（spot transaction）と，1カ月後など将来の一定時点に通貨の受け渡しを行う**先物取引**（forward transaction）がある。とくに，輸出入決済に関する取引，例えば輸出品の船積みを終えた後，輸出代金を受け取るのが数カ月後のケースなどでは，為替市場の基調が円高ドル安か円安ドル高かなどを勘案して，数カ月後に通貨を受け取る**フォワード取引**（先渡取引）の約定（または先物為替予約（forward exchange contract））が結ばれることになる。こうしたフォワード取引は，一般的に銀行と顧客（法人・個人）の間や銀行間の相対取引（cross trade）で行われる。フォワード取引の場合，交換レートは約定の時点で決定される（例①，②）。同一種の外貨の同金額について直物と先物を反対方向に併せて取引するのが**スワップ取引**（swap transaction）で（例③），先物でも直物でも為替取引において別個に独立して外貨を売買するのが**アウトライト取引**（outright transaction）である。

例①　日本からアメリカに，1ドル＝100円の為替レートで自動車輸出。1カ月後に1ドル＝98円（円高）になった場合，1ドル当たり2円の為替損失が生じる。

→**輸出代金の入金期日に合わせてドル売りの先物取引を約定**（先物為替の予約）することによって，その時点の為替レートで輸出代金の自国通貨（円）への換金額を確定。

例②　日本にアメリカから1ドル＝100円の為替レートで小麦輸入。1カ月後に1ドル＝110円（円安）になった場合，1ドル当たり10円の為替損失が生じる。

→**決済期日に合わせてドル買いの先物取引を約定**（先物為替の予約）することによって，その時点での為替レートで輸入代金の自国通貨（円）への換金額を確定。

例③　ブラジル国内の金融が逼迫し，ブラジル企業が1ドル＝0.5レアルの

為替レートでアメリカの銀行から運転資金の借入れ（金額10万ドル，期間6カ月，借入時の為替相場1ドル＝0.5レアル）。借入れた企業は10万ドルを1ドル＝0.5レアルでブラジル国内銀行に売却し，変わり金の5万レアルを国内での運転資金に充当。6カ月後に1ドル＝1レアル（ドル高レアル安）になった場合，10万ドルの返済資金を用意するために10万レアルが必要となり，5万レアルの追加コストが生じる。

→借入れた10万ドルを直物で売却すると同時に，6カ月後に銀行から10万ドルを買う先物取引を締結（締結時点で6カ月後の先物買いレートは決定）することによって当初のドル資金借り入れ時に資金コスト確定。

また，直物取引に適用される為替レートのことを**直物相場**（または直物為替相場，現物相場 spot exchange rate），先物取引に適用される為替レートのことを**先物相場**（または先物為替相場 forward exchange rate）といい，後者は将来の一定時点（概ね～1年以内）がどこなのかによって変動する（例：直物1ドル＝100円，1カ月先物1ドル＝99.75円，2カ月先物1ドル＝99.50円など）。

この時，直物相場と先物相場の値開きのことを直先スプレッド（または直先開き，先物マージン forward margin）というが，一般的に相手国より短期金利が高い国の通貨は直物相場より先物相場の方が安くなり，これを**ディスカウント**（discount），相手国より短期金利が低い国の通貨は直物相場より先物相場が高くなり，これを**プレミアム**（premium）という。こうした先物相場の変動は将来の相場見通しにもとづいて直物相場と無関係ではなく，**金利平価理論**（theory of interest parity）を前提とすれば，直先スプレッドは年率に換算すると両通貨の短期金利の差（年利）に近似的に対応していると考えられる（後述）。なぜならば，もしこれが対応していなければ，金利の低い市場で調達して高い市場で運用する**金利裁定取引**（interest arbitrage）を目的とする国際的な短期資金の移動が起こるため，これが直物相場，先物相場の需給に影響し両相場の開きは結果的に短期金利の差に一致した点（均衡先物相場）に落ち着くと考えられるからである。

3　外国為替リスクのヘッジ

金融派生商品とは

　金融取引においては，金利リスク，信用リスク，流動性リスクなど，さまざまなリスクが付き物である。そこで，金融取引のこうしたリスクをヘッジ（hedge）する目的で開発が進んできたのが，いわゆるデリバティブ（derivative）といわれる**金融派生商品**である。この金融派生商品は，金融商品・金融指標の先物取引，スワップ取引，オプション取引（後述），クレジットデリバティブ（credit derivative）など，金融取引に関わるものを基礎として売買され，その原資産の価格に依存してその価値が決定されるような契約の商品・資産である（黒沼 2006：28-30）。金融派生商品の原資産としては，債券などの有価証券，通貨，金融商品の価格・利率，株価指数などの諸々の経済指数などが挙げられる。金融派生商品市場の参加者には，投機を目的とする者，裁定取引を目的とする者も当然多数存在するが，既述のように変動為替制度の下では貿易取引や国際間の投資などにおいても為替リスクが必ず生じることになるため，そのヘッジのために金融派生商品が幅広く利用されている。

為替リスクヘッジのための金融派生商品

　為替リスクヘッジのための金融派生商品としては，大別して以下の3つが挙げられる。まず1つ目として，**通貨オプション**（foreign currency option）がある。これはオプション取引（選択権付取引）の一種で，将来の特定日（ヨーロピアン・スワップ）または一定期間（アメリカン・スワップ）に，当初定める一定の価格（＝行使価格，ストライク・プライス：strike price）で，外貨を売買する権利（買手選択権＝コール・オプション：call option, 売手選択権＝プット・オプション：put option）を一定のオプション料（プレミアム：option premium）を支払って売買する取引である。

　外貨を買う権利を持つコール・オプションでは，権利の買手は期日において

当初定めた行使価格がその時点での直物相場より上（イン・ザ・マネー：ITM）
か，下（アウト・オブ・ザ・マネー：OTM）か，一致するか（アット・ザ・マネー：ATM）によって，その権利を行使するか放棄するかを選択可能である（プット・オプションでは逆になる）。このとき，オプション料は本質的価値（オプションを現時点で行使した場合の利益）と時間的価値（現時点から将来の権利行使日までの利益に対する期待値）の合算として計算され，そのリスクの大きさ（為替市場の現況，行使価格の規模，残存期間，短期金利，価格の変動率（volatility）など）によって評価されるが，これを算出するのが 2 項モデル（binominal tree）やブラック＝ショールズ・モデル（Black and Scholes model）などのオプション理論価格決定モデルである。先述したフォワード取引では，期日に契約通りに通貨の交換を実行しなければならないため為替相場が有利になっても為替差益を得られないが，オプション取引であれば権利を放棄することで通貨の交換を止めることができることになる。

　オプション取引には，売手と買手の相対取引である店頭オプション（over-the-counter option）と，取引所で標準化された取引である市場（上場）オプション（listed option）があるが，基本的に前者の売手は銀行である。買手の損失は最大でもオプション料（プレミアム）のみとなるが，売手の損失は為替変動によって無制限なのでリスク管理が必要になる。売手にとっては，買手が権利を行使しなかった場合にはオプション料がそのまま収入になるが，買手の期待通りに為替レートが変動し，権利が行使された場合には為替の持ちポジションが発生し，処分しなければ為替損を被ることになる（例④）。そこで，店頭オプションの場合は，銀行間で反対方向のオプションを購入して為替ポジション（為替持高＝foreign exchange position）を中立化するか（marry），銀行自身による為替操作，すなわち直物市場で外貨売買するなどして為替ポジションを売買同額であるスクエア（square position）に戻すことで為替リスクに対応する。また，上場オプションの場合は，原資産（為替レート）の変動に対するオプション料変動の比率である δ（デルタ）を利用したデルタヘッジ（delta hedging）を用いて，オプション料の損益を先物の損益で相殺し，無リスクでヘッジする（ハル

2001：272-273）。

例④　●取引の成立… A 社が B 銀行より，「期間 3 カ月（権利行使日＝ 3 カ月
　　　後），1 ドル＝100円（権利行使価格）で1000万ドル（原資産）を買う権利
　　　（コール・オプション）を900万円（オプション料）で購入」
　　　　ⅰ）3 カ月後に直物相場で 1 ドル＝100円以下（例えば99円）の場合
　　　（OTM），権利を行使する意味（1 ドル＝100円でドルを購入する意味）はな
　　　いので，**A 社は権利放棄**。A 社はオプション料900万円の損失，B 銀行
　　　は900万円の利益確定。
　　　　ⅱ）3 カ月後に直物相場で 1 ドル＝100円超（例えば101円）の場合
　　　（ITM），**A 社はオプションを行使して**B 銀行より 1 ドル＝100円で1000
　　　万ドル購入。直物相場で市場で売却して差額分1000万円の売却利益確定。
　　　差額分は B 銀行の損失確定。
　　→**最終的な収支は，オプション料900万円と売却損益を差し引きした額**
　　　（1000万ドル＝1,009,000,000円が損益分岐）。**A 社の損失限度は900万円だが，**
　　　B 銀行の損失は無制限。

　次に 2 つ目として，**通貨スワップ**（currency swap）がある。通貨スワップは，
スワップ取引の一種で，異なる通貨建ての債権・債務の交換，すなわちそれぞ
れの通貨建ての毎期の利払いと満期の元本返済を交換することで，為替リスク
のヘッジだけでなく資金調達コストを軽減するための取引である。適用される
為替レートによって，為替予約型と直先フラット型の 2 種があり，原則 1 年超
の中長期の資金調達に用いられるが，満期までに複数回通貨交換を行う。交換
の対象はキャッシュフローのみで，法律的な債権・債務関係は変更されない。
ただし，最低取引単位が大きく期間も長いため信用リスクが大きい。通貨ス
ワップと同様に，異なる当事者間の将来発生するキャッシュフローの交換を行う
スワップ取引としては，固定金利と変動金利の交換（plain vanilla）など同一通
貨建て債務の交換をする金利スワップ（interest rate swap）や，参照企業の信

用事由が発生した際の偶発的支払，すなわちデフォルト（債務不履行）した際の保険金と定期的な支払（デフォルト保険の保険料）を交換するクレジット・デフォルト・スワップ（credit default swap; CDS）などがある（蜂須賀 2013：115-127）。

例⑤　直物相場が 1 ドル＝100円の時，
　　　①A 社（ドル建社債100万ドル発行済み）…債務の円建てへの切替希望
　　　②B 社（ユーロ円建社債を 1 億円発行済み）…債務のドル建への切替希望。
→ C 銀行が A・B 社を仲介して**通貨スワップ**。A 社は円建て債の利払いと満期の元本返済資金を提供，B 社はドル建債の利払いと満期の元本返済資金を提供。**A 社は B 社の社債の元利金を円で支払うだけ，B 社はA 社の社債の元利金をドルで支払うだけで済むので，現時点での直物相場が見合えば，為替リスクがなくなる。**

　最後に 3 つ目として，**通貨先物**（currency futures）がある。通貨先物は，債券先物，金利先物などと共にフューチャーズ（financial futures）と言われる金融先物取引の一種で，既述のフォワード取引が銀行と顧客との相対取引であるのに対して，受渡期日・取引単位，決済方法などが規格化・定型化された，取引所における市場取引を用いた外国為替相場に関する先物取引である。アメリカのシカゴ・マーカンタイル取引所（Chicago Mercantile Exchange; CME）の一部門として1971年に**国際通貨市場**（International Monetary Market; IMM）が創設され，ポンド，円，マルクなど主要 7 通貨の通貨先物の取引を開始したのが始まりで，現在では，ユーロダラー先物なども取引されている。日本では，東京金融先物取引所（Tokyo International Financial Futures Exchange; TIFFE）において円・ドル通貨先物が1989年から扱われている（「金融商品取引法」の施行に伴い，2007年から金融商品取引所に移行）。現物の引き渡しはほとんど行われず，大部分は反対取引によって清算される差金決済で，一定の委託証拠金（margin money）の積立てと，相場変動によっては追加証拠金が要求される。直物市場

と先物市場で採算が逆方向に動く特性を利用した為替リスクヘッジとして用いられる（秦・本田 2007：59-62他）。

為替リスクヘッジのための経営方針

　以上みてきたように，為替リスクヘッジのために種々の金融派生商品が開発されており，現在多くの国際取引において活用されている。しかし，国際取引をする企業にとって，すべての個別取引ごとに金融派生商品を用いて為替リスクヘッジをすることは，費用が巨大かつ事務処理も煩雑であるため，必然的にリスクアンカバーの取引が多数残存することになる。そこで，企業側としては自身の事業形態・財務構造に則した形で，より総体的な経営方針のレベルでの為替リスクヘッジへの取り組みが重要になってくる。

　まず，為替ポジションから考えられる為替リスク対策がある。相対的に輸出比率の高い企業は，外貨による輸出代金支払を受けることから，外貨建ての資産・負債の構成は大幅な資産超過のポジションになることが多く，為替状況が円高基調にある時，交易条件の悪化から外貨建て資産の目減りが予測される。反対に相対的に輸入比率の高い企業，および外国技術を導入している企業は，外貨で輸入代金や特許料の支払いを行うことから，外貨建ての資産・負債の構成は大幅な負債超過のポジションになることが多く，為替状況が円安基調にあるとき，外貨建て負債の増加が予測される。こうした企業の為替リスク対策としては，財務・経理部門において個々の直物ポジション（actual position）と先物ポジション（forward position）から総合ポジション（総合持高＝overall position）を正確に把握し，リスクに晒されている**為替エクスポージャー**（exposure）を明確化した上で，ポジションが外貨建て資産超であれば外債発行などの外貨建負債，外貨建負債超であれば外貨建て証券投資などの外貨建て資産を適切に増加させるなどして，ポートフォリオの外貨建て資産・負債構成を変更することが望ましいだろう。

　さらには，企業自体が取引形態を変更することによる為替リスク対策もある。例えば，貿易においてそもそも円建て取引を増やすことができれば，日本企業

にとっては自ずと為替リスクが軽減することになる。しかし，これは外貨を自国通貨とする取引相手へのリスクの付替えに他ならず，取引先との力関係・扱う財の国際競争力，さらには円という通貨自体の国際化の必要性にも繋がる問題である。また，プラザ合意以後（1980年代後半以降）の急激な円高基調の下で多くの日本の製造業がそうしたように，海外からの資材調達を増やしたりや生産拠点の海外移転（海外現地生産）をすることによって，為替リスクを軽減する方法もある。ただし，こうした為替リスク対策が進むと，海外への技術移転問題や，国内労働市場の空洞化問題，当該拠点の置かれた国の返済能力についてのカントリーリスク（country risk）に関わる種々の問題（反日運動，政情不安などの政治的安定度や，国際収支，対外債務など）を抱えることにもなり得るため，より長期的な視野からの経営判断が必要とされるだろう。

4　外国為替市場

外国為替市場とその構成員

　外国為替レートが決定される**外国為替市場**（foreign exchange market）とは，どのような市場なのであろうか。外国為替市場は，狭義には銀行同士が資金のやり取りを行う銀行間市場（interbank market）で，直物為替・先物為替ともにここで形成される市場価格が外国為替相場の実勢価格（＝市場相場）となる。銀行はこの外国為替市場で，**外国為替操作**（foreign exchange operation）を行う。これは，より具体的には主に銀行自身の外国為替ポジション調整のための為替持高操作や，外国為替資金調整のための為替資金操作で，為替や金利の裁定取引なども含まれる。為替持高操作は，例えば顧客からドルを購入した時ドルの買持ちポジション（overbought position）（↔ドルを売却した時売持ちポジション（oversold position））の時には同市場でドルを売却して（↔売持ちポジションの時にはドルを購入して）反対方向のカバー取引（exchange cover）を行うことで為替の過不足を調整する操作である。同時に円資金のポジション（資金ポジション）も変化するので，為替資金操作も行うことになる。したがって，銀行間市

場に参加するすべての銀行が，行内での個々の為替取引に伴って生じる為替ポジションをこの市場において相殺するために同市場で為替売買することになり，1国全体の為替需給が市場価格に反映されることになるわけである（＝為替レートの変動）。外国為替市場には，銀行以外の構成員として，受渡し・決済には関与せず手数料のみを取って銀行間為替売買を仲介する業者である外国為替ブローカー（foreign exchange broker）や，時として為替レートの動向に関与して為替売買に参加する通貨当局としての中央銀行などがいる（後述）。

　また，外国為替市場として，広義には小売市場である対顧客市場を含むこともある。こうした銀行を相手に外貨を売買する一般の銀行顧客（事業法人，金融法人など）との取引に際しては，銀行間で形成された実勢相場にもとづいた対顧客相場が用いられる。対顧客相場は，銀行にとっての電信売相場（telegraphic transfer selling; TTS）と電信買相場（telegraphic transfer buying; TTB）を基準とし，それぞれ対ドル相場で基準相場より前者は高く，後者は安く設定されており，それが銀行の取引コスト分と収益源になっている。

中央銀行と為替介入

　外国為替市場の重要な構成員として，**中央銀行**（または通貨当局）がある。中央銀行は，物価の安定や経済成長などを政策目的とする金融政策を管掌する機関であるが，**外国為替市場操作**（平衡操作）（exchange equalization operation），いわゆる為替介入（exchange intervention）を行うことで，政策的に為替レートに影響を与えようとすることがある。現在，日本における為替介入の実務は，財務省所管の外国為替資金特別会計が政府短期証券（financial bills; FB）を発行して得た資金を用いて，財務大臣の代理人として日本銀行国際局が実施している。

　かつての国際金本位制やブレトンウッズ体制などの固定為替相場制度（fixed exchange rate system）の下では，中央銀行には自国通貨を為替平価（exchange parity）にペッグする必要があるため，無制限に為替介入する義務があったが（第8章），1973年2月の変動相場制度への移行以後は為替レート変動が市場の

需給に任されることになり，中央銀行による為替平価維持の義務は無くなった。しかし，為替介入によって為替レートを交易条件好転などのために意図的に誘導しようとする**為替ダンピング**（exchange dumping）が近隣窮乏化的な性格を持つことから，過度に為替介入を行うことは国際的な軋轢に繋がる恐れがある。そこで，現在の先進諸国の中央銀行による為替介入政策は，為替レートが内外金利格差や経常収支などの経済のファンダメンタルズ（基礎的諸条件＝funda-mentals）から著しく乖離する**ミスアラインメント**（misalignment）や，世界的な金融危機や大災害などに伴う為替レートの無秩序な乱高下などに対応する際に，限定的に行われる。

　為替介入は，中央銀行が為替売買に参加することによって外国為替市場における外貨の需給関係を調整しようとするものだが，日本銀行の場合は米ドルの直物為替のみを扱い，円高ドル安是正のときには円売りドル買い介入，円安ドル高是正のときには円買いドル売り介入を行うことになる。中央銀行の為替介入による外貨の増減は，国際収支上は金融収支の内訳である外貨準備の増減として計上される（第5章）。また，中央銀行の為替介入により**マネタリーベース**（monetary base）が増減すると，貨幣乗数倍の**マネーサプライ**（マネー集計量：money supply）の増減が生じて金利や物価の上昇・下降要因となってしまう。そこで，この増減した通貨を逆方向の債券売買のオペレーションで相殺する介入を併せて行い，マネタリーベースの増減を中立化することを，**不胎化介入**（sterilization intervention）という。逆に，円売り介入（または円買い介入）によるマネタリーベースの増加（減少）を相殺せず，それによる金融緩和（または引締め）効果を放置する介入方式が非不胎化介入で，日本銀行の2010年以降の為替介入はこの方式で行われているとされる（蜂須賀 2013：51-53）。

　近年の外国為替市場での取引金額は膨大な額になっており，国境を跨いだ資金移動も巨大であるため，中央銀行による市場の需給関係を通じた為替レートへの影響は短期的かつ限定的で，中長期的な為替レート水準のコントロールはきわめて困難である。しかし，中央銀行の為替介入という行動自体が**アナウンスメント効果**（announcement effect）を発揮して，その中央銀行の為替レート

水準への現状認識や政策方針・態度が内外に明示され，市場参加者の行動を政策意図に沿った方向に変えさせることもあり得る。また同様に，世界的な金融危機などに際しては，主要国の中央銀行が共同して為替介入を行う協調介入（coordinated intervention）を実施することで，為替レートを安定させるために各国が協調する姿勢を示し，1国の中央銀行だけでは制御が難しい世界の金融市場の動向に一定の影響を与えることも可能である。

世界の外国為替市場

　外国為替市場としての**銀行間市場**は，東京の日本橋兜町に証券取引所が存在する株式市場のように特定の場所での取引ではなく，電話・コンピュータ（インターネット）などによって繋がれたオープン市場（open market）での相対取引で，ブローカー経由取引と銀行間の直接取引がある。

　また，世界における5大市場はロンドン，ニューヨーク，香港，シンガポール，東京の外国為替市場で，その他の主要都市の市場も含めると，土日曜日と各都市の祝日を除けば世界中のどこかで24時間常に為替取引が可能である。とくに世界の取引量の4割程度を占めるのがロンドン市場で，非居住者間の金融取引に便宜を図るいわゆる外‐外取引市場であるオフショア市場（offshore market）としても世界で最初に整備されたため，ロンドンの短期資金市場において銀行が短期資金を調達する際に適用される金利であるロンドン銀行間取引金利（London Inter-Bank Offered Rate; LIBOR）が，ユーロダラー金利など国際金融におけるユーロカレンシー（Euro-currency）取引の基準となってきた（ハル 2001：138他）。しかし，LIBOR は，2012年の金利不正事件などを経て，2021年12月に廃止され（ドル LIBOR は2023年6月まで），2023年現在，各市場において代替的な金利指標が模索されている。

5　為替レート決定理論

古典的学説とフロー・アプローチ

　既述のように為替レートは外国為替市場における外貨の需給で決まるが，その需要と供給を含めた為替レートの変動自体がどのような要因で起きるのだろうか。こうした為替レートの決定メカニズムを説明する考え方（学説）が**為替レート決定理論**（theory of exchange rate determination）と言われるものである。古典的な為替レート決定理論としては，後述する**購買力平価説**（theory of purchasing power parity）の他に，2国間の貸借関係で決定されるとするG・J・ゴッシェン（G. J. Goschen: 1831〜1907年）の国際貸借説（theory of international indebtedness）（1861年），各国通貨に対する市場の心理（期待の比）が決定するとするA・アフタリオン（A. Aftalion: 1874〜1956年）の為替心理説（psychological theory of exchange）（1927年）などがあり，いずれも後年の諸理論にそのエッセンスが継承されている。

　その後，1960年代における固定相場制（金ドル本位制）の下で発展した考え方が，フロー・アプローチ（flow approach）である。フロー・アプローチでは，一定期間（flow）における輸出入を要因とする経常収支と，金利差を要因とする資本収支によって外貨の需給が発生し，その国際収支をバランスさせる水準に為替レートが決定されるとした。とくにフロー・アプローチでは通貨当局による金融政策（金利の上げ下げ）と，為替レート変動による経常収支調整機能が重視されているが，これは国際間の資本移動に対する公的規制が強かったブレトンウッズ体制期の時代的背景によるものである（第8章）。

購買力平価説

　購買力平価（purchasing power parity; PPP）とは，ある2国間の通貨の購買力が等しくなるような為替レートのことで，完全競争市場における一物一価の法則（law of one price）が前提にある。為替レートの変動は各国の物価変動を

反映したものとして説明できるとする購買力平価説は，スウェーデンの経済学者 K・G・カッセル（Karl Gustav Cassel: 1866〜1945年）によって1922年に提唱された古典的な為替レート決定理論の 1 つである。例えば，日本円と米ドルの相場の場合，この購買力平価説に基づけば，長期的には為替レートは日本の物価上昇率とアメリカの物価上昇率の差に等しくなることになる。これを，単純化すると（E：名目為替レート，P：日本の財価格，P^*：アメリカの財価格），(6.1)式のように表すことが出来る（翁 2013：126-127）。

$$E = \frac{P}{P^*} \qquad (6.1)$$

　ただし，絶対的購買力を比較するのは困難なため，実際には為替レートが購買力平価に近い水準にあったとみられる基準年を選び，その後の為替レートは日米 2 国間の物価上昇差を反映して変化するとみなす相対的購買力平価を計測することになる（E_1：新しい円建て為替レート，E_0：基準年の円建て為替レート，P：基準年を100とする日本の物価指数，P^*：基準年を100とするアメリカの物価指数）。

$$E_1 = E_0 \frac{P}{P^*} \qquad (6.2)$$

　この購買力平価説は，とくに為替レートの長期的な均衡水準（equilibrium exchange rate）を示すものとして，現代でももっとも有力な為替レート決定理論の一つである。しかし，購買力平価説には一定の限界がある。まず，計測上の問題として，(6.2)式における基準年の設定や，消費者物価指数，卸売物価指数，小売物価指数などの物価指数の選択について恣意性を排除できない。基準年の選択によって平価自体が大きく変化するし，同一の指数であっても国ごとの消費・生産パターンの相違や非貿易財などもあり，政策当局が公表している物価指数間では近似的にすら同説が成立しない可能性もあるのである。そして，実際の為替レートの変動過程を見てみると，2000年代以降は為替レートと購買力平価が乖離してきており，均衡水準からの乖離の解消にも長い時間がか

かっている（秦・本田 2007：111-112）。したがって，短期的には購買力平価が
為替レートを変動させる力は弱いと考えられる。

アセット・アプローチ

　1973年に変動相場制に移行して以降，国際間の資本移動の自由化が進んでき
た。また，一方では金融技術の長足の進歩により為替取引量は激増しているが，
その多くは貿易取引の決済とは無関係の投機的金融取引である。このような状
況下で，為替レート変動にとってより重要な要因は金融資産（asset）の交換価
値である，という考え方が主流になってきた。こうした考え方から，短期的に
は金融資産間の資産選択が為替レートを決めるとする理論が**アセット・アプロ
ーチ**（asset preference approach）である。

　アセット・アプローチにはいくつかのバリエーションがあるが，その前提と
なっているのが，市場間の価格差があるとき，ある市場で購入した金融資産を
他の市場で販売して鞘取りする価格裁定（金利裁定）取引に基づいた，既述の
金利平価理論の考え方である。先物カバーなしの金利裁定（uncovered interest
arbitrage）を表す(6.3)式は，自国通貨で 1 年間運用した収益と自国通貨を他
国通貨に交換して 1 年間運用し 1 年後に自国通貨に再交換した収益が一致する
ことを示している。このとき，r は自国通貨建て利回り，r^* は外国通貨建て利
回り，E_t は今期の為替レート，E_{t+1} は一期後の為替レートを示している。

　この(6.3)式を(6.4)式のように変形し，為替レートの予想変化率を x とおく
と，$r^* \times x$ は十分に小さいので，近似式は(6.5)式となる。これは，投資家は
自国建て資産と外貨建て資産を区別しないという**完全代替性仮説**の仮定のもと
では，国際金融市場にはリスクを負担できる多くの投資家が存在し，各国通貨
建ての金融資産の間で活発な裁定取引を行うことによって，為替レートの予想
変化率を考慮した各国通貨建て資産の利回りは結果的には近似的に一致するこ
とを示している。

$$1+r=\left(\frac{1}{E_t}\right)(1+r^*)(E_{t+1}) \tag{6.3}$$

$$1+r=(1+r^*)\left(1+\frac{E_{t+1}-E_t}{E_t}\right) \tag{6.4}$$

$$r\approx r^*+x \tag{6.5}$$

これを，日本とアメリカの2国間をモデルに考えてみる。なお，①先物カバーなしの金利裁定式の成立，②長期においては購買力平価（均衡為替レート）が成立し，投資家が購買力平価への回帰を期待していること，が前提条件となっている（例⑥）。

　　例⑥　先物カバーなしの金利裁定モデル
　　　　・現在の為替レート：1ドル＝100円
　　　　・1年後の期待為替レート：1ドル＝100円
　　　　・金利：日米ともに1％
　　　［円運用］100円→（金利1％）→<u>101円</u>（1年後）
　　　［ドル運用］100円→（1ドル＝100円）→1ドル→（金利1％）→1.01ドル
　　　→（1ドル＝100円）→<u>101円</u>（1年後）

つまり，このケースでは予想変化率が0であり，円資産で一定期間（1年間）運用した利回り（101円）と，円資産をドルに変換した後，円に戻した場合に予想される利回り（101円）が1年後に一致する。

　マネタリー・アプローチ（monetary approach）は，この金利裁定を前提としたアセット・アプローチの1つで，マクロ経済の貨幣市場の均衡をモデルに導入し，貨幣供給量を為替レートの決定理論に組み込んだものである。マネタリー・アプローチでは，購買力平価説を前提とし，自国と他国の相対物価が貨幣数量説的な関係に規定されているとすると，為替レートは自国と他国の相対的な通貨需要・供給で決まることになる。さらに，自国と他国の相対通貨需要が

一定だと仮定すれば，一方の中央銀行の相対通貨供給こそが為替レートを決定する主要因となる（*Column* ⑩）。

そして，**オーバーシューティング・モデル**（overshooting model）は，マネタリー・アプローチの発展型で，1976年にラドガー・ドーンブッシュ（Rudiger Dornbusch: 1942～2002年）らによって提唱された為替レート調整理論である。このモデルでは，金融政策ショックとその影響からの調整過程において，一時的に円高や円安が最終的な均衡水準（購買力平価）よりも行き過ぎること（オーバーシュート）を説明するもので，為替レートは長期的な均衡水準である購買力平価と，2国間の金利差によって決定されることになる。

例⑦は，日本とアメリカ2国間におけるオーバーシューティング・モデルの事例である。なお，同モデルの前提条件は，例⑥と同様に①先物カバーなしの金利裁定式の成立，②長期においては購買力平価（均衡為替レート）が成立し，投資家が購買力平価への回帰を期待していることである。

　　例⑦　**オーバーシューティング・モデル**
　　　　• 現在の為替レート：1ドル＝100円
　　　　• 1年後の期待為替レート：1ドル＝100円
　　　　• 金利：日米ともに1％
　　　→以上の条件下で，日本銀行が金融緩和で1％マネーサプライを増加させた（＝金融緩和のために通貨量を増やしたため**金利1％低下**）。
　　　→1年後の期待為替レートが1ドル＝**101円**に変化。
　　　［円運用］100円→（金利0％）→<u>100円</u>（1年後）
　　　［ドル運用］100円→（1ドル＝100円）→**金融緩和**
　　　→**102.01円**（※100×(1.01×1.01)円）（＝新しい均衡（オーバーシュート））
　　　→1/(1.01×1.01)ドル→（金利1％）→100/101ドル→（1ドル＝101円）
　　　→<u>100円</u>（1年後）

金融緩和で日本の金利が0％に下がってもアメリカの金利は1％のままであ

るから，現在も将来も 1 ドル＝101円（＝購買力平価）であるとき，金利差の分だけドル建ての方が有利なので 1 ドル＝101円を超えても円売りは続行されることになる。その結果，相場は 1 ドル＝101円の均衡為替レート水準よりも円安化（＝オーバーシュート）が進む。オーバーシュート水準は 1 ドル＝102.01円まで進行して新しい均衡に達するが，このとき金利 1 ％のドル建て資産と 0 ％の円建て資産の金利差は， 1 ドル＝102.01円まで減価した円が 1 年後に101円まで増価すること，すなわち乱高下することによって相殺される（翁 2013：131-134）。

ポートフォリオ・バランス・アプローチ

　このようにアセット・アプローチは，短期的な為替レートの乱高下をある程度説明することができる考え方であるが，資産の完全代替性の仮定を置いている点で問題を残している。なぜなら，国内資産と海外資産が完全に代替的であるという仮定は，経常収支不均衡が為替レートに与える影響を捨象していることになるからである。そこで，国内資産と海外資産のリスクの差異をリスク・プレミアム（risk premium）としてモデルに組み込んだものが，(6.6)式のようなポートフォリオ・バランス・アプローチ（portfolio balance approach）と言われる為替レートの考え方である。このとき，r は自国通貨建て利回り，r^* は外国通貨建て利回り，x は為替レートの予想変化率，p はリスク・プレミアムである。

$$r+p=r^*+x \qquad (6.6)$$

　例えば，これを日本とアメリカの国際収支で考えてみると，日本の対米経常収支黒字の趨勢が続き，日本の民間部門保有のドル建て資産残高が増加すると，潜在的為替リスクが増大し，為替リスクの負担への報酬（または補償）として見合うだけドル建て資産の予想利回りが円建て資産の利回りより大きくなければ（＝リスク・プレミアム），ドル建て資産を保有しなくなる可能性があることを示している。

　しかし，1990年代以降は金融グローバリゼーションが深化し，リスクの分散化によるリスク・プレミアムの縮小などから，経常収支や対外純資産残高と為替レートとの相関が希薄化しているとも言われており，ポートフォリオ・バランス・アプローチでも短期的な為替レート変動の要因をすべて説明しきれているわけではない。

為替レート予測の困難性

　以上みてきたように，現在までにさまざまな為替レート決定理論が唱えられてきたが，当然のことながらいずれもファンダメンタルズによって為替レートが決定することを理論化したものである。しかし，現在の為替レートが購買力平価で決まらないのと同様に，将来の為替レートも購買力平価のみで決まるわけではない。

　将来の為替レートには，将来のファンダメンタルズに対する市場参加者（投資家）の期待が反映しているが，実際の市場参加者たちによる**合理的期待形成**が，必ずしも将来のファンダメンタルズについての正確な予想に結実するわけではない。なぜなら，市場における期待形成には自己実現性があると考えられ，J・M・ケインズ（John Maynard Keynes: 1883～1946年）の美人投票問題（paradox of beauty contest）のように「他の投資家がどのように予想するか」の予想であるため，それ自体が実際の資産価格決定の要因となるためである。その結果，価格がファンダメンタルズから乖離して，値上がり期待が値上がりを呼ぶようなバブル（bubble）も発生し得る（秦・本田 2007：119-120；翁 2013：137-140他）。

　どのような為替レート決定理論であっても将来を正確に予測できないのは，このように期待（予想）をモデルに織り込むのが困難だからである。したがって，超短期の為替レート決定理論としては，究極的には証券価格理論における効率市場仮説（efficient market hypothesis）に基づいた，(7.6)式のようなランダムウォーク・モデル（酔歩モデル：random walk model）でしか表現し得ないということもできる。

─── *Column* ⑨　実質為替レートと実効為替レート ───

　さまざまな経済指標には，名目値（nominal value）と実質値（real value）がある。名目値は対象時点の価格で評価した金額のことで，実質値はこの名目値を価格指数で割ったもの（もしくは，基準時の価格で表示したもの）である。これは，名目値の変動に影響を与えている物価変動（インフレ率）を除去することで，より実質的な経済指標の値を測定出来るようにするためである。為替レートに関しても同様で，名目為替レート（nominal exchange rate）はその時点の2カ国の通貨の交換レートをそのまま表示したものであるのに対して，実質為替レート（real exchange rate）は名目為替レートに対象となる2カ国の通貨間のインフレ調整をしたものになる。日本円と米ドルの場合，以下の式で表されることになる（E_r：円建て実質為替レート，E_n：円建て名目為替レート，P：アメリカ物価指数，P^* は日本物価指数）。

$$E_r = E_n \frac{P}{P^*}$$

　また，一般的に為替レートというと円ドル・レートのみを想起しがちだが，例えば日本の貿易収支に対する為替レートの影響を考える場合，それだけでは不十分である。なぜなら，2018年の日本の輸出総額約81.4兆円のうち対アメリカ輸出は約15.4兆円で約19％に過ぎず，他の米ドル圏，ドル・ペッグ圏との貿易を含めても，日本の貿易すべてについて円ドル・レートのみを基準にするのは不正確だからである。そこで，貿易収支などについて考察する場合に，ある通貨の対外価値（価格競争力）についての総合的な基準となるのが実効為替レート（effective exchange rate）である。このとき，実効為替レートは，ある国と他の複数の国との為替レートを，輸出入の大小によって加重平均したものである。この実効為替レートにも，名目為替レートをそのまま用いた名目実効為替レート（nominal effective exchange rate）と，国家間のインフレ率の差を勘案した実質実効為替レート（real effective exchange rate）がある。

─── *Column* ⑩　為替相場決定理論のマネタリー・アプローチの直感的理解 ───

　マネタリー・アプローチについて，より直感的な理解がし易いように簡単な数式で考察してみよう。まず，貨幣数量説的な貨幣市場（通貨市場）の均衡条件から，物価について解くと（ただし，M：通貨供給量，L：実質通貨需要，P：物価水準，y：実質所得，i：金利），

$$P = \frac{M}{L(y,i)} \tag{6.i}$$

(6.i)式のように表すことができる。この式を他国の物価水準 P^* まで拡張し，それぞれ両辺の対数を取ると，

$$logP = logM - logL, \quad logP^* = logM^* - logL^*$$

となる。自国と他国の物価を引き算すると，

$$(logP - logP^*) = (logM - logM^*) - (logL - logL^*) \tag{6.ii}$$

(6.ii)式が求められる。これは，自国と他国の相対物価（$logP - logP^*$）が，自国と他国の相対通貨供給（$logM - logM^*$）と相対通貨需要（$logL - logL^*$）の差で決まることを示している。また購買力平価説も対数化すると，

$$logE = logP - logP^* \tag{6.iii}$$

となるので，（6.iii）式に（6.ii）式を代入すると，

$$logE = (logM - logM^*) - (logL - logL^*) \tag{6.iv}$$

以上の数学的展開より，為替相場決定理論のマネタリー・アプローチが直感的に理解できる（翁 2013：127-130）。

$$E_t = E_{t-1} + e_t \tag{6.7}$$

　このとき，E_t は今期の為替レート，E_{t-1} は一期前の為替レート，e_{t-1} は残差で，今期の為替レートの予想は，ノイズである誤差を除けば前期と同じになることになる。このモデルでは，外国為替市場は効率的な市場であり，今期の為替レートはすでにファンダメンタルズを含めたあらゆる情報をすべて織り込んで形成されたものであることを意味している。

参考文献

翁邦雄『金融政策のフロンティア──国際的潮流と非伝統的政策』日本評論社，2013年。

金森久雄・荒憲治郎・森口親司編『経済辞典（第3版）』有斐閣，2001年。

黒沼悦郎『金融商品取引法入門』日本経済新聞出版社，2006年。

秦忠夫・本田敬吉『国際金融のしくみ（第3版）』有斐閣，2007年。

蜂須賀一誠『為替商品取引の実務』中央経済社，2013年。

ハル，J・C（小林孝雄監訳）『先物・オプション取引入門』ピアソン・エデュケーション，2001年。

古海健一『ビジネス・ゼミナール　外国為替入門』日本経済新聞社，1990年。

日本銀行ホームページ（https://www.boj.or.jp，2019年9月1日閲覧）。

練習問題

問題1

外国為替と内国為替の違いについて説明しなさい。

問題2

金融派生商品の1つであるオプション取引の仕組みについて説明しなさい。

問題3

購買力平価説について，どのような概念か説明しなさい。

（内藤友紀）

第 7 章

国際金融政策

本章のねらい

　ある 1 国が，国内問題のみに対処するためにマクロ経済政策（金融政策・財政政策）を実施する場合であっても，その時点における制度的な背景や，他国の経済状況・政治情勢などによって，海外部門から大きく影響を受けることがある。本章のねらいは，国際的な貿易や資本の流出入があるケースにおける金融政策の効果について，海外部門を含む開放経済モデルを用いた国際マクロ経済学の枠組みによって明らかにしていくことである。

1　閉鎖経済におけるマクロ経済モデル——*IS-LM* モデル

金融政策とは

　本章では，「国際金融政策」として，ある対象国の金融政策を含むマクロ経済政策の効果が国際的な環境によってどのような影響を受けるのかをみていく。そこで，そもそも中央銀行の金融政策とは何なのかを，最初にごく簡単に定義しておこう。金融政策とは，広義には金融システム全体の安定性・健全性といった秩序維持を目的とする**プルーデンス政策**（prudence policy）が含まれるが，狭義には中央銀行（または通貨当局）が市中の貨幣量をコントロールして実体経済に働きかける**マクロ経済政策**（macroeconomic policy）のことを指すのが一般的である。この後者の意味での金融政策には，大別して 3 つの政策目的がある。

　まず 1 つ目が，**物価水準の安定**で，端的に言えばインフレーションやデフレーションの制御である。日本の中央銀行である日本銀行の政策目的としても，

1998年改正の日本銀行法にこの物価安定が明記されているように，現在各国の中央銀行にとってもっとも重要な政策目的となっている。2つ目が，**完全雇用の達成・維持**で，これは言い換えれば，適正な産出量水準または経済成長を達成するためのマクロ経済政策である。ただし，この1つ目と2つ目の政策目的の間には，**フィリップス曲線**（Phillips curve）と言われるトレードオフ関係が存在しているとされる（**Column ⑪**）。最後に3つ目が，**為替レートの安定**で，国際収支や金利差などの経済ファンダメンタルズ（fundamentals）からのミスアラインメント（misalignment）が発生した際などの，外国為替市場への介入政策である（第6章）。

　中央銀行は，上記の政策目的のために，公開市場である短期金融市場において，主に政府短期証券（financial bills; FB）等の債券を売買する**オープンマーケット・オペレーション**（open market operation）によってマネタリーベース（monetary base）を調節し，貨幣乗数倍のマネーサプライ（money supply）を増減させることで金融緩和・金融引締めを行うのである（為替レート安定のためには外貨の売買）。本章では，基本的に物価の変動がない短期モデルを扱うので，金融政策とは主に2番目の産出量水準に関するマクロ経済政策のことを指すことになる。

IS-LM モデル①──財市場の均衡

　では，国際マクロ経済における金融政策の分析を行うためのモデルの前段階として，基礎的な *IS-LM* モデルについて概説しよう。*IS-LM* モデルとは，J・ヒックス（John Richard Hicks: 1904～1989年）と A・ハンセン（Alvin Harvey Hansen: 1887～1975年）らによって導入された，ケインズ経済学（Keynesian economics）における有効需要政策の分析手法のことで，前述した金融政策及び財政政策が，1国の利子率（金利）と所得（または産出量）に与える影響について，財サービス市場（以下，財市場）と金融（または貨幣）市場の均衡を表す *IS* 曲線と *LM* 曲線（後述）の動きで分析する短期のマクロ経済モデルである。ここでいう短期モデルとは，内外の物価の変動がない期間（＝物価水準が一定）を意味

し，十分な過剰設備と労働力が存在する不完全雇用であること，資本・労働・技術（＝供給サイド）が一定であることを前提とすることで，需要が増加することが物価の上昇を伴わずに短期的な生産水準を上昇させることになる。また，標準的な *IS-LM* モデルは，国内におけるマクロ経済政策の影響を抽出するために，国際貿易，為替レートの変動，資本移動を考慮に入れない閉鎖経済モデルとして単純化されている。

　まず，**財市場の均衡**からみていこう。財市場の均衡とは，財の供給量と需要量が等しい時のことである。この財市場の需給を一致させる利子率 r と所得 Y の組み合わせを示すのが *IS* 曲線（IS curve）で，このとき，望ましい投資 I（invest）が貯蓄 S（saving）に等しくなることからこう呼ばれている。財市場を均衡させる供給は所得，需要は消費，投資，政府支出からなるが，消費とそれを決定する要因の関係を表す同モデルの消費関数（consumption function）では，消費が所得から税を除いた可処分所得と，その可処分所得の増加分のうち消費に充てられる部分の割合を意味する限界消費性向（marginal propensity to consume; MPC）のみに依存する安定的な関係を想定しており，政府支出を外生変数とすれば，需要の変動には利子率の減少関数である投資の変動の影響が大きくなる。よって，縦軸を利子率，横軸を所得とするグラフ上では，*IS* 曲線の形状は右下がりになる（図7-1）。以上のような財市場の均衡関係を表したのが，(7.1)式である。

$$Y = C(Y - T) + I(r) + G \qquad\qquad (7.1)$$

　この時，Y は所得，C は消費，T は税，I は投資，G は政府支出，r は利子率で，租税関数 T は限界税率に依存する。また(7.1)式は，消費関数 C は可処分所得（$Y-T$）に，投資関数 I は利子率 r の水準に依存することを示している。したがって，*IS* 曲線は，増税（＝税（T）の増加）によって可処分所得が減少し左にシフト，減税によって右にシフト，また公共投資（＝政府支出（G）の増加）によって右にシフトする。すなわち，*IS* 曲線は財政政策によって左右にシフトすることになる。なお，(7.1)式の右辺は，国内居住者の最終生産物

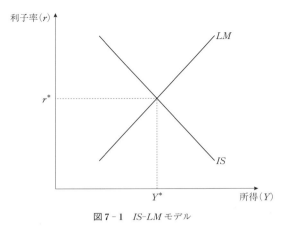

図7-1　*IS-LM* モデル

への総支出，すなわち民間・政府部門による消費支出と国内資本形成の合算を
表しており，これをアブソープション（absorption）という。

IS-LM モデル②——金融市場の均衡

　続いて，**金融市場の均衡**についてみてみよう。金融市場の均衡とは，貨幣需
要と貨幣供給が一致していることを指している。この金融市場の需給を一致さ
せる利子率 *r* と所得 *Y* の組み合わせを示すのが *LM* 曲線（LM curve）で，*L*
は流動性選好（liquidity preference），*M* は貨幣供給残高（money supply）を表し
ている。ケインズ経済学の**流動性選好理論**（theory of liquidity preference）によ
れば金融市場の均衡によって利子率が決定されるが，貨幣乗数が一定だと仮定
すると，既述のように貨幣供給は金融政策として中央銀行が外生的にコントロ
ールできるため，貨幣需要に影響する諸要因と貨幣需要量との対応関係を表す
貨幣需要関数（money demand function）が重要になる。

　ケインズ経済学では，貨幣保有の動機として，消費支出のための支払手段と
しての保有である取引動機（transactions motive），貨幣を保有する機会費用（op-
portunity cost）を勘案した保有（＝資産保有）である投機的動機（speculative
motive），将来の不確実性に備えての貨幣保有である予備的動機（precautionary

motive）の 3 つを想定しているが，この貨幣需要関数では，とくに前 2 者の動機が貨幣需要に繋がると仮定している。すなわち，貨幣需要関数上では，取引動機から生産が大きくなり所得が大きくなるほど貨幣需要は大きくなり（＝所得の上昇関数），資産が貨幣と債券の 2 種のみだと仮定すると，投機的動機から貨幣を保有することによって利子率が高くなるほど債券を保有すれば得られたはずの収益を失うことになるので貨幣需要は減少するのである（＝利子率の減少関数）。よって，縦軸を利子率，横軸を所得とするグラフ上では，*LM* 曲線の形状は右上がりになる（図 7 - 1）。以上のような金融市場の均衡を表したのが，(7.2)式である。

$$M = L(Y, \ r) \tag{7.2}$$

この時，*M* は貨幣需要，*L* は流動性選好，*Y* は所得，*r* は利子率である（ただし，物価が一定であることから，実質貨幣需要 *M/P* の，物価 *P* は省略されている）。したがって，*LM* 曲線は，金融緩和（＝貨幣供給量（*M*）の増加）によって右にシフト，金融引締めによって左にシフトする。すなわち，*LM* 曲線は金融政策によって左右にシフトすることになる。

IS-LM モデル③──閉鎖経済におけるマクロ経済政策の効果

以上のような *IS-LM* モデルを使うことによって，閉鎖経済におけるマクロ経済政策の効果が分析できる。まず，政府が拡張的な財政政策を実施すると，公共投資などの政府支出が増加することによって，需要の増加・生産の増加という波及経路を通じて所得の増加に繋がり，既述のように *IS* 曲線が右にシフトする。このとき *LM* 曲線が一定（＝マネーサプライ残高が一定）であるため，両曲線の交点，すなわち財市場と金融市場の同時均衡点が右にシフトし，所得の増加は利子率の上昇を伴うことがわかる。ただし，政府の財政政策による利子率上昇が，民間投資を締め出すことがあり，これを**クラウディング・アウト効果**（crowding out effect）と呼ぶ。クラウディング・アウト効果の大きさは，利子率の変化に対する貨幣需要の変化割合の大きさである**貨幣需要の利子弾力**

性（−貨幣需要の変化率／利子率の変化率）に依存する。

　次に，中央銀行が緩和的な金融政策を実施すると，貨幣供給量（マネーサプライ残高）の増加は，物価が一定であるという仮定のもとでは利子率を下降させ，既述のように *LM* 曲線を右にシフトさせる。このとき *IS* 曲線が一定であるため，両曲線の交点，すなわち財市場と金融市場の同時均衡点が右にシフトし，利子率の下降が投資を増加させることによって所得を増加させることがわかる。

　また，複数の政策目的の数に合わせて，複数の政策手段を組み合わせることを，**ポリシー・ミックス**（policy mix）というが，財政政策と金融政策のポリシー・ミックスを実施することも可能である。例えば，クラウディング・アウトを防ぐため，すなわち経済成長と利子率の安定という複数の政策目標を同時に達成するために，財政支出増加と金融緩和を組み合わせることで，政府支出の増加が所得を増加させ利子率を上昇させるが，貨幣供給量の増加が利子率を低下させ所得を増加させるため，これを同時に行って一定の利子率のもとでの所得の増加を図ることができる。

2　開放経済におけるマクロ経済モデル──マンデル＝フレミング・モデル

固定相場制と変動相場制

　IS-LM モデルを国際マクロ経済の枠組みに拡張するのに先立って，その分析の前提となる通貨制度の相違について，簡単に整理しておこう。まず，**固定相場制**（fixed exchange rate system）は，各国通貨間の為替レート（交換比率）を固定する通貨制度である。このとき，固定される為替レートを為替平価（exchange parity）といい，各国の中央銀行（通貨当局）はこの為替平価を維持するというコミットメント（commitment）があるために，自国通貨の需給アンバランス分の外貨を，要求に応じて売買する義務がある。第1次大戦前の国際金本位制や，金ドル本位制といわれ米ドルに固定された為替平価の変動幅を上下1％までとしていたブレトンウッズ体制のようなかつての国際通貨制度だけで

なく，現代においてもドル・ペッグしている中南米の開発途上国などにおいて採用されている通貨制度である。開発途上国の多くがこうした固定相場制を採用するのは，為替レートを固定することで為替リスクを無くし，貿易・投資を円滑にするためである（第6章）。採用国の中央銀行は，為替平価を無視するような貨幣供給をできないため，金融政策の自律性は失われることになる（後述）。

　一方，**変動相場制**（floating exchange rate system）は，為替レートが外国為替市場における通貨間の需給関係で決まる通貨制度である。変動相場制下では，為替平価は設定されていないので，中央銀行が自国通貨の需給に合わせて外貨を売買する義務はない。ただし，変動相場制を自称する国々の中でも，為替レートが基本的に完全に外国為替市場によって決定されるクリーン・フロート（clean float）と，中央銀行が為替レートを一定の範囲内に抑制しようとして常に外国為替市場に介入するダーティ・フロート（dirty float）が存在するし，長期間にわたって小幅な平価変更を容認するクローリング・ペッグ（crawling peg）などのような固定相場制の安定性を維持しつつ変動相場制の調整機能をも取り入れようとする，両者の中間的な制度も存在する（第8章）。

マンデル＝フレミング・モデル

　R・マンデル（Robert Mundell: 1932～2021年）とJ・フレミング（J. M. Fleming: 1911～1976年）のそれぞれの論文を基に，閉鎖経済を想定した従来の基礎的な *IS-LM* モデルを，開放経済（オープン・マクロ経済）にまで拡張したものが，**マンデル＝フレミング・モデル**（Mundell-Fleming model）である。マンデル＝フレミング・モデルでは，資本移動と為替レートという2つの概念を用いることによって，既述の基礎的な *IS-LM* モデルでは捨象されていた海外部門をモデルに組み込んだ。つまり，海外部門との自由で完全な資本移動が存在すること（資本移動性が無限大であること）と，海外部門が存在するために為替レートが国内経済に影響を与えることが，*IS-LM* モデルを用いた分析に導入された。

　また，マンデル＝フレミング・モデルにはいくつかの前提が置かれているが（後述），とくに重要なのが，短期モデルであることと，**小国の仮定**を置いていることの2つである。前者は，物価水準が一定であることを仮定する従来の*IS-LM*モデルを引き継ぐものである。後者は，分析対象である自国が世界経済の中で占める位置が小さく無視できること（＝小国（small economy）であること）を仮定しており，これは自国の政策実施（＝利子率変動）が他国に影響を与えないほど自国経済が小さく，資本移動が完全に自由であれば国内の利子率は世界利子率と同一となることを示している。また，開放経済が自国と相手国（＝海外部門）の疑似的な2国によって成り立っているものとし，この2国間の通貨の交換比率を為替レートとする。これらの仮定により，為替レート変動が自国経済に与える影響を抽出しやすくなっている。

　マンデル＝フレミング・モデルにおいても，閉鎖経済の*IS-LM*モデルと同様に，*IS*曲線は財市場の需給を一致させる利子率*r*と所得*Y*の組み合わせである。財市場を均衡させる需要は，閉鎖経済モデルと同様であるアブソープション，すなわち消費，民間投資，政府支出の3つに加えて，海外部門との財のやり取りである貿易・サービス収支（または純輸出）が加わって構成されることになる（第5章）。縦軸を利子率，横軸を産出量とするグラフ上では，閉鎖経済と同様に*IS*曲線の形状は右下がりになる（図7-1と同じ）。以上のような財市場の均衡関係を表したのが，(7.3)式である。

$$Y = C(Y-T) + I(r) + G + NX(Y-T, \ Y^w, \ e) \qquad (7.3)$$

　この時，*Y*は所得，*C*は消費，*T*は税，*I*は投資，*G*は政府支出，*r*は利子率，*NX*は貿易・サービス収支，Y^wは海外部門の所得，*e*は為替レートである。なお，貿易・サービス収支*NX*は，国内の景気が上昇（下降）するなどして可処分所得が増加（減少）すれば輸入が増え（減り），海外の景気が上昇（下降）するなどして海外部門の所得が上昇（減少）すれば輸出が増える（減る）。また，ここでは自国通貨安が純輸出の増加をもたらす**マーシャル＝ラーナー条件**（Marshall-Lerner condition）が満たされているという仮定の下で，為替レートが

増価（減価）すれば交易条件が悪化（好転）して輸出が減り（増え）・輸入が増える（減る）ことで変動することを示している（第1，2章）。

　そして，こちらも閉鎖経済の IS-LM モデルと同様に，LM 曲線は金融市場の需給を一致させる利子率 r と所得 Y の組み合わせである。縦軸を利子率，横軸を産出量とするグラフ上では，閉鎖経済と同様に LM 曲線の形状は右上がりになる（図7-1と同じ）。以上のような金融市場の均衡関係を表したのが，(7.4)式である。

$$M = L(Y, r) \tag{7.4}$$

　この時，M は貨幣供給，L は流動性選好（＝貨幣需要）である。また，既述のように資本移動が完全であり，自国の利子率変動が海外部門にまったく影響を与えないとする小国の仮定が置かれているため，国際収支均衡を示す BP（balance of payment）曲線は，自国の利子率 r は世界の利子率 r^w と等しくなる(7.5)式のような形で表される。

$$r = r^w \tag{7.5}$$

　この BP 曲線は，縦軸を利子率，横軸を産出量とするグラフ上では，横軸に平行な直線になる。ただし，資本移動が不完全なケースでは，Y が増加したとき国際均衡が保たれるためには r が上昇する必要があるため，BP 曲線は右上がりになる（大村・浅子・池尾・須田 2004：485-487）。

固定相場制における国際マクロ経済政策

　以下では，マンデル＝フレミング・モデルを用いて，固定相場制下における国際マクロ経済政策として財政・金融の両政策の効果を簡単に分析する。

　まず，財政政策の効果からみていこう。拡張的な財政政策である公共投資の増加（＝政府支出 G の増加）は，IS 曲線を右にシフトさせ（IS'），LM 曲線との交点が右上に移動して利子率が上昇する。ここまでは，閉鎖経済モデルと同様であるが，ここから海外部門の影響が表れる。国内利子率が上昇すると，内外

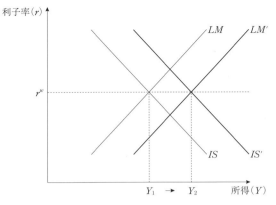

図7‑2　固定相場制①（財政政策）

金利差により海外部門から資本が流入する。その結果，自国通貨需要が上昇し，為替平価を維持するために中央銀行は受動的に貨幣供給をすることになり，LM 曲線は右にシフトする（LM′）。以上の過程を経て，モデルは新しい均衡点に達して，GDP（所得）水準が増加し（$Y_1 \rightarrow Y_2$），利子率は世界水準へと回帰することになる（図7‑2）。このことは，固定相場制下においては，開放経済モデルでは財政政策が有効であることを示している。

　続いて，金融政策の効果について。中央銀行の金融緩和（＝貨幣供給量 M の増加）は，LM 曲線を右にシフトさせ（LM′），IS 曲線との交点が右下に移動して利子率が低下する（①）。国内利子率が低下すると，内外金利差により海外部門に資本が流出する。その結果，自国通貨需要が減少し，為替平価を維持するために中央銀行は受動的に貨幣供給量を減らさなければならなくなり，LM 曲線が政策実施前の位置へ回帰する（②）。以上の過程を経て，GDP 水準は不変で利子率も元の世界水準へ復帰することになる（図7‑3）。このことは，固定相場制下においては，開放経済モデルでは金融政策が無効であることを示している。

　以上の分析からもわかるように，固定相場制下では，同モデルにおける内生変数は，世界の利子率と同一に収束する利子率 r，所得 Y，そして平価での外

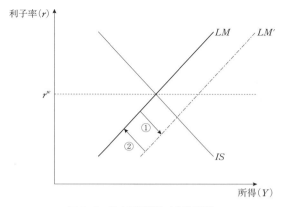

図 7 - 3　固定相場制②（金融政策）

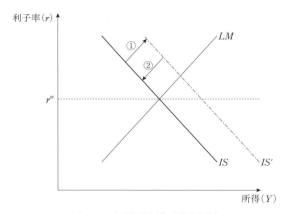

図 7 - 4　変動相場制①（財政政策）

貨交換義務から受動的である貨幣供給 M の 3 つで，外生変数は，政府支出 G，税 T，海外部門の所得 Y^w，為替レート e の 4 つということになる。したがって，固定相場制と資本移動の完全性（$r=r^w$）という政策パッケージを選択したケースでは，1 国独自の金融政策は放棄されているのとほぼ同義なのである。ただし，中央銀行が受動的な貨幣供給量の増減を他の債券の売買オペレーションで相殺する，いわゆる**不胎化介入**（sterilization intervention）を実施し続ける

ことが可能ならば，金融政策の外生性は確保できる（第6章）。なお，外生的な G の変動は上述の公共投資，T の変動は租税政策，Y^w の変動は輸入制限などの保護貿易政策，e の変動は為替平価の変更（平価切上げ（revaluation）・平価切下げ（devaluation））の諸政策を意味することになる。

変動相場制における国際マクロ経済政策

　以下では固定相場制のケースと同様に，マンデル＝フレミング・モデルを用いて，変動相場制下における国際マクロ経済政策として財政・金融の両政策の効果を簡単に分析する。まず，財政政策の効果からみていこう。公共投資の増加による G の増加は，IS 曲線を右にシフトさせ（IS'），LM 曲線との交点が右上に移動して利子率が上昇する（①）。国内利子率が上昇すると，内外金利差により海外部門から資本が流入する。その結果，自国通貨需要が上昇し，為替レートが増価する。このことは交易条件の悪化を意味し，貿易・サービス収支 NX の減少により，IS 曲線が元の位置まで再シフトする（＝元の位置に戻るまで為替レートの増価が続く）（②）。以上の過程を経て，GDP 水準は不変で利子率も元の世界水準へ復帰する（図7-4）。このことは，変動相場制下においては，開放経済モデルでは財政政策が無効であることを示している。

　続いて，金融政策の効果について。金融緩和による M の増加は，LM 曲線を右にシフトさせ（LM'），IS 曲線との交点が右上に移動して利子率が低下する。国内利子率が低下すると，内外金利差により海外部門に資本が流出する。その結果，自国通貨需要が減少し，為替レートが減価する。このことは交易条件の好転を意味し，IS 曲線が右にシフトする（IS'）。以上の過程を経て，GDP 水準が増加し（$Y_1 \to Y_2$），利子率も元の世界水準へ復帰することになる（図7-5）。このことは，変動相場制下においては，開放経済モデルでは金融政策が有効であることを示している。

　以上の分析からもわかるように，変動相場制下では，同モデルにおける内生変数は，利子率 r，所得 Y，内外金利差からの資本移動によって決定する為替レート e の3つで，外生変数は，政府支出 G，貨幣供給 M，税 T 海外部門の

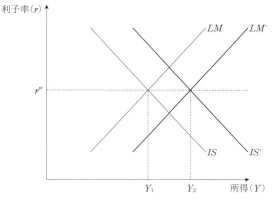

図7-5　変動相場制②（金融政策）

所得 Y^w, 世界の利子率 r^w の5つになる。なお，このとき同モデルにおける名目為替レートの変動は，自国の利子率と世界の利子率の不均衡から生じる資本流入によって決定する，フロー・アプローチ（flow approach）にしたがっていることになる（第6章）。

国際金融のトリレンマ

以上のようにマンデル＝フレミング・モデルの分析からは，開放経済においては固定相場制下では金融政策が，変動相場制下では財政政策が無効になることが示された。このことから導かれるのが，①固定相場制（為替レートの安定性），②自由な資本移動（資本移動の完全性），③1国独自の（自律的な）金融政策の3つを同時に実現することは不可能であるという，**国際金融**（または**資本移動**）**のトリレンマ**（trilemma）または，マンデルの「不可能な三角形」といわれる，国際マクロ経済における命題である。

したがって，固定相場制を維持するためには，1国独自の金融政策を放棄するか，国際的な資本移動に規制を掛けることが必要になる。例えば，第1次世界大戦以前の国際金本位制（international gold standard system）は，金平価と各国通貨の為替レートがリンクする固定相場制で，当該期には大英帝国の覇権

の下で世界的に貿易と資本移動が活発化していたが，平価を維持するために国際均衡が重視され，国内均衡（国内のマクロ経済政策）が犠牲にされていたとされる（第4章，第8章）。また，ユーロを採用している現在の EU 各国は，ユーロ圏内における統一通貨（＝強固な固定相場）を維持するために，自由な資本移動は認めつつ，各国の金融政策はヨーロッパ中央銀行（ECB）に移譲され，域内で統一的な政策が実施されている（*Column* ⑫）。

3　マンデル＝フレミング・モデルの拡張

マンデル＝フレミング・モデルの前提

　マンデル＝フレミング・モデルでは，既述のように分析対象である自国が世界経済の中で占める位置が小さく無視できる小国モデルであることや，物価水準が一定である短期モデルであることなどが仮定されているが，マンデルの原論文（1963年）が発表された時代的背景などから，さらに以下の2つの仮定が暗黙のうちに置かれている。1つ目は，当該期の国際通貨制度（ブレトンウッズ体制）を想定しているため，投資家は将来の為替レートが安定的であると期待（予想）する，為替レート変動への静学的期待（static expectation）の形成という仮定である（サックス／ラレーン（下）1996：466-467他）。したがって，この仮定の下では，変動相場制下であっても為替レート変動による期待収益率が0であることになる。そして2つ目は，先物カバーなしの金利裁定（uncovered interest arbitrage）が成立しているとする，金融資産の完全代替性の仮定である（ブランシャール（上）1999：361-363他）。これを表したのが以下の(7.6)式である。

$$r = r^* + x \tag{7.6}$$

　この時，r は自国通貨建て利回り，r^* は外国通貨建て利回り，x は為替レートの予想変化率である。この仮定の下では，国内と海外の金融資産は完全代替的な資産でリスク・プレミアム（risk premium）は発生せず，投資家は名目金

利の高低のみに注視して資産運用を行うことになる（第6章）。なお，1つ目の仮定は，(7.6)式における x が0であることを意味しており，このとき(7.6)式は，既述の(7.5)式と同様になる。

静学的な為替レート変動期待の修正

　それでは，マンデル＝フレミング・モデルにおいて暗黙のうちに置かれていた2つの制約を修正すると，変動相場制下の開放経済におけるマクロ経済政策は，どのように変化するのだろうか。まず，先物カバーなしの金利裁定式の成立という仮定はそのまま置き，為替レート変動の静学的期待形成という仮定を修正したケースを考えてみよう。ここでは，為替レート変動に関して，長期においては購買力平価（purchasing power parity）が均衡為替レートとなる回帰的期待形成を代わりに仮定してみる。

　まず，財政政策の効果からみていこう。公共投資の増加は，IS 曲線を右にシフトさせ（IS'），国内利子率が上昇する。国内利子率が上昇すると，内外金利差により海外部門から資本が流入，自国通貨需要が上昇し，為替レートが増価する（自国通貨高）。ここまでは，従来のマンデル＝フレミング・モデルと同様である。為替レートが均衡為替レートより自国通貨高になると，回帰的期待形成により自国通貨安期待が発生する。この期待形成によって，自国の利子率を相手国より高く維持することが可能になり，2国間の利子率の差が完全になくなって財政政策が無効になるほどまでには自国通貨高は進行しない（IS''）。結果的に，閉鎖経済モデルよりは弱まるものの，従来のマンデル＝フレミング・モデルとは異なり，財政政策の効果はあることになる（$Y_1 \rightarrow Y_3$）（図7-6）。また，経常収支は，自国通貨高による交易条件悪化と所得増加による輸入増の二重の効果から，黒字が減少する（または赤字が拡大する）。

　続いて，金融政策の効果について。金融緩和は，LM 曲線を右にシフトさせ（LM'），国内利子率が低下する。国内利子率が低下すると，内外金利差により海外部門に資本が流出，自国通貨需要が減少し，為替レートが減価する（自国通貨安）。ここまでは，従来のマンデル＝フレミング・モデルと同様である。

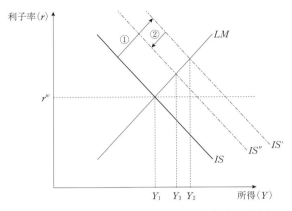

図7-6　静学的な為替レート変動期待の修正①（財政政策）

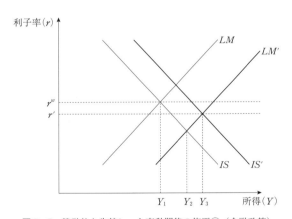

図7-7　静学的な為替レート変動期待の修正②（金融政策）

為替レートが均衡為替レートより下落すると将来の自国通貨高期待が発生する。
この期待形成によって，自国の利子率を相手国より低く維持することが可能に
なり，2国間の利子率の差が完全になくなるほどには自国通貨安は進行せず，
ある程度低位の利子率水準は維持される（r'）。その結果，閉鎖経済モデルより
は弱まるものの，金融政策の効果はあることになる（図7-7）。また，経常収
支は，為替レートの減価（自国通貨安）によって改善されるが，利子率の低下

による国内需要の上昇によって悪化する。どちらがより大きいかは，個々の2国間関係のケースによって異なるため，現実に当てはめるには実証的なモデルの推定が必要になる（深尾 2010：201-205；ローマー 1998：232-234）。

　このケースは，金融政策ショックなどによる一時的な通貨高・通貨安が最終的な為替レートの均衡水準である購買力平価よりも行き過ぎることを説明する為替レート調整理論である，R・ドーンブッシュ（Rudiger Dornbusch: 1942〜2002年）らのオーバーシューティング・モデル（overshooting model）に対応するモデルであるといえる（第6章）。

金融資産の完全代替性の修正

　最後に，為替レート変動の静学的期待形成という仮定はそのまま置き，先物カバーなしの金利裁定式の成立という仮定を修正したケースを考えてみよう。この金利裁定式が成立しているという仮定は，国家間の資本移動に障害が無く，投資家がリスク中立的であることを意味しているので，これを修正すると，不完全な資本移動を想定することになる（ローマー 1998：234）。内外資産の完全代替性の仮定を除去しても，短期的には自国の対外純資産は変化しないので，政策実施による短期的効果はマンデル＝フレミング・モデルと同様になる。しかし，中長期的には，経常収支不均衡が累積することで対外純資産残高が変化するために（第5章），政策効果は同モデルから乖離していくことになる。そこで，ここでは短期モデルという制約も外し，中長期にわたる影響についても考察することにする。リスク・プレミアムに関する式は以下の(7.7)式のようになる。

$$r = r^* - p \qquad (7.7)$$

　この時，p はリスク・プレミアムで，2国の対外準備を調整した自国の対外純資産に依存し，経常収支の累積や通貨当局の介入政策によって変化することで，2国間の金利差に影響を与える。

　まず，財政政策の効果からみていこう。短期的には，公共投資による *IS* 曲

─── *Column* ⑪ フィリップス曲線 ───

フィリップス曲線（Phillips curve）とは，イギリスの経済学者 A・W・フィリップス（Alban William Phillips: 1914～1975年）によって導出された，失業率と物価上昇率（より正確には名目賃金上昇率）の間にあると考えられる関係を表す曲線のことで，完全雇用と物価安定の間のトレードオフ関係を示すものであるとされる。A・W・フィリップスによるイギリスについての実証研究によると，横軸が失業率 u，縦軸が物価上昇率 π のグラフ上においては，同曲線は右下がりの形状となる（図7-8）。

このフィリップス曲線の形状が安定的であるとすれば，一定のインフレ率を許容することで短期的な経済成長を目指すことが可能になることを意味しており，経済の微調整（fine tuning）を図るケインズ経済学的なマクロ経済政策の根拠の1つとなった。しかし，長期的には失業率は非自発的失業を含まない自然失業率（natural rate of unemployment）に収束するとする，M・フリードマン（Milton Friedman: 1912～2006年）らマネタリストからの批判があり，一方では，実際の世界経済においても，経済停滞（stagnation）と高いインフレ率（inflation）が同時発生するスタグフレーション（stagflation）が，第1次石油危機後1970年代の各国においてしばしば観察されるようになったことなどから，その形状が安定的ではないケースがあることが知られるようになっている。

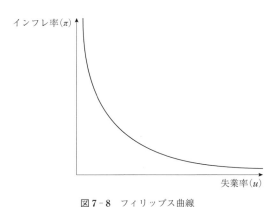

図7-8 フィリップス曲線

Column ⑫　最適通貨圏

　R・マンデルが唱えた，最適通貨圏（optimum currency area; OCA）とは，ある複数国が固定相場制または統一通貨を採用する際に，変動相場制による為替リスクがなくなることで資源の最適な配分が可能になるような，最適な地理上の範囲のことである。こうした通貨圏の要件として，R・マンデルは資本・労働などの生産要素の移動可能性を挙げ，この要素移動性が高ければ，為替レートが変化する必要がなくなるとしている（サックス／ラレーン（下）1996：530-534）。

　1999年1月に統一通貨ユーロが導入されたヨーロッパ連合（European Union; EU）は，こうした最適通貨圏の考え方に合致する単一市場として期待され，域内貿易・投資の増進などの成果を上げてきたが，域内における生産要素の移動による景気の調整は必ずしも機能せず，むしろ域内国家間の経済格差（＝求める金融政策の非対称性）の存在が問題になっている。このことは，国際資本移動のトリレンマの考え方からも説明できる。

　EUにおける2国（ドイツとスペイン）のケースで考えてみよう。このとき，2国の経済状況はドイツが好況（完全雇用）でスペインが不況（高失業率）であると仮定する。まず，2国がそれぞれ独自の通貨を持つ変動相場制の場合では，ドイツは金融引締め，スペインは金融緩和の政策を選択することが可能である。また固定相場制の場合では，基本的に独自の金融政策を採用できないが，ドイツは平価切上げ，スペインは平価切下げのオプションを持っている。しかし，統一通貨の場合では，金融緩和をすればドイツ経済のインフレーションが加速する懸念があり，金融引締めをすればスペインの失業率が悪化する懸念があるので，どちらかの国内経済を犠牲にせざるを得ない。

　実際に2010年のギリシャ財政危機の際には，同様にドイツなどとの経済格差が大きい南ヨーロッパ諸国のソブリン・リスク（sovereign risk）が高まって，当該国の国債利回りやCDS（credit default swap）の保険料率が急騰した。しかし，ヨーロッパ中央銀行（European central Bank; ECB）の金融政策は，南ヨーロッパ諸国が必要とするほど緩和的ではなく，域内での経済危機が一層顕在化することで，統一通貨ユーロへの信頼も大きく揺らぐことになった。

線の右シフトが国内利子率を上昇させ，海外からの資本流入が自国通貨需要増を招いて為替レートが増価，*IS*曲線がもとの位置まで再シフトするという流れは，上述のようにマンデル＝フレミング・モデルと同様で財政政策の効果は

ない。しかし中長期的には，自国通貨高による交易条件悪化のため経常収支赤字が拡大し，リスク・プレミアムが変化することで自国通貨高から通貨安へと趨勢が変化する。リスク・プレミアムがマイナスとなり，その後はマイナス幅が拡大していくと，利子率が変化し，交易条件が好転して *IS* 曲線が徐々に右にシフトしていくことになる。これは，2国間の利子率が対相手国比で上昇し，金利差が徐々に拡大することで経常収支が均衡するまで自国通貨安が続くためである。その結果，長期均衡は閉鎖経済モデルと同様になり，財政政策は有効性を持つことになる。

　そして，金融政策の効果について。短期的には，金融緩和による *LM* 曲線の右シフトが国内利子率を低下させ，海外への資本流出が自国通貨需要減を招いて為替レート減価，*IS* 曲線が右にシフトして貿易・サービス収支が改善するという流れは，上述のようにマンデル＝フレミング・モデルと同様で金融政策の効果はある。一方，中長期的には，自国通貨安による交易条件好転のため経常収支黒字が蓄積し，リスク・プレミアムが変化することで利子率が変化し，自国通貨安から通貨高へと趨勢が変化する。リスク・プレミアムがプラスとなり，その後はプラス幅が拡大していくと，交易条件が悪化して *IS* 曲線が徐々に左にシフトしていくことになる。長期均衡は閉鎖経済モデルと同様になり，金融政策は有効性を持つことになる（深尾 2010：205-208）。

参考文献

大村敬一・浅子和美・池尾和人・須田美矢子『経済学とファイナンス』東洋経済新報社，2004年。

エーベル，A／バーナンキ，B（伊多波良雄・大野幸一・高橋秀悦・谷口洋志・徳永澄憲・成相修訳）『マクロ経済学（上・下）マクロ経済政策編』シーエーピー出版，2007年。

サックス，J／ラレーン，F（石井菜穂子・伊藤隆敏訳）『マクロエコノミクス（上・下）』日本評論社，1996年。

マンデル，R（渡辺太郎・箱木真澄・井川一宏訳）『国際経済学』ダイヤモンド社，2000年。

深尾光洋『国際金融論講義』日本経済新聞出版社，2010年。

ブランシャール，O（鴇田忠彦・知野哲郎・中山徳良・中泉真樹・渡辺慎一訳）
　『マクロ経済学（上・下）』東洋経済新報社，1999年。
ローマー，D（堀雅博・岩成博夫・南條隆訳）『上級マクロ経済学』日本評論社，
　1998年。

練習問題

問題1
開放経済モデルと閉鎖経済モデルの違いについて具体的に説明しなさい。

問題2
国際資本移動のトリレンマについて説明しなさい。

問題3
マンデル＝フレミング・モデルに置かれている4つの仮定について説明しなさい。

（内藤友紀）

第8章
国際金融制度の歴史と現状

本章のねらい

　戦後の国際金融を巡る制度は大きく変転してきた。本章では第1に，その経過を知ることで，変化したものは何か，その理由はどこにあったのか，また変化しなかったものは何かを理解することが目的の第1である。また伝統的なIMFやIBRD以外に，バーゼル規制や，金融安定化理事会（FSB）といった近年になって新たに付け加わった諸制度がある。その機能や背景について理解することが第2の目的である。

1　IMFの設立から変動相場制まで

IMFの設立

　IMFは1944年，ブレトンウッズで行われた国際連合の会議によって，提案，設立された。その大きな目的は，世界大戦の原因ともなった**通貨切り下げ競争**の再来を回避し，経済協力の枠組みを構築することにあった。具体的な制度のあり方について，ケインズ（John Maynard Keynes: 1883〜1946年）（イギリス代表）とホワイト（Harry Dexter White: 1892〜1948年）（アメリカ代表）の間で争われ，結果として信用創造機能を持たない「基金」の形式が採用された。別の言い方をすれば，ケインズ案は，新しい制度が自ら貸し出す能力を持ったものとするという案であり，ホワイト案は新しい制度はあくまでも各国が拠出した資金を分配するものという案であった，といえよう。これはアメリカの主張するところであったが，その後の国際金融の枠組みを大きく規定するものとなった。

　経済や貿易の発展にとって重要な条件の1つは決済制度や為替レートの安定である。各国が恣意的に，自国にとって都合の良いように為替レート（平価）を変更した結果，大きな混乱がもたらされた，というのが第2次大戦にいたる教訓であった。

　そこで，IMFではこうした教訓を活かすべく次の様な特徴を持つ制度がつくられた。

　第1に，IMFは加盟国の経済運営にも踏み込んだ目標をかかげた。具体的には，①国際通貨協力の促進②国際貿易の拡大と均衡のとれた成長の推進③為替レートの安定促進④多角的決済制度の創設の補助⑤適切なセーフガードの下における加盟国への資金供与⑥加盟国の経常収支不均衡の是正，である。また各加盟国はIMFの目的に沿った経済運営を行うよう義務付けられた（IMF協定1条，http://www.mofa.go.jp/mofaj/gaiko/treaty/pdfs/B-S38-E1-001_1.pdf）。

　第2に，固定相場制度が採用された。金本位制とは異なり，金地金の自由流通は存在せず，民間業者が金で決済することはできないが，アメリカは通貨当局に限って金とドルの交換に応じたので，ドルは金に裏打ちされたものとして観念された（その背景には当時のアメリカに金保有が集中していたという事実があったと思われる）。加盟各国は，金もしくはドルに対して自国平価を設定し，その上下1％以内に為替レートをとどめておく義務を負った。また平価の変更にはIMFとの協議が不可欠とされた。

　第3に，短期的な不均衡にたえうるために，融資制度が設けられた。貿易収支が何らかのメカニズムによって均衡することを想定したとしても，短期的に大きな不均衡が発生する可能性はあるためである。

欧州復興とブレトンウッズ体制の揺らぎ

　米国の対欧州復興援助などの結果，西欧諸国や日本は戦後復興を遂げ，輸出競争力を回復させていくことになる。その結果，米国の貿易収支黒字額は縮小し，そして米国金準備は対外的に流出していった。こうした中，ポンド不安ともあいまって1960年にロンドン自由金市場での金価格が高騰することになった。

金価格の高騰が意味するものはドルに対する信認の動揺である。ブレトンウッズ協定において，金1トロイオンスは35ドルとされた（公定価格）。自由金市場での金価格が35ドル以上の価格をつけるということは，金1オンスを入手するためには，公定価格より多額のドルを費やさねばならない，ということであるからこのことはドル価値の低下を意味するものであった。

　1960年の金価格高騰は短期間で収束したが，ブレトンウッズ体制が抱える問題を明らかにすることとなった。

　第1は，「**流動性ジレンマ**」（あるいは「トリフィンのジレンマ」と呼ばれる）という問題である。アメリカの国際収支赤字をつうじて，ドルが安定的に国際社会に対して供給されることは世界全体の経済発展にとってプラスと考えられる。一方アメリカが保有している金量との対比で考えれば，ドルは以前よりも相対的に多額となっており，その価値は希釈化されていると考えられるので，信認を損なうことにつながる。流動性の供給に重点を置けば，ドル価値の低下が進行し，ドル価値の維持に重点を置けば流動性の供給に問題が生じる，ということが「流動性ジレンマ」と呼ばれている問題である。

　この国際流動性の問題を解決あるいは緩和するために，加盟国の準備資産を補完する目的で **SDR**（特別引出権）が導入された。

　第2は，ドル平価の変更が困難であるということである。平価がドルを基準に定められているため，変更は難しい。そのためドルが相対的に過大評価された状態が続き，このことが国際収支の悪化を助長することとなった。

　第3は，基軸国にとって自律調整はきかなかったということである。基軸通貨国でない場合は，対外的な決済は外貨で行わなければならないから，何らかの事情によって上記のような過大評価された状態が続いたとしても，早晩決済手段の不足という問題に直面することになる。アメリカは国際収支赤字の決済を自国通貨で行うことが可能であり，輸出入を調整しなければならないという圧力がかかりにくい。

　以上のような問題にその後国際社会は取り組んでいくことになる。

ブレトンウッズの崩壊と変動相場制への移行

　ブレトンウッズ体制は，直接的には投機によって存続が困難となった。1971年5月にマルク買いの投機が始まったが，それは各国市場に伝播していき，各国通貨当局は大規模介入や一時的な市場閉鎖を余儀なくされた。アメリカはこれ以前から金の対外流出に悩まされていたが，こうしたドルに対する信認低下，ドル体制の動揺を受けて，同年8月に金ドル交換停止を含む対応策を公表した。いわゆる「ニクソン・ショック」である。主要国は市場閉鎖の後，変動相場制か二重為替相場制（貿易取引は固定相場制，資本取引は変動相場制）へと移行し，ブレトンウッズ体制で開始された固定相場制は崩壊することとなった。

　直接的な引き金は投機によるものであったが，その根底にあるものは前述のブレトンウッズ体制の問題であり，それに由来する為替レート自体の不適切さであった。為替レートは中長期的な観点で考えれば，両国間の経済関係が変化に応じて調整されなければならない。こうした投機活動は，個々の活動参加者の動機や目的は利益獲得であるにしても，その時点における制度が為替レートを適切に調整できていない，ということの現れであった。厳密な画期は難しいが，概ね第1次大戦後には主要国の通貨制度は不換制に移行した。金とのリンクが無くなっている状況で，通貨切り下げ競争等の無用の混乱を回避しながら貿易や経済発展に資する制度を構築した，という点でブレトンウッズ体制は成功したといえる。しかし，不均等な経済発展への対応・調整という点等で，制度としては課題を残していた，というべきであろう。この後こうした課題をどのように解決していくのか，新たな制度を巡って議論や交渉が必要であった。

　とはいえ，通貨の決済制度なしには経済運営はたちゆかず，議論の決着を待つわけにはいかない。抜本的な改革ではなかったが，10％のドルの平価切り下げを含む多角的調整や為替変動幅を新しい平価の上下2.25％に拡大するなどの方策が71年12月に行われたスミソニアン会議において合意された。この体制は通常**スミソニアン体制**とよばれる。

　しかしアメリカの国際収支が改善しないという事態を受けて，各国市場は動揺を繰り返した。1972年にはポンド危機が発生し，73年には日本やイタリアが

変動相場制へ，また欧州はフロート制へ移行した（岡村 2009：41）。

「ブレトンウッズ後」の国際通貨制度

　固定相場制から変動相場制へと現実の動きが先行する中で，ブレトンウッズ体制崩壊後も，望ましい，かつ実行可能な制度構築に向けて議論・検討が行われた。経済成長のためには国際収支の調整や決済制度の改善が避けて通ることのできない喫緊の課題である，という点では意見の一致をみたものの，当初は，アメリカと欧州の意見が対立した。アメリカはいかなる制度を選択することも自由であると主張したのに対し，欧州は，変動相場制は一時的・例外的なものであり，固定相場制に早期に復帰すべきであると主張した。

　G10 あるいは「20カ国委員会」（国際通貨制度改革を検討する場として，20カ国のIMF 総務から構成された IMF 内の委員会）を舞台として，2 年近い議論が行われたが，最終的には74年 6 月に報告書が提出され，第 2 次協定改正案が作成された。この案は76年 4 月の総務会決議によって承認され，78年 4 月 1 日に発効した。この改正の主な柱は以下の通りである。

①協定改正後は，各国がどのような為替制度を採用するかは各国の裁量による

②各国の為替相場政策は IMF の監視に従う。これが後の「サーベイランス」の根拠ともなった。

③将来的には85％の多数により固定相場制への移行を決定できる。

　主要先進国の場合，変動相場制への移行が主流であり，したがって形式的な側面だけみれば「平価の一定範囲内に為替相場を維持しなければならない」という旧制度の拘束からは自由になったとも考えられる。しかし IMF 創設時に重視された通貨切り下げ競争を回避する，とした考え方は消えることはなく，「サーベイランス」という形で存続したのである。

　変動相場制は当初，投機的短期資金移動の抑制や為替相場の安定化に寄与す

る，あるいは国際収支不均衡を是正し，金融・財政政策の独立性が確保される等の期待をもたれていた。しかし実際は，為替相場は短期的には予測しがたい不安定な動きを示し，中長期的にはファンダメンタルズと乖離した水準が持続し，金融政策の制約は残るなど，当初の期待とは異なるものであった。こうした状況の下で，変動為替相場制の下でも，為替相場の安定化・適正化に向けた努力が必要との認識が高まり，制度改革論議が活発化した。とくに1980年代以降ドル相場が上昇し，米国の対外不均衡が拡大する中で，1983年のウィリアムズバーグ・サミットに置いて，各国大蔵大臣がIMF専務理事と協議しつつ，国際通貨制度改善のための検討を行うことが合意された。この合意に基づいて，検討が開始され，1985年にG10報告書が公表された。

　この報告書では「現行の変動相場制に代わり得る体制は考えられない」という多数意見が示されるとともに，短期的な変動幅が予測困難で大きい等の変動相場制の問題点や機能改善の必要性が指摘された。そして相場安定のためには主要国の緊密な連携・協力が必要とされ，特にインフレがなく，持続的な経済成長を実現するという方向性が確認された。そのための具体的な手段として各国の経済政策の進行状況の監視（サーベイランス）が重視されることとなった（岡村 2009：40-52）。

2　IMFの途上国債務危機以降の新たな課題への対応

新たな危機の形

　こうして戦後長く国際金融制度の懸案であった主要国間での為替調整問題は，制度の問題としては，一応の収束を迎えるようになった訳だが，代わって焦点となったのは途上国や途上国への投融資を巡る問題であり，民間金融機関の経営行動・経営の失敗を起点とした金融システムの動揺（とその回避）である。

　70年代の2度の石油ショックや経済運営の失敗等複合的な要因によって多くの非産油国が多額の債務を抱えることとなった。先進国においても景気後退や優良企業の資金需要減退，あるいは競合金融機関の増加等の要因によって，銀

行は新たな収益基盤を必要としており，途上国の多額の銀行借入はこうした両者の利害が一致した結果でもあった。しかし82年，メキシコのいわゆる「デフォルト宣言」を皮切りに，問題が顕在化することとなる。いわゆる「**途上国累積債務問題**」である。

　この問題に対して，当事者である債務国自身による努力や民間銀行や国際金融機関が協力して解決に向けた取組を行った。当初 IMF が示した経済調整政策は緊縮政策を中心に据えて再建を目指すものであった。再建はなかなか軌道に乗らなかったが，1989年4月に合意された「新債務戦略」以降，順次債務削減パッケージがまとめられていき，収束へ向かった。

　債務国の1つであったメキシコは新債務戦略による債務削減が進められるにしたがい，再び海外からの資金流入が増加した。しかしそれによって生じた為替レートの上昇に伴う経常収支赤字の拡大を，主に海外からの短期証券投資でファイナンスするという状況に陥った。94年に入って，国内政治不安，為替レートの過大評価，経常赤字拡大，米金利の高騰といった環境変化を背景に，外国資本の海外逃避が生じ，通貨危機に発展した。

　メキシコ危機を契機として国家の流動性危機の予防や金融危機の予防・回避や対応についての議論が開始され，ハリファックス・サミットでは，①経済・金融データの公表促進を通じた早期警戒システムの改善，②緊急融資メカニズムの創設，③IMF の「一般借入取極（GAB）」の借入可能額の倍増，④金融危機の秩序ある解決手続き，等の論点が示された。

　97年には，タイで通貨・経済の混乱が生じ，近隣アジア諸国に伝播した。危機の態様や経済状況は国によってさまざまであったが，共通する要因としては，実質的なドル・ペッグ制をとっていたこと，短期外貨資金の急激な流出入にさらされたこと，金融システムが脆弱であったことがあげられる。規制緩和・自由化やグローバル化が進展し，加えてアジア地域（東アジア地域）に対する成長期待や，ペッグ制による為替変動リスクの減少等の要因から海外からの資金流入が増大していたが，これがいわゆる「バブル」形成やその崩壊，あるいは急激かつ大量の資本逃避へとつながったのである（岡村 2009：61-68）。

　危機に見舞われたタイ，インドネシア，韓国はいずれも IMF に支援を要請
したが，支援のあり方に関して以下の点に対する批判があった。まず，危機の
規模と比べて支援額が不十分であった，ということである。次いで，財政収支
が健全でインフレも抑制されていた国（韓国，タイ等）に対しても厳しい緊縮
財政政策を課したことである。さらに，あわせて国営企業の民営化等の構造改
革も厳しい期限付きで要求したことである。また IMF の支援政策は各国の実
情を無視した「ワシントン・コンセンサス」の押しつけである，という批判も
あった。

　この後も，ロシアやアルゼンチンなど，同様の危機に直面する事態が続いた。

経常収支型危機の特徴

　こうして引き起こされた通貨危機は，従来の「経常収支型危機」とは異なり，
「資本収支型危機」であるといわれた。

　従来の「経常収支型危機」は，ある国が何らかの事情によって経常収支の赤
字が大きくなりすぎ，外貨準備が減少する一方，短期的に外貨調達に支障が生
じ，結果として自国が保有している外貨準備では対外支払いが困難になること
から生ずる。大きな経常収支赤字はマクロ経済的な原因による場合が多く，た
とえば巨額の財政赤字，高いインフレ率，低い国内貯蓄率などである（田中・
岩田 2008：259）。

　財政赤字は，とくに途上国の場合しばしばインフレの原因となる。赤字分を
国債の発行によって賄う場合，その購入者が家計や海外勢であればインフレに
はつながりにくいかもしれない。しかし，中央銀行を含む銀行部門が大量に国
債を購入すると，市中に対しマネーを供給することになる。つまりマネーサプ
ライが増加する。その結果インフレ率が上昇する。

　インフレ率が上昇しても，競合他国も同じような状況であれば価格面での輸
出競争力に変化は起きない。しかし他国よりもインフレ率が高い場合，それは
価格値上げと同じ効果を持つから，価格面での競争力は低下する。その結果輸
出は減少し輸入が増加することになり，経常収支赤字が増大する。

　あるいは国内貯蓄率が低く，国内投資に対する需要が大きい場合でも，経常収支赤字は増大する可能性がある。海外資本が持続的に流入してくる構造があれば，低い貯蓄率と旺盛な国内投資需要が両立する可能性があるが，そうでなければ結局輸入によって賄うこととなり，経常収支赤字が増大する。

　かつての通貨・経済危機の場合こうした経常収支型の危機が一般的であったので，IMFの対策もこうした要因に対応しており，大きすぎる経常収支の赤字を減らすことが中心となっていた。具体的には，財政赤字の原因となっている財政支出の削減，すなわち緊縮財政への転換である。またインフレをまねいている銀行部門によるマネーサプライの抑制，具体的には金利水準の引き上げである。さらに，固定相場制あるいはペッグ制を採用している場合は，インフレのために過大評価となっている可能性のある為替相場の調整である。たとえば，ある時点で1ドル＝100円という相場であったとする。両国間のインフレ率が異なっていて，円の方がインフレ率が高く，たとえば1ドル＝120円となるべきであるとしよう。この時為替相場の調整がなく，1ドル＝100円のままだとすると円は過大に評価されていることになる。輸入においては本来120円を費やすべきところを100円で購入でき，他方輸出においては本来（為替相場が調整されている場合）よりも1.2倍高い価格で取引しなければならないことになり，輸入促進・輸出抑制の効果を持つものと考えられる。これを本来の水準に調整することが必要で，具体的には切り下げを行うことである。

資本収支型危機の特徴

　これに対し，「資本収支型危機」の場合は，国際的な資金フローが何らかのきっかけによって反転し（多くは流入から流出へと転じ），ごく短期間の内に国際収支上の危機に陥る，というものである。

　1997年に金融危機に陥った東アジア諸国の場合，マクロ経済的な指標は良好であったといわれている。インフレは年率で5〜6％，財政収支は黒字もしくは均衡，国内総貯蓄率はGDP比35％前後という高さであり，通貨面では米ドルとのペッグ制を長期にわたって維持していた（田中・岩田 2008：262）。

　つまり前述した伝統的な国際収支危機に陥るパターンではなかったのである。では，どのような経過で危機に陥ったのだろうか。

　まず，資金フローの流入についてみておこう。危機前の東アジアは資本収支の黒字が経常収支の赤字を大幅に上回っていた。これは東アジア諸国の経済が好調で，高成長が維持できるという実績および期待にもとづくものであった。ここでは危機が最初に発現したタイの例に則して考えよう。

　タイの場合，趨勢的な経常収支赤字は GDP 比 4 ％だったが，資本収支の黒字は同 8 ％に達した。入超の状態での為替相場維持のため，当局はドル買いバーツ売りの介入を行った。そのため国内市場に対するバーツの供給量が増大し，タイ国内に金融緩和状態をつくりだすことになった。これは 2 つの方向に作用することになった。1 つは経済成長を加速させたという面であり，実質経済成長率は80年代の 7 ％から90年代には 9 ％となったが，経常収支赤字も膨張し，黒字額と同じ規模に達するようになった。もう 1 つは不動産ブームの発生であった。

　またこれらのファイナンスが大量の外貨建て外国銀行融資によって行われたことも特徴的である。通常は国内の資金が国内の銀行によってファイナンスされるが，国内金融の規制緩和・資本勘定の自由化と重なったこともあって，商業銀行の融資増加分の約 4 割が海外からの融資に依存していたとされる。このことは別の見方をすれば，国内の資金基盤が弱かったということでもある。国内預金を吸収することで資金仲介を果たすのではなく，海外資金に依存したということである。

　次に反転／流出についてみておこう。

　直接のきっかけはヘッジファンドに代表される国際的な投機活動であり，バーツの空売りであるといわれる。投機の基本的な枠組みは，先物でドル買い／バーツ売り（空売り）を行い，バーツが下落した後直物でバーツを買い決済するというものである。たとえば，ある時点でのドル／バーツ相場が 1 ドル＝20バーツだとして，この時空売りを仕掛け，その後直物相場が 1 ドル＝40バーツまで下落したとする。バーツを売った側は期日までに20バーツをわたさなけれ

ばならないが，これは下落後は直物市場で0.5ドルで入手できる。これは仮想的で，極端な例でしかないが基本的にはこのような仕組みで利益を得ることを目的に投機が行われる。

ところで統計的には，1996年は経常収支は546億ドルの赤字，資本収支は1006億ドルの黒字であった。これが97年には経常収支が263億ドルの赤字，資本収支が288億ドルの黒字へと変化する。とくに落ち込みが激しいのは民間資本で11億ドルの資本流出（96年は1032億ドルの流入），その中でも民間商業銀行の256億ドル（96年は653億ドルの流入）が目をひく。国際的な投機活動以外にも，不動産バブルの崩壊やそれに伴う銀行経営不振，経常収支赤字の拡大などいくつかの要因が指摘されていて，それらが複合的に作用しあった結果が短期間での反転／流出につながったものと考えられる。だが，ここではこれ以上個別の経過や原因には踏み込むとは避け，グローバル化が進み，派生商品を含むさまざまな新しい金融商品が登場し，また金融機関も銀行以外のさまざまな金融機関が登場し成長している，という状況の中で，これまでとは異なる危機の形が生まれているということを確認するにとどめたい。

3　新たな規制機関による金融規制

バーゼル規制の導入

レーガノミクスをはじめとして，1980年代前半から，各国において規制緩和が進行した。前述した「資本収支型危機」を引き起こした1つの要因は，規制緩和とそれに伴って自由度が増した金融機関の行動にある。またグローバリゼーションの進展に伴って単独の金融機関の破綻が，金融・資本市場全体に影響を与え，危機を引き起こす可能性も高くなってきた。

こうした危険性にどう対処するか，という課題は規制緩和の継続とも関係の深い課題である。単純に規制を緩和すれば経済・社会にメリットがもたらされるわけではなく，何を規制し何を規制しないのか，あるいはどう規制するのかについて最適な組み合わせを模索していく取組が続いている。

　以下では，こうした取組の内，まずバーゼル規制とFSBを検討していくこととしたい。

　バーゼル規制の実施主体はバーゼル銀行監督委員会である。これは銀行を対象とした国際金融規制を議論する場として，G10諸国の**中央銀行総裁会議**により設立されたものであり，第1回会合は1975年である。現在では28カ国の国・地域の銀行監督当局および中央銀行によって構成されており，常設事務局が**国際決済銀行**（BIS: Bank for International Settlements）に置かれている（バーゼル規制の経過および概要についてくわしくは，日本銀行HPを参照）。国際決済銀行は第1次大戦後の賠償金支払い業務に起源を持ち，近年では，各国中央銀行・財務当局による国際金融に関する意見交換や協議が行われる場となっている。

　現在「バーゼル規制」と呼ばれているものは，米国の提案を契機として検討が進められ，1988年から開始された。米国の銀行あるいは銀行業界にとって，1980年代はさまざまなことがあった。1982年のメキシコ・デフォルト宣言以降は，途上国向け貸出の不良債権化問題が顕在化し，また2度にわたるS&L危機・商業銀行危機を経験した。

　1980年から競争促進政策に転換していたアメリカにおいて，競争促進政策の結果破綻する銀行が出現することは避けられないことであるが，しかし同時に銀行業の特性として個別の破綻が信用秩序全体に波及し大きな問題となる可能性があり，規制緩和を進めつつ如何に信用秩序を維持していくのかが課題となっていた。個別金融機関のリスクテイク増大は認めつつ，それが顕在化した場合に以下に遮断するか，といってもいい。これらは個別アメリカ（の金融機関）にとって重要であるというわけではなく，自由化を進めていけば早晩直面する課題であった。このため採用されたのが**自己資本比率規制**（の強化）であった。

バーゼル規制の発展

　当初導入されたバーゼル規制は，①国際業務を営む銀行に対する統一基準として②リスクを考慮した資産額（リスク・アセット）に対して③8％以上の自己資本をもつことを要求する，というものであった。以下それぞれの点について

説明しよう。

① 国際業務を営む
銀行に対する統一基準
　一口に銀行といっても規模や業務内容も多様である。バーゼル規制にあっては，国際的に大きな影響を与える可能性のある銀行を対象とし，それ以外の（具体的には国内業務のみを行う）銀行はそれぞれの国の事情を考慮した適切な対処を行うこととした。

② リスクを考慮
し た 資 産 額
　従来から，銀行の総資産と自己資本の比率（ギアリングレシオ）は銀行の規制・監督に用いられる指標の１つであった。この方法では，信用リスク，つまり銀行経営に与える要素のなかで融資先が元本返済や利払いが困難になる場合を主に想定すると，正確な情報がつかめないという問題がある。なぜなら，貸し倒れがほぼないと考えられる国債と，倒産の危険がある（したがって貸し倒れの可能性が相応に高い）民間への貸出が同等に扱われることになるからである。たとえば，8 億円の自己資本に対し，あるケースでは100億円分の国債を保有しており，別のケースでは100億円分の民間融資を行っているとする。この２つのケースでは，貸し倒れのリスクは異なるのに，ギアリングレシオはどちらも 8 ％となってしまう。

　このような欠点を解消しようとしたのが，リスク・アセットであり，具体的には保有資産に，一定のルールでリスク・ウェイト（掛目）を乗ずることで算出する（表 8 - 1 参照）。

　先の２つのケースでいえば，国債に投資した場合のリスク・アセットは 0 億円（100億円×0％＝0億円），民間融資の場合のリスク・アセットは100億円（100億円×100％＝100億円）となる。

③ 自己資本
　自己資本を構成する要素も内部留保，普通株式，有価証券の含み益等さまざまである。バーゼル規制では，基本的項目（Tier1）と補完的項目（Tier2）に分け，より強固な自己資本を備えさせる方向が追求されている。

　自己資本の算定方法は概ね次の通りとされていた。

　　Tier1（株主資本）＋Tier2（劣後債，有価証券含み益等）／信用リスク≧8％

　　（ただし，Tier2 は Tier1 と同額までとする）

表8-1　リスクウェイトとリスクアセット

与信先	資産額	リスクウェイト	リスクアセット
政府（OECD加盟国）	20億円	0%	0億円
銀行（OECD所在）	20億円	20%	4億円
住宅ローン	20億円	50%	10億円
事業法人・個人	40億円	100%	40億円
計	100億円		54億円
自己資本	5億円		
ギアリングレシオ	5%		
リスクアセットレシオ			9.30%

　以上の内容の自己資本比率規制は，既述のように1988年から実施され，後にこれがバーゼル１と呼ばれることとなる。当初は主に信用リスクに焦点をあてていたが，**マーケット・リスク**（短期的な売買を行うトレーディング勘定の金利リスクや価格変動リスク）も銀行経営に大きな影響を与えることや，致命的な打撃を与える可能性もあることがわかってきて，1996年に改訂され，算定にあたってマーケット・リスクが加えられるようになった。

　その後，バーゼル規制は対象となるリスクやその管理の方法等，さまざまな面で改良が加えられていく。大きなものとしては，2004年の改訂（信用リスクの計測方法改善，金融機関自身の自己管理と監督機関によるその検証，市場規律の活用，等の導入），2009年の改訂（リーマン・ショックに端を発する金融危機への応急的な対応，「再証券化商品」やトレーディング勘定等に対する規制），2010年の改訂（金融危機への本格的対応）等がある。それぞれバーゼル２，バーゼル2.5，バーゼル３と呼称される。ここでは詳述は避けたいが，自由化・規制緩和環境にあって，信用秩序を維持するために，「自己資本による対応」という考え方を軸に整備されてきた制度であり，個別行に対する対応が基本となっている（金融庁，http://www.fsa.go.jp/policy/basel_ii/）。

金融安定化理事会

　金融安定化理事会（Financial Stability Board：以下FSB）は，G20の下に設置

された，主要25カ国・地域の金融当局（国・地域により，財務省，中央銀行，監督当局の全てまたは一部が参加），国際金融機関，基準設定主体の代表者から構成される，国際的な金融安定の促進を目的とする組織である。具体的には国際的な金融規制の策定・実施についてコーディネートすることや金融システムに影響を及ぼす脆弱性の特定・対処といった役割を担っている。

　1997年に発生したアジア通貨危機の経験から，国際的な金融システムの安定性を促進するためには，それまで個別にすすめられてきた金融システムの整備について，国やセクターを超えた協力・協調の強化が必要との認識が共有されるようになり，FSBの前身である金融安定化フォーラムが1999年2月のG7財務省・中央銀行総裁会合の決定によって設立された。

　その後2008年のリーマン・ショックを端緒とした世界金融危機が発生した。これを受け金融安定性実現のために，脆弱性を解消し，また強力な監督・規制を実施するためには，FSFを機構的にもより強固な基盤の上に据えること，そして加盟国を新興国へと拡大することが合意された。2009年4月のサミットで正式に公表され，FSFはFSBとして再出発することとなった。さらに2011年のカンヌ・サミットでFSBのリソース等を拡張することが提唱され，2012年ロスカボス・サミットにおいて公表された。

　拡大後の構成メンバーは，25の国・地域の金融当局に加え，国際金融機関（IMF, World Bank, OECD, BIS），基準設定主体（バーゼル銀行監督委員会，保険監督者国際機構，証券監督者国際機構，国際会計基準審議会，支払い決済システム委員会，グローバル金融システム委員会）であり，総議席数は69となった（表8-2参照）。

　各国際機関に期待される主な役割として，

IMF：加盟国に対するサーベイランス及び国際経済・金融市場動向の監視。
　世界銀行：金融インフラを含む金融システム改革の設計・実施の支援。
BIS：調査分析・統計情報の提供および基準設定主体等への運営資金・事務局機能の提供，OECD：マクロ経済・金融のサーベイランスおよびコーポレート・ガバナンスの改善促進。

表8-2　FSBメンバーシップの構成

		議席数	財務省	監督当局	中央銀行
国・地域の金融当局					
G20	G7	各3	●	●	●
	オーストラリア	2	○	—	○
	ブラジル	3	○	○	○
	ロシア	3	○	○	○
	インド	3	○	○	○
	中　国	3	○	○	○
	メキシコ	2	○	—	○
	韓　国	2	—	—	○
	サウジアラビア	1	—	—	○
	トルコ	1	—	—	○
	南アフリカ	1	○	—	—
	アルゼンチン	1	—	—	○
	インドネシア	1	—	—	○
	オランダ	2	○	—	●
	スイス	2	○	—	●
	香　港	1	—	—	●
	シンガポール	1	—	—	●
	スペイン	2	○	—	○
	EU（欧州中央銀行）	1			
	EU（欧州委員会）	1			
国際機関					
	IMF	2			
	世界銀行	2			
	OECD	1			
	BIS	1			
基準設定主体等					
	バーゼル銀行監督委員会	2			
	保険監督者国際機構	2			
	証券監督者国際機構	2			
	国際会計基準審議会	1			
	支払い決済システム委員会	1			
	グローバル金融システム委員会	1			

69

（注）　●はFSF時も構成メンバーであった国（機関），国際機関，基準設定主体等については，
　　　FSF時から構成メンバー，G7とは，日，米，英，独，仏，カナダ，イタリアの7カ国。
（出所）　菅谷（2013：4）。

等が挙げられる（菅谷 2013：7）。

　近年の金融規制の特徴の1つは**マクロ・プルーデンス**という考え方が付加されたことにある（翁 2014：150）。リーマン・ショックまでの規制の基本的な考え方は，個別の金融機関の健全性が確保されること，個々の銀行破綻を回避することが，金融危機を防ぐ方法であるというものだった。これに対して，マクロ・プルーデンスとは，金融システム全体に危機が及ぶことを回避し，最終的に経済全体のコストを最小化することを目標とする。

　例えば，自己資本比率規制が行われている下で個別行の健全性を追求すると，それは貸し渋りや資産売却を惹起する可能性もある。個別行の健全性や安定性は確保されたとしても，景気悪化につながり，銀行経営に悪影響を及ぼすことも考えられる。結果として個別行の健全性追求と景気悪化が悪循環に陥ってしまう危険性もある。

　従前から大規模な金融危機が起きた時には，金融機関の健全性のみに焦点をあてるのではなく，経済全体を視野に入れた対応がなされてきた。大恐慌（1930年代の米国）や北欧金融危機（1992年）等がその事例であるが，これらはあくまでも事後的で「特例」としての措置である。今日では，通信手段の発達や，派生商品等の種々の新しい金融商品も開発され続けており，危機の伝播や拡大の速度は格段に速くなっている。したがって，問題を事前に，あるいは早期に発見し対応することが重要と考えられるようになってきているが，その際，個別の国や個別の規制当局の対応では弊害が出る恐れもあり，コーディネートするFSBのような存在が必要とされるのである。

4　国際開発銀行・世界銀行グループ

　これまではIMFの発展・変化を軸に，新たな規制主体の登場も含めて，通貨・金融危機に国際社会がどのような制度的対応を行ってきたのかをみてきたが，IMFとともにブレトンウッズ協定によって設立され，国際経済の発展を担ってきた機関はもう1つある。すなわち**国際復興開発銀行**（IBRD）である。

同行の設立協定には，①戦争により破壊され，解体された経済の回復②民間の海外投資促進③加盟国の生産資源開発のための国際投資を助長④有用度および緊要度の高い事業計画の優先⑤戦時経済から平時経済への円滑な推移の実現，が目的としてかかげられた（上川・矢後 2007：330）。

　第2次大戦で疲弊した欧州の戦後復興支援は喫緊の課題であり，当初は欧州の資金需要にこたえることが主な活動であった。その後，アメリカの対欧州援助がマーシャル・プランを軸にして展開されるようになり，ラテンアメリカ，アフリカ，アジアといった地域・諸国に対する支援の必要が浮上してきた。

　1950年代および60年代には，ダム，発電所，灌漑システム，道路建設等の大規模インフラストラクチュアに対する支援が焦点となった。IBRD の活動を強く制約したのはその資金調達・運用原則である。「資金調達は市場で，運用は公的に」という原則は，柔軟性を欠いていたし，途上国が利用するには金利が高すぎた。そこで，1956年に「国際金融公社」を，1960年には「国際開発協会」を設立した。前者は開発に携わる民間セクターへの支援を，後者は最貧国への長期・無利子貸付を主業務とした。また1966年には投資紛争解決国際センターが設立され，これ以降「世銀グループ」として活動していくこととなる。

　1970年代には，貧困根絶（撲滅）が大きな関心事となった。ダムや発電所といった物的構築物，いわゆる「ハコモノ」から人志向の目的へと変化していき，食糧生産や地域・都市開発，人口問題，健康，栄養等の貧困層に直接届く分野に重点が置かれるようになった。

　80年代以降も引き続き社会発展，社会生活上の諸課題に焦点が置かれる傾向が続いた。とくに教育，コミュニケーション，文化遺産等の問題が前面に出てくるようにもなった反面，80年代前半には債務のリスケジュール問題にも直面することとなった。また1988年には「多数国間投資保証機関」が設立され，現在の世界銀行グループの形が整うこととなる。

　現在，世銀グループは2030年までに達成する2つの目標をかかげている。1つは「極度の貧困撲滅」であり，具体的には1日1.90ドル未満で暮らす人々の割合を2030年までに3％以下に減らす，というものである。もう1つは「繁栄

── *Column* ⑬　派生商品 ──

　派生商品とは，株式，債券，金利，通貨，金，原油などの原資産の価格を基準に価値が決まる金融商品の総称である。もととなる商品から派生した商品として，金融派生商品と呼ばれ，英語でデリバティブ（Derivatives）とも呼ばれる。取引形態としては，先物取引，オプション取引，スワップ取引，フォワード取引などがある。先物取引とは，将来の売買について現時点であらかじめ約束しておくものである。現時点では売買価格や数量などの約束のみで，将来の約束の日が来た時点で，売買を行う。オプション取引とは，「特定商品」を，「予め決めた日（期日）」に，「予め取り決めた価格」で受渡しする「権利」を売買するものである。

　古くは米や綿花などの農作物を対象とした先物取引から発達し，1990年前後からは，株式，債券などの金融商品を対象とした先物取引，オプション取引，スワップ取引などが活発に取引されるようなった。とくに近年の金融やその規制を考える場合，抜きでは考えられない，大きな影響力のあるものである。

── *Column* ⑭　SDR ──

　特別引き出し権（SDR）は，1969年にIMFが国際準備資産として創設した。準備資産とは通貨当局が国際収支の赤字を決済したり，為替市場に介入するために使用する資産を指す。SDRはIMFによって出資割当額（クォータ）に応じて配分されるものであり，これまでの累積配分額は2014億SDRとなっている。

　保有しているSDRを国際取引で使用できる通貨に変換するためには2種類の方法がある。1つはIMF加盟国間で自主的な取りきめ（現在まで32の取りきめが結ばれた）の下に交換する方法であり，もう1つはIMFに指定された対外ポジションの強い国が，弱い国からSDRを購入するという方法である。

　SDRの価値は当初純金あるいはドルに対して設定されたが，1973年にブレトンウッズ固定相場制は崩壊したため，通貨バスケットとして再定義された。現在は，米ドル，ユーロ，日本円，スターリング・ポンドの4種類から構成されており（2016年10月から中国人民元を含む予定），各構成通貨の比重は，人民元を含まない構成の場合，米ドル＝41.9％，ユーロ＝37.4％，日本円＝9.4％，スターリング・ポンド11.3％で，人民元を含む構成の場合は米ドル＝41.73％，ユーロ＝30.93％，人民元＝10.92％，日本円＝8.33％，スターリング・ポンド8.09％となっている。なおこの比重は不定期に見直されており，次回は2021年9月末までに行われる予定である。米ドルに換算したSDRの価値

は毎日決定・更新され，IMFのウェブサイトで公表される。

　創設後，数年を経ずにIMF固定相場制は崩壊し，主要国は変動相場制へ移行した。その後多くの国で外貨準備の蓄積が進み，SDRの依存度は低下していった。しかしリーマン・ショック後の世界的な金融危機の中で，経済システムに流動性を供給し，加盟国の外貨準備を補完する上で重要な役割を果たした。

の共有促進」であり，各国の所得の下位40％の人々の所得を引き上げる，というものである（http://www.worldbank.org/ja/about/what-we-do，日本語訳有り。また世界銀行グループ年次報告《日本語版》も参照されたい）。

　具体的には，複合的な支援業務，とくに，

- 民間がファイナンスしない長期の人的・社会的発展を支援。
- 貧困層が逆境に晒される危機に際して，借手の金融的立場を保全。
- 重要な制度改革（セーフティ・ネットや汚職対抗措置等）の促進。
- 投資環境を整備し，民間資本が供給される触媒作用を果たす。
- 加盟国独自で行う場合よりも金融市場への，より好条件でのアクセス。

といった諸分野への取組を強化するとされている。

　近年，食料不足の深刻化，戦争，インフレ率上昇，依然として残るコロナ危機の悪影響など世界規模の危機が重なりあう状況が続いた。世界銀行グループが提供した資金は，こうした危機の中，2022年度には過去最高の1149億ドル（誓約額ベース）に上った（なお http://www.worldbank.org/ で，世銀に関する広範な情報が提供されている。英語が大部分となるが，部分的に日本語訳もある）。

参考文献

石田修・板木雅彦・櫻井公人・中本悟編『現代世界経済をとらえる ver. 5』東洋経済新報社，2010年。

岡村健司編『国際金融危機とIMF』財団法人大蔵財務協会，2009年。

翁百合『不安定化する国際金融システム』NTT出版，2014年。

上川孝夫・矢後和彦編『国際金融史（新・国際金融テキスト2）』有斐閣，2007年。

菅谷幸一「国際金融規制のコーディネーター――FSBの役割」大和総研，2013年。

世界銀行グループ『年次報告2015』世界銀行グループ。

竹内一郎・香西泰編『国際金融不安』有斐閣，1986年。

田中素香・岩田健治編『現代国際金融（新・国際金融テキスト3）』有斐閣，2008年。

平田潤監修『21世紀型金融危機とIMF』東洋経済新報社，1999年。

フィッシャー，S他（岩本武和監訳）『IMF資本自由化論争』岩波書店，1999年。

金融庁「自己資本比率規制等（バーゼル2〜バーゼル2.5〜バーゼル3）について」（http://www.fsa.go.jp/policy/basel_ii/）。

練習問題

問題1

固定相場制が維持できなくなった理由について説明しなさい。

問題2

変動相場制への移行後も，固定相場制の時代から引き継いだ考え方はあるか。あるとすればそれはどのようなものか（何か）。

問題3

バーゼル規制はなぜ導入されたのか説明しなさい。

問題4

バーゼルⅠの考え方において，以下の場合自己資本比率は何％となるか説明しなさい。資本＝80億／資産＝国債400億・民間向け融資800億。

問題5

バーゼル規制とFSBの異なる点はどこか説明しなさい。

（磯谷　玲）

第Ⅲ部

国際経済とアメリカ・EU・中国・日本

第⑨章

アメリカ

┌─ **本章のねらい** ─────────────────────────
│ アメリカ製造業の戦後の推移を「多国籍」「多角化」「選択と集中」というキ
│ ーワードで理解する。また90年代以降のアメリカ経済や国際経済との関係は，
│ こうした推移の帰結であることを理解した上で，金融やサービス業の動向につ
│ いて理解する。さらに世界的に多大な影響を与えた金融危機・経済危機につい
│ ても，こうした流れの中で考える。
└──────────────────────────────────────

1　1980年代までのアメリカ経済

　アメリカは元々農業国であったが，農業人口は1910年をピークとして減少す
る。また農産物貿易収支は1926年以降は赤字基調となり，減反や価格支持とい
った方法による農業保護政策が開始される。

　代わって台頭してくるのが工業であった。食品加工・鉄鋼・繊維といった既
存産業に加え，石油・化学・自動車・電気といった新しい産業が勃興していく。

　こうした中で形成されたアメリカ経済の特徴は，①大量生産・大量消費とい
う生産・消費様式の定着②ビッグ・ビジネスの登場とそれに伴う寡占体制の成
立③労働運動の高揚と労使関係の変化④基本スタンスとしてのケインズ主義政
策，であった（萩原・中本 2005：19-21）。

　戦後，戦勝国であり，また唯一戦場とならず工業設備が温存された先進国で
あるということを背景として，アメリカと他国の間には圧倒的な経済力格差が
存在した。国際的な制度的枠組みとして，IMF-GATT 体制が確立し，貿易の

自由化が基調として展開された。この体制の下でドルは金と同一のものとして位置付けられた。企業レベルでは多国籍に展開する巨大企業が現れ、またアメリカ企業が対外的に進出するだけでなく、外国企業がアメリカに進出するという「相互浸透」現象が現れた。

　しかし日欧経済が復活し、各国企業が国際競争力を増してくるとアメリカの優位は後退した。

　1960年代前半に50億ドルをこえる黒字を維持していたアメリカの貿易収支は、64年の68億ドルをピークとして急速に減少し、71年第1四半期の黒字はわずか2.7億ドル、そして第2・3四半期はついにそれぞれ10.4億ドル、3.9億ドルの赤字となった。これを世界貿易に占めるシェアの変化でみると、アメリカの輸出シェアは60年代を通じて低下したのに対して、輸入のシェアは65年から68年にかけて大きく上昇した（経済企画庁 1971, http://www5.cao.go.jp/keizai3/sekaikeizaiwp/wp-we71/wp-we71-00202.html）。

　ドルの対外流出が続き、ドルあるいはドル体制に対する信認が動揺する様になった。生産設備が温存されたことは初発における優位性であったが、他国の競争力が回復してくると新たな設備投資の足枷という面も現れた。冷戦構造を前提とした対外支援もドル流出に拍車をかける要因であった。

　その結果、アメリカは1971年に金ドル交換停止にふみきり、その後変動相場制に移行した。変動相場制への移行は、「基軸通貨ドルの特権」を強化する（田中・岩田 2008：369）という面もあったが、アメリカ企業の国際競争力は低下していった。また金ドル交換停止は、高度経済成長の終焉を告げるできごとでもあった。

　国際競争力低下の要因として以下の2点が指摘できる。

　第1に労使関係が硬直的で、賃金も上昇傾向が続いたことである。生産性上昇に合わせた毎年の賃上げや、インフレ調整規定など下方硬直的な賃金体系ができあがっていたが、こうした労使関係は、経済成長率が高い時は経営側にもメリットのあるものであった。しかし経済成長率が停滞し、インフレが進行すると競争力を削減するものとなった。

　第2に高度経済成長期が終わりを迎えた時に，企業が**コングロマリット化**と**多国籍化**という形で対応したことである。コングロマリット化とは，企業の買収・合併をつうじて経営の多角化を図る戦略である。この時の買収・合併は技術的連関の薄い部門を多様に抱える形で行われた。多国籍化は1950年代から行われていたが，70年代には一層盛んに行われ，60年から74年にかけて6.8倍となった。コングロマリット化は，「成熟」した既存部門に代わる新たな収益基盤を模索するものであり，また多国籍化は海外市場開拓という側面もある。こうした戦略の正否はもちろん個別企業毎に異なるが，総じていえば国内設備投資という点は弱く，国際競争力強化という点で多くの課題を残した（萩原・中本 2005：24-25）。

2　規制緩和と国際競争力回復策

政策対応

　80年代以降，アメリカの競争力回復は個々の企業レベルだけでなく，政策的にも大きな課題として認識されるようになり，さまざまな施策が展開された。ここでは，**規制緩和**および貿易摩擦問題についてみておきたい。

　80年代以降の国際競争力回復の取組でもっとも太い軸は，カーター政権下で開始され，レーガン政権下で本格的に推進された規制緩和・自由化政策である。基本的にアメリカ国内の問題であるが，貿易や投資に関する交渉等さまざまな経路を通じて海外へも大きな影響を与えていくことになった。規制緩和の狙いは，規制によって種々の制約を課せられていた経済資源の移動・再構成を促進し，活用することで国際競争力を強化し，経済を活性化することにあり，ニューディール体制において形成された政策・制度体系を大きく転換するものであった。航空会社，バス，鉄道，トラック，電話，ケーブルテレビ，ラジオ，銀行，貯蓄貸付組合，石油，ガス事業などの広範な分野で連邦規制が緩和もしくは廃止された（デンプシー／ゲーツ 1996：1）。

　1970年代以降続いてきた，国際競争力回復のために加速されたアメリカ企業

の多国的展開は他方ではアメリカ産業の「空洞化」をもたらした。多国籍に展開できる大手企業にとって立地は選択可能である。しかし，それ以外の中小企業や労働者・従業員にとって選択の幅はアメリカ国内に限られている。企業レベルでは「自由競争の結果としての淘汰」という論理が通用する場合もあるが，雇用においてはそうではない。従業員／被雇用者は同時に選挙権者でもあり，雇用の維持・確保は政治問題となる。80年代において，日米間で自動車を巡る**貿易摩擦・経済摩擦**が表面化した。石油ショックによる小型車志向の強まりや，大型車に注力していたビッグスリーの経営戦略等もあって，輸入車のシェアは1978年の18％から1980年には25％へと急拡大した（内閣府経済社会総合研究所 2011：53，http://www.esri.go.jp/jp/prj/sbubble/history/history_01/analysis_01_01_04.pdf）。そして議会の力関係や構造変化などの要因が重なって政治問題化し（デスラー 1987：3-13），デトロイトで日本車打ち壊しのパフォーマンスが行われるなど反発の激しさも伝えられたが，輸出自主規制や現地生産の拡大によって決着が図られた。米企業の国際展開や活動を制限する方向ではなく，そうした自由は維持しつつ，問題の決着が図られたのである。

　目を海外に転じれば，80年代から90年代にかけての時期はアメリカの「地域主義（リージョナリズム）」が展開した時期でもある。アメリカは GATT 等の多国間交渉を基本としていたが，国内の保護主義を抑えて開放的な通商政策を継続していくために，2国間交渉を開始した。85年にイスラエルと，89年にはカナダと自由貿易協定を締結した。また94年には北米自由貿易協定（NAFTA）が成立した。アメリカからの輸出と多国籍企業による在外生産・在外販売を比較すると，後者の方が多い。国際貿易と国際投資とは密接に関連しているのであり，アメリカの目指す自由貿易はまた企業活動の自由度が高い投資環境の整備でもあった。

「選択と集中」

　80年代以降の企業レベルでの国際競争力回復の試みを象徴するものとして「選択と集中」という言葉（スローガン）がある。70年代の「多角化」では成功

をおさめることはできなかったアメリカ企業は，国際的に優位性のある分野に経済資源を集中することで，再生を図ったのである。

　製造業の場合，**リストラクチャリング**（事業の再構成）と**リエンジニアリング**による競争力強化という 2 つの柱で行われた。

　リストラクチャリングとは経済環境や企業の内部要因の変化に対応して，事業展開や雇用を再構成するものである。ある会社にとって不採算部門であったとしても，他の別の会社にとってもそうであるとは限らない。企業の枠を越えて再編成することができれば，効率化を進めたり，競争力を強化できる可能性がある。「選択と集中」の成功例として指摘されることが多いのは GE（General Electric）社の例である。1981年に事業の再構築が提起され，1983年から，「世界市場シェアで 1 位もしくは 2 位となるか，さもなくば閉鎖・撤退（売却）」という方針が提示され，92年までに総額21億ドルの事業買収と110億ドルの事業売却が行われた（中本・宮崎 2013：50）。同時に従業員も大幅に削減され，約40万人（1980年）から約29万人（1989年）への削減となった（中道 2002：60）。

　70年代においてはコングロマリット化の手段として **M&A** が用いられたが，「選択と集中」にあっても M&A は重要であった。その特徴は以下の 3 点にある。第 1 に，事業の再編という点から，80年代以降，企業のある部門を切り離し（分割し）て売却し，合併・買収を成立させる形が重要性を増した。分割（Divestiture）の頭文字をとって M&A&D といわれる。第 2 に，株価・株式市場との連動性である。事業再編は業績改善や株価上昇といった期待を抱かせ，株式売買の材料となる。同時に経営側にとっては高株価であれば，事業再編等を優位に展開できるというメリットがある。この意味で相補的あるいは相互促進的であったといえる。第 3 に，より投機的なマネーゲームという性格も併せ持っていたことである。他社を買収・合併する場合，**友好的買収**と**敵対的買収**という 2 つのケースがある。友好的買収は双方の当事者（経営者）が買収・合併に合意している場合であり，敵対的買収とは片方の当事者（経営者）が反対している場合である。80年代においては，買収手法的には敵対的買収が多く，またしばしば **LBO**（Leveraged Buy-Out）といわれる投機的手法とも結びつい

ていた。伝統的な M&A は自社の経営力を強化するために行われるが、LBO では目的は売却益である。被買収企業が保有する金融資産や各部門を売却・現金化し、買収にかかった費用を上回れば、利益が出る。そのために現金化しやすい資産を多く保有する企業が狙われた。

　「選択と集中」によって残された事業での競争力を強化するための取組も行われた。これらは「リエンジニアリング」や「サプライチェーン・マネジメント」等の呼称で呼ばれ、従業員間、部署間、企業間の緊密な情報共有と対応をつうじて効率化を進めようとするものであった。品質改善やコスト削減を進めるために、部署や企業をこえたさまざまな取組が行われた。90年代以降進展したいわゆる「IT 化」がこうした緊密な連携を可能とした。また競合企業との競争にさらされ、競争力や収益性が低下した場合には、たとえそれが製造工程であったとしてもその分野から撤退し、収益性の高い分野に経営資源を集中する動きもアメリカ製造業企業の中で見られるようになった（中本・宮崎 2013：49-53）。

　さらに80年代には、活発な起業活動の中から、アメリカを代表するような大手企業へ成長した事例もみられた。マイクロソフトやアップル等コンピュータ／IT 企業がその典型であるが、そこにとどまるものではない。より広範な業種で活発な起業活動が展開された。当該企業（当事者）の才能や努力があったことはいうまでもないだろうが、個別の奮闘や強みという枠を超えて、金融をはじめとするこれらの企業を支援する体制や仕組み、社会環境があったこともアメリカ経済を好転に導いた要因である（磯谷 1997）。

IT バブルと規制緩和の曲がり角

　90年代に入ると、アメリカは長期の景気拡大を経験する（1991年3月を谷とし、2000年まで）。

　そうした中で1990年代半ば以降、コンピュータ産業の急速な発展や IT を利用したビジネスモデルの普及、ベンチャー・キャピタル等の新興産業を支援する仕組みの整備・拡充、低金利等の金融面での好条件等によって IT 関連を中

心とした株価の上昇が生じた。いわゆる IT バブルである。しかし FRB の利上げを契機として崩壊し，エンロン破綻（2001）やワールドコム破綻（2002）も生じた。

　エンロン破綻は象徴的である。エンロンは規制緩和の波にのり，急成長を遂げた総合エネルギー企業であった。一時期は革新的な企業として高い評価を得ていたが，不正会計の発覚を契機として破綻した。

　規制緩和によって企業が自由に活動できる範囲を拡大する，といっても無制限に自由であるわけではない。消費者，投資家はそれぞれのルールに則って保護されるべき存在であることは変わらなかった。従って，規制緩和によって従来それを担ってきた「官」の役割が後退するとなれば，それをどのように代替するか，ということが解決されなければならない課題であった。

　投資家についていえば，そのルールとは「情報開示と自己責任」である。どのような投資運用を行うのかは，利用できる情報にもとづいて個々人やその委託を受けたものが決定する。投資によって損失が発生しても誰も補填したりはしないが，その前提は必要な情報が正しく開示されている，ということである。

　エンロン事件までは，ゲートキーパー（門番）と称された，会計監査事務所，アナリスト，格付機関等によって，それぞれの立場からの「監視」が行われ，それが投資家保護に役立ち，かつ「官」によるものよりも効率的であると考えられてきた。

　しかし結果としてこれらの民間機関（あるいは市場）はエンロンの不正を発見することはできず，エンロンは破綻した。投資家に多大な損害を与えたことはいうまでもないが，従業員に対しても深刻な影響を与えた。エンロンの経営陣は自社の経営が順調であることを虚偽の情報開示によって強調しており，従業員の多くはこの情報を信じ自身の年金プランにおいて有利な運用先としてエンロン社株購入／保有を指定していた。この結果，エンロンの破綻によって多くの従業員が収入（給与／報酬）と年金を一挙に失うこととなった。

　この問題は年金基金や年金保険のあり方等にも波及したが，上述した民による監視が効率的，という考え方が修正を余儀なくされたという点で，大きな転

換点といえるだろう。

　経済成長のためには企業の競争力強化も重要であるが，同時に既存企業や成長分野にマネーが供給される事も重要である。そのためには投資家の信頼を得なければならない。この事件によって規制緩和という方向性が大きく転換したわけではないが，この点からみると，エンロン以降，資金供給のあり方と，投資家保護・消費者保護との両立やバランスが模索されてきたともいえる。

製造業の縮小とサービス業の拡大

　90年代以降でみても，より長期的にみても製造業の縮小とサービス業の拡大は一貫した傾向であった。米製造業の国際競争力を回復させる試みは，一面では経済全体において製造業が占める割合の縮小につながっていったのである。

　GDP に対する比率（付加価値ベース）でみると，製造業は1960年で25.4％，1980年で20.5％を占めていたが，1990年には17.3％，2000年には15.1％へと低下した。これに対し，情報，金融・保険・リース等，専門事業サービス，教育・健康・社会支援を合計したサービス関連業務は1960年には13.9％を占めるに過ぎなかったが，1990年に16.6％，1980年には19.8％，1990年に25.4％，2000年に29.3％へと上昇した。2015年には製造業は12.1％であったのに対し，サービス業合計では32.4％となった（図9-1参照）。

　同時にこうした変化は貿易の面でも現れている。

　アメリカの貿易収支は長期にわたり赤字（入超）傾向にあったが，とくに1997年前後を境として急速に赤字が拡大した。リーマン・ショックやそれに続く経済危機やコロナの影響によって変動はあるものの，その傾向は現在でも基本的に変わっていない。

　そして2006年以降，サービス貿易の占める比率が急速に拡大している。2000年が約771億ドル，2010年が約1456億ドル，2020年が約2599億ドルの黒字である（米商務省 SCB のデータによる。輸出入を合計した収支の値）。また2000年では財部門における約1183億ドル（赤字）に対し約16％の大きさであった。2018年では一時その比重は約31％にまで上昇したが2021年末には再び21％となっている。

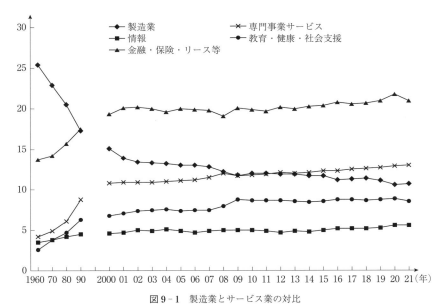

図9-1　製造業とサービス業の対比

（出所）　米商務省データより作成，Survey of Current Business（https://apps.bea.gov/iTable/iTable.
　　　　cfm?ReqID=51&step=1）。
（注）　各産業がGDPに占める比率（付加価値ベース）（％）。

　さらに細かくその内訳を収支ベースでみてみると，黒字に寄与しているのは金
融，知的財産関連，専門的・管理的コンサルティングである（図9-2）。サー
ビス貿易について系列会社と非系列会社という点で比較すると，系列会社によ
る取引は輸出で全体の22％，輸入で18.2％を占めていた（2000年）。この数値は
2010年にはそれぞれ26.9％と22.7％へ，2021年には41.3％と32.8％へと増加し
ている。また米国本社と海外子会社間の取引が系列取引全体に占める割合は数
値が公表された2006年に輸出で78.5％，輸入で53.7％であったが，ほぼ一貫し
て増加し2021年には輸出で82.7％，輸入で70.5％を占めるようになった（以上
は米国商務省のデータによる）。

　以上のことから言えることは，第1にアメリカ経済は対外的な取引において
サービス経済の比重を高めているということであり，第2に企業活動と密接な
関連をもっていると考えられる知財関連や金融，業務支援などの分野での成長

（100万ドル）

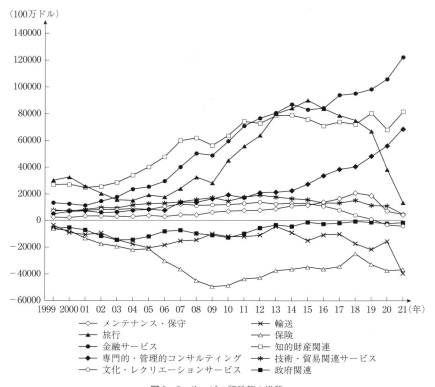

図 9 - 2　サービス貿易額の推移

（出所）　米商務省データより作成，Table 2.1. U. S. Trade in Services, by Type of Service［Millions of dollars］Bureau of Economic Analysis Release Date: October 15, 2019。

が顕著であるということであり，第 3 に多国籍企業とその系列会社による取引が一定の割合を占めていることである。また，サービス貿易の拡大と黒字化が，製造業を中心とする財の貿易赤字とセットで進行しているということである。

サービス業の拡大と製造業企業のサービス業活動

次に企業サイドからこの点についてみてみたい。

製造業におけるサービス業活動の拡大の 1 つの典型は，コンピュータ産業・IT 産業にみられる。アメリカは先進的にコンピュータ産業が発展した国であ

ったが，1990年代半ば以降，アメリカの主要 PC ベンダーはコンピュータ機器の OEM 委託を進めていた。その相手国は東アジア地域に集中していたが，相対的に賃金コストの低い東アジア地域への生産移転は急速な価格低下を引き起こし，アメリカ国内での価格競争を激化させた。その結果収益力は低下し，生産は縮小していった。国内での製造活動が縮小を余儀なくされるなか，新たな収益基盤が必要となった。たとえば IBM は1990年代初頭まではハードウェアの製造・販売を中心とした事業構造であったが，90年代を通じて事業構造の変革を進め，2001年にはサービス業での収益がハードウェア部門の収益を上回るようになった。しかしこのことは IBM が海外メーカーとの競争に敗れて後退した，と解釈しては不十分であろう。IBM は単純に価格で競争する分野からは撤退して，その経験や技能が総合的な優位性として発揮できる分野（ソリューション・ビジネス）を選択し，収益力を強化したのである。また撤退といっても，ハードウェアを扱わなくなったわけではない。ソフトウェアとハードウェアとは密接に関連しているのであり，この意味でも総合性を追求したものと考えるべきであろう（豊福 2015：77）。

また90年代以降，IT 投資という形でリエンジニアリングが継続され，自社で行っていた業務を外部企業に委託する動きも本格化する。製造業全般でみると，IT 関連投資が進行した結果，従来は国内外部企業に対して行っていた業務委託を海外外部企業に委託する「オフショア・アウトソーシング」が活発化した。オフショア・アウトソーシングでよく知られている例はコールセンターの業務委託であろう。たとえば顧客サービスの一環として電話での「24時間対応」を行うとする。これを全部アメリカ国内で賄おうとすると非常にコストがかかるが，英語でのコミュニケーションが可能で時差のある新興国企業に業務委託すれば低コストでの運用が可能となる。

アメリカ企業は早期から多国籍に展開していたが，2000年代には1970年代半ばの10倍以上の規模に達した。製造業企業の多国籍化とオフショア・アウトソーシングを合計した海外生産比率は，2004年には製造業全体で35.8%に達した（中本・宮崎 2013：53）。

3　金融における変化

銀行業における規制緩和

　80年代から90年代にかけての時期は，銀行業において規制緩和が進んだ時期でもある。自由度が高いという印象が強いかもしれないが，アメリカの銀行（商業銀行）は種々の規制のもとに置かれてきた。**地理的制限**，**業務制限**，**金利制限**の３つが代表的である。

　地理的制限とは銀行の営業できる地理的範囲に関する規制である。支店設置を認めない単店主義（Unit Banking）や州を越えた支店展開を認めないことなどがあたる。

　業務制限とは，銀行が従事できる業務の種類に関する規制である。緩やかな時代もあったが，**1933年グラス・スティーガル法**によって，銀行業と証券業の兼業が禁じられた。

　金利制限とは，預金金利が付与できる範囲や上限に関する規制である。

　業務制限と金利制限は，いずれも1929年の株価大暴落やその後の大恐慌時の経験から立法化された法律に基づいている。それ以前はこの２つの分野の規制は緩やかであった。そのため資金を集めるために高い金利を付与したり，あるいは証券業務で大きすぎるリスクをとる銀行が現れた。こうした行為が不況・恐慌を深刻化させたと考えられたため，また預金者を保護するために，規制がかけられたのである。

　業務規制や地理的制限をかいくぐる試みは既に戦後早い段階から行われていた。複数の金融機関の上に，それを統括する**持株会社**をおく，という方法がそれである。複数の金融機関の中には，州が異なる銀行がある場合や，証券会社や投資会社が含まれている場合もあり，1933年グラス・スティーガル法がこうした方法に言及していないことを利用した「抜け穴（ループホール）」であった。そこでこうした抜け穴を防ぐために「1956年銀行持株会社法」が制定された。傘下の銀行数（複数か単独か）に応じた扱いを巡ってさらにいろいろな応酬を

重ね，最終的に決着がついたのは1970年改正においてであった。ここで注目しておきたいことは議会や当局は持株会社という方法自体は否定しなかったことである。

　金利制限については，インフレが進行し，1960年代後半から高金利が断続的に発生するようになって存続が難しくなった。とくに銀行預金以外に蓄財の手段に乏しい層の不満は大きく，金利規制を受けない証券会社によって決済性も持った金融商品が開発されると，多くの預金が流出した（これをディスインターミディエーションという）。1980年に金利制限を段階的に廃止する法律（1980年預金金融機関規制緩和・通貨管理法）が制定された。

　地理的制限については，大きく分けて2つのプロセスで規制緩和が進んだ。州を越えての支店展開は，各州が相互に隣接する州等からの受入を認めることで実質的に緩和された。次いで1994年に地理的制限を廃止する連邦法が制定された。

　業務制限についても大きく分けて2つのプロセスで進んだが，地理的制限の場合とは少々異なるものであった。1970年代末から見直しの必要性が指摘され，連邦議員は繰り返し業務制限を緩和・廃止する法案を上程したが成立にはいたらなかった。このような状況の中で，監督官庁であるFRBは業務規制の根拠となっている1933年グラス・スティーガル法の条文を再解釈することによって銀行の業務範囲を拡大した。同法の条文では，銀行が営むことを禁止された業務を主な業務とする会社と銀行との系列関係を禁じていた。銀行本体で従事しなくとも，系列会社で従事した場合，預金者保護に影響を与える可能性があるからである。それまでは「主な業務」とは継続的に行っているほとんどの業務を指すものと考えられてきたが，再解釈においては量的な区分であるとされた。収益において一定以上の割合を占めていなければ主な業務ではない，つまり系列関係を結んでも違法ではない，としたのである。最初は小さな割合であったが，徐々に拡大されていった。ただしこれは法律の変更ではなく，あくまでも行政裁量によるものだった。こうした方法については，手続き的に間違いである，つまり法改正によって実施されなければならない，という批判もあった。最終的には1999年の法改正によって1933年グラス・スティーガル法等が変更さ

れ，業務制限は緩和されることとなった。

銀行業における規制緩和の背景

　これらの規制緩和が進められた背景には，次の様な変化がある。高度経済成長の終焉・低成長への移行，高率のインフレーション，証券会社等によって扱われ競合する新しい金融商品の台頭は銀行の収益基盤を縮小させた。途上国向け融資の拡大は一面ではこうした収益基盤縮小への対応であった。これ以外にも銀行は新たな収益基盤を求めて**ハイリスク・ハイリターンの融資**を拡大した。しかし銀行はこれらの資金を元本保証の形で集めているので，融資がうまくいかなければ銀行のバランスシートを傷つけることになる。したがって銀行にとっては融資を代替する，あるいは補完する収益源の「発見」が必要だった。

　では規制・監督当局はなぜ規制緩和をすすめたのだろうか。

　既述のようにアメリカの銀行は1970年代から収益基盤の縮減に直面していたが，さらに途上国累積債務問題やその他のハイリスク・ハイリターン融資の不良債権化も加わった。

　銀行は私企業で有り，その限りでは経営難であっても，規制当局が関与するところではない。しかし同時に銀行あるいは銀行ネットワークは決済サービスを提供し，経済全体にとって大きな影響を与える存在でもある。また少数の破綻であってもその影響が拡散しやすいという特性もある。この観点からすれば，銀行の経営悪化は信用秩序の問題でもある。規制当局にとっても銀行の収益基盤に関心を持つ理由はあったのである。とはいえ，収益力を高めることで銀行の決済網の安定性を確保しようとする試みは，リスクの高い分野への進出・参画を容認するが故に，かえって不安定性を高めてしまう可能性もある。

金融化

　近年の経済過程における大きな変化として「**金融化**」といわれるものがある。

　アメリカにおけるGDPと金融資産の比率は，1970年代までは概ね5倍程度までであったが，金融資産はその後急速に拡大していき2000年代には10倍を超

えるまでとなった。

　またアメリカ国内だけではなく，世界的に見ても規制緩和・自由化や多国籍企業のグローバルな活動が活発化したことによって，直接投資やポートフォリオ投資などの国際的な資本取引が増大した。

　こうした金融資産や金融取引を拡大させた要因は，主にアメリカ国内についていえば，以下の様なものである（国際的には，多国籍企業のグローバルな展開，グローバル・インバランスによるアメリカへの資金流入等の要因がある）。

① 金融自由化政策の推進　上述のように，アメリカにおいては，1980年の法改正を皮切りに，金利自由化や業務範囲の自由化が進められた。それまで商業銀行・預金金融機関には預金金利や従事できる業務等について制限が課せられていたが，それらが順次緩和・撤廃されていった。

② 自由化を基礎とした金融機関の業態拡大　自由化の推進を受けて，銀行は従事する業務を拡張していった。金利収入だけではなく，自己売買や手数料収入が新たな収益の柱となった。こうした点で大きく寄与したのが証券業務である。銀行は1933年グラス・スティーガル法によって銀行業と証券業の兼業を禁じられていた。しかし1980年代半ば以降，FRB の行政裁量によって徐々に証券業務参入の途が開かれていくこととなり，最終的には1999年グラム・リーチ・ブライリー法によって兼業が可能となった。

③ 金融技術の発展　近年（1980年以降）の金融市場においては，さまざまな新しい技術が開発・導入され，派生商品の取引額（想定元本残高）は飛躍的に増大した。これらの商品は一面ではリスクヘッジの手段という意味を持つ。たとえば，先物市場を利用すれば手持ちの商品の売却価格を確定することができ，将来価格が下落した場合に発生する損失を回避することが可能となる。とはいえ，将来の価格については誰も正確には知り得ないのだから，そこでは思惑や予測は不可避である。このことは「空売り」（short sale）と結びつくことで，投機の機会を発生させることになる。

　「金融工学」と呼ばれるより複雑な技術が開発され，普及したが，このことは「リスクはコントロールできる」という幻想を生み，過剰なリスクテイクを

後押しした。2000年代の住宅価格高騰（バブル）は金融工学の利用を前提とした，各金融機関による与信判断の問題という側面もあった。

④ 機関投資家　**機関投資家**とは，支配目的での証券保有はせず，利益目的で主
の台頭（拡大）　に短期的パフォーマンスを重視する投資家層をいい，具体的に
は，年金基金，保険会社，投資信託などを指す。証券市場において機関投資家
が取引や保有の比重を高める現象を「機関化」とよんでおり，アメリカは早く
から機関化現象に直面した国である。1980年代前半のM&Aブームや自社株
取得の盛行以降，一層その影響力や重要性が高まる傾向にある。自社株取得と
は会社が発行済みの株式を買い取ることをいう。その目的はさまざまだが，い
ずれにしても当該会社の株主はその代価をうけとることになる。この資金は個
人での株式投資・運用には回らず，年金や投資信託等の機関投資家に流入した。

4　グローバル・インバランスと経済危機

グローバル・インバランスと住宅バブル

アメリカは基調として経常収支赤字が続いていたが，とくに1990年代半ば以
降，大幅な経常収支赤字を記録するようになった。これに対する黒字国は主に
欧米への輸出が好調だった中国等のアジア諸国と中東産油国であった。積み上
がった諸外国の黒字（貿易黒字／経常収支黒字）は資本としてアメリカに流入し
た。1つのきっかけは97年に起きたアジア通貨危機である。アジア通貨危機以
前，新興国は経常収支赤字を基調として経済成長を遂げていたが，97年に突然
自国通貨の下落（新興国通貨安）に見舞われた。危機に直面した各国はIMFの
支援を受けて経済運営を行ったが，これ以降輸出による外貨獲得を目指すよう
になり，それがアメリカに流入するようになったのである。

ITバブルは一面ではこうした金融環境の産物であったが，その崩壊以後も
資本の流入はやまず，株式市場に代わって住宅価格が上昇をはじめ，これが個
人消費や景気を支えるようになる。資産価格（住宅価格）の上昇は，**ホーム・
エクイティ・ローン**等の手段をつうじて消費の拡大につながっていく。ホー

ム・エクイティ・ローンは，持家を担保とした借入であり，たとえばその時点での家の価値（価格）が20万ドルであり，負債が15万ドルであれば差額の5万ドルまで使途を特定しない借入が可能となる。住宅価格上昇と借入によって増大した消費が，経常収支赤字を拡大し，また資本流入も拡大するという一種の増幅的循環が生じた。

　住宅価格上昇の基礎となったのは住宅ローン市場における2つの変化であった。

　第1は，返済条件の多様化である。伝統的には長期・固定金利でのローンが中心であったが，サブプライム・ローン等の新たなローンが出現・普及した。

　第2は，高リスクの借手に対するローンと，それを可能にした証券化等の種々の新しい技術や考え方の導入・普及である。「証券化」とは1970年代に始まった多数の小口債権を集め，債権プールをつくって1つの債権のように扱う金融技術である。当初は政府保証のついた債権を対象としたが，やがてそれ以外のものにも拡大していった。そして高リスクの債権を証券化するにあたっては，**優先劣後構造**という仕組みが取り入れられた。優先劣後構造とは，単純にいえば返済の順位付けである。具体的には同一の債権プールに対して格付けや利率の異なる複数の債券を発行するものであり，リスクを「劣後」部分に集めることによって高格付の債券発行を可能にするものである（藤木 2012：11-12）。さらに「万が一の事態」に備えて「保険」がつけられた。それが**クレジット・デフォルト・スワップ**（CDS）である。CDSでは，手数料と引き替えに対象証券の元利払いが保証される。売り手はCDSの手数料を受け取り，買い手は手数料を支払うことで「万が一の事態」になった場合元利相当の金額を受け取るのである。こうした種々の仕組みによって，年金基金等の大きなリスクテイクを嫌う投資家層を住宅市場に引き入れることが可能となった。投資家層サイドから見れば，株式等の伝統的な投資対象が高止まりの中で，新たな「低リスク」の投資対象（本当に低リスクであったのかどうかについては疑いが残るとしても）を得ることになったのである。そして「投資家サイド」に位置したのはアメリカ国内の投資家だけではなく，世界的な広がりをみせていた。

リーマン・ショックとその後

　戦後アメリカ経済は繰り返し，金融危機あるいは経済危機を経験してきた。試みに列挙してみると，ドル危機（1960年），ヘルシュタット銀行危機（1974年），途上国累積債務危機（1982年），アジア通貨危機（1997年），エンロン（2001年）およびワールドコム・ショック（2002年），リーマン・ショック（2008年）等である。ここで列挙したものが全て深刻な経済危機につながったわけではないが，第1に繰り返し生じている，ということ，第2にいわゆる「バブルの発生と崩壊」と関連しているという特徴がみてとれる。

　ここでは直近のリーマン・ショックを取り上げて検討することとしたい。

　住宅ブームが続く中で，アメリカの金融機関は**サブプライム・ローン**の証券化商品関連業務を収益の柱の1つとしていた。

　銀行は元利の返済が可能なものに融資するのであり，住宅取得用のローンも通常と同じく融資基準がある。その基準を満たすものがプライムとよばれ，満たせないものがサブプライムとよばれる。基準を満たさない場合は不良債権化し，銀行経営にダメージを与える可能性が高いが故に，融資は実行されない。したがって，逆に言えば，リスクがあっても自らの経営に影響がなければ融資が可能となる。融資を可能としたものが金融工学であったが，それはリスクを無くすものではなく「移転」するものであった。

　従って，この前提に立ったサブプライム層への融資は，商業銀行の中で完結できるものではない。最初に融資を行うのが商業銀行であったとしても，それを証券化して販売する者（投資銀行等）と，それを購入する者（投資家，とくに機関投資家）が必要であった。

　こうした仕組みの下で，商業銀行が融資を行い，投資銀行等がそれを集めて証券化商品を組成し，投資家に販売するという構図ができあがった。

　こうした構図は住宅価格が上昇を続けている間は問題ではなかった。しかし住宅価格は2006年をピークとして下降しはじめ，その結果，2007年6月には投資銀行ベア・スターンズ傘下の2つのヘッジファンドが破綻し，同年10月以降，シティ，メリルリンチ，UBS，ベア・スターンズといった大手金融機関が

次々と巨額損失を公表した。そして2008年にリーマン・ブラザーズが損失を公表したが，救済されることなく同年9月15日に同社は破綻した。さらに大手生命保険会社である AIG も破綻した。またモルガン・スタンレー，ゴールドマン・サックスもこの影響から経営危機におちいり，銀行持株会社へと業態転換したため，独立して投資銀行業務を営む金融機関（いわゆる投資銀行）は消滅した。

この事件は世界中に波及し，深刻な経済危機となった。

このような深刻な結果となった背景，要因については，金融工学技術にそもそも欠陥があったのか，あるいは利用法が間違っていたのかという点，報酬体系が過度にリスクテイクを助長するものではなかったのかという点，当局による規制・監督の不備という点，等々多岐にわたる（金融化，で指摘した点も参照）。

未解明の点も残されているし，金融機関の高報酬体系など対応されていない問題もあるが，アメリカや世界がくみ取った教訓は，こうした大きな危機を回避するためには未然・早期の措置が肝要だ，ということである。そのためにバーゼル規制のバージョンアップや FSB 等の制度整備が行われた。しかし他方で企業や経済の成長にとってリスクテイクは必要である，という考え方は存続している。リスクテイクと金融・信用秩序の維持とのバランスをどのように保っていくのか，は今後に残された大きな課題である。

貿易・経済政策の転換

2017年にドナルド・トランプが第45代アメリカ合衆国大統領に就任した。トランプ政権の経済政策は，減税や規制緩和等，共和党が用いてきた伝統的な手法を踏襲する一方で，国際的な経済関係については，「アメリカ・ファースト」を標榜し，大幅な見直しを必要とした。

トランプ政権の基本的な経済認識は，諸外国の不公正な貿易慣行や，米国の巨額な貿易赤字が問題であり，またそのことがアメリカ国民の雇用を奪っているというものである。2018年の大統領経済報告では，「世界貿易システムは，中国のような市場原理に違反し，その機能を歪める国々の影響により，緊張状

態にある」との認識が示された。

　こうした認識に基づいて，パリ協定からの離脱，TPP（環太平洋パートナーシップ協定）からの離脱，NAFTA（北米自由貿易協定）の再交渉等を次々と表明した。

　パリ協定は，地球温暖化防止のために世界各国が協力しようという国際協調の枠組みである。具体的には，地球の平均気温の上昇を産業革命前と比較して2度未満に抑え，温暖化の原因となる二酸化炭素等の増加量を今世紀後半にはゼロにすることを目標としている。トランプ政権は，「石炭産業の保護」を訴え，また「アメリカにとって不公平な経済的負担を強いる」等の理由から懐疑的な見方を示してきたが，2019年11月に正式に離脱を通告した（正式に離脱が完了するのは2020年11月）。

　TPPはオバマ政権下で進められてきた取り組みだが，アメリカ国内の雇用拡大・維持にとって障害となる，という考え方から選挙期間中から反対を表明し，公約として掲げていた。そして2017年1月23日，TPPから「永久に離脱する」とした大統領令に署名した。これにより米国が参加する形でのTPPの実現はなくなった。

　NAFTAは1994年1月から発効した協定だが，同様の理由から見直しの必要が表明されていた。新たに締結されたUSMCA（米国・メキシコ・カナダ協定）は多くの条項からなる包括的な協定だが，上述の経済認識が強く反映している。一例をあげれば，原産地規則の見直し・引き上げである。この協定にもとづく特恵関税（NAFTAと同様ゼロ）が適用される条件を従来の62.5％から75％へと段階的に引き上げることとなった（乗用車・小型トラックの場合）。

　また大統領経済報告において名指しで非難した中国に対しては，関税率の引き上げを実施した。

　2018年3月に中国からの鉄鋼製品等を対象に25％の関税実施を発動した。中国もこれに対抗して，関税率引き上げを実施した（報復関税はWTOで制度的に認められた措置だが，今回のものが該当するかは不明）。この後お互いに次々に対象品目を拡大し，また追加的な関税率引き上げが行われた。

　雇用を確保するために，他国の製品を締め出すことは分かりやすいのかもしれないが，労働者は同時に消費者でもある。より安価な製品が購入できなくなることは生活を直撃する可能性もある。また国内で同等の品質のものが供給できるのか否か，ということも問題である。アメリカ国内での同等品質の製品の供給の可能性が低い場合，国内の雇用増大には寄与せず，価格だけが上昇することも考えられる。

　外国製品の流入を防ぐことで国内の産業や雇用を保護する，という考え方は古くからあるが，相互に，また無秩序に関税を濫用することは，重大な事態につながる危険がある。

　1929年の株価大暴落およびその後の経済危機への対応として，アメリカは1930年スムート・ホーリー法を施行し，広範囲かつ大規模な関税率の引き上げを実施した。大国であるアメリカが保護貿易を進めたことで，他国も関税率を引き上げ，世界的な貿易戦争へ発展した。スムート・ホーリー法とその後の報復関税により，世界恐慌はより深刻化した。

　このことを教訓として，戦後の世界貿易や世界経済の秩序が構想された。

　経済発展に伴う産業構造の転換は避けられないし，そこから発生する痛みもまた同様である。だからこそ，多くの国民が自由貿易や経済発展の成果を享受し，実感できるためには産業構造の転換から発生する「痛み」を緩和し，軽減する施策が不可欠である。大方の予想を裏切ったトランプ政権の誕生は，経済危機の対応策に対するアメリカ国民の失望や反発を表しているのかもしれない。しかしこれまで述べてきたように，戦後は各国企業の多国籍化が進み，また最近では複雑なサプライ・チェーンが形成されており，1930年代より格段に複雑な状況に置かれている。トランプ政権の行動は，国際的な経済関係や国家間の関係に大きな転換を引き起こす可能性がある。

　2021年1月にバイデン政権が誕生した。

　これに伴い通商政策上も，トランプ政権が単独主義であったのに対し，多国間協調に重点を置くなど変化が生じた。しかし手法が変化しても，国内産業を重視するという点では変わっていない。むしろ，これまで以上にバイ・アメリ

─── *Column* ⑮　アメリカにおける 2 つの『銀行』───

　金融・資本市場の機能は国によって大きな差はない，とも言えるが，各国の制度はそれぞれの歴史的事情に影響されて異なっている場合が多い。金融業は，大きく言えば預金を受け入れて貸し出す預貸業務と証券の引受・販売等に関わる業務とからなる。通常前者が銀行業務，後者が証券業務あるいは投資銀行業務とよばれる。アメリカでは当初未分化のまま進んだが，1929年の株価大暴落やその後の不況をきっかけに，1933年グラス・スティーガル法によって両業務の兼業は禁止された。それ以前も各金融機関の考えによって濃淡は存在したし，どちらかの業務に特化する金融機関も存在したが，明確に区分されるようになった。銀行業務を行う銀行が「商業銀行」（Commercial Bank）とよばれ，証券業務あるいは投資銀行業務を行う銀行が「投資銀行」（Investment Bank）とよばれるようになった。両者を分離した理由は，商業銀行がリスクの高い業務に従事することで，預金者が危険にさらされるという考えからである。

　その後，1999年に制定された法律で，両業務は子会社を通じて兼業することが再び可能となった。

　リーマン・ショックを機に投資銀行は消滅したが，ゴールドマン・サックスと銀行持株会社へと転換し，その子会社が投資銀行業務を行う，という形になっている。

カンという方向性は強化されているとも言える。

　バイデン大統領は就任直後にバイ・アメリカン政策の強化に関する大統領令に署名しており，行政管理予算局（OMB）において連邦調達規則の改正準備を進めていた。そして2021年 3 月にバイ・アメリカン政策強化を目的とした連邦調達規則の改正に関する最終規則を発表した（施行は2022年10月から）。大統領は，歴代政権はバイ・アメリカンを掲げつつも実現できていなかったが，「私の政権ではバイ・アメリカンを実現する」と強調するなど積極的な姿勢を示している。

　また2021年11月には総額 1 兆ドルにのぼる2021年インフラ投資・雇用法が成立した。今回の計画には，道路や橋梁，鉄道，港湾など従来型インフラの刷新に加え，EV（電気自動車）や AI（人工知能）といった新技術への投資が含まれている。

　アメリカにおける「私企業の自由」やリスクテイクのあり方などを前提としつつ，大型財政出動という手段も動員して国際競争力の強化を目指す姿勢がうかがえる。

参考文献

磯谷玲『80年代アメリカの金融変革』日本経済評論社，1997年。

井上博・磯谷玲編『アメリカ経済の新展開』同文舘，2008年。

翁百合『不安定化する国際金融システム』NTT出版，2014年。

経済企画庁『世界経済白書』（昭和46年世界経済報告）。

坂井誠『現代アメリカの経済政策と格差』日本評論社，2007年。

田中素香・岩田健治編『現代国際金融（新・国際金融テキスト3）』有斐閣，2008年。

デスラー，I・M（宮里政玄監訳）『貿易摩擦とアメリカ議会』日本経済新聞社，1987年。

デンプシー，P・S／ゲーツ，A・R（吉田邦郎・福井直祥・井手口哲生訳）『規制緩和の神話』日本評論社，1996年。

豊福裕二『資本主義の現在』文理閣，2015年。

内閣府「バブル／デフレ期の日本経済と経済政策」第1巻『日本経済の記録——第2次石油危機への対応からバブル崩壊まで』内閣府経済社会総合研究所，平成23（2011）年。

中道眞「GEの経営戦略と事業展開——1980年代のリストラクチャリングを中心に」『龍谷大学経営学論集』第42巻第1号，2002年，47-63頁。

中本悟・宮崎礼二編『現代アメリカ経済分析』日本評論社，2013年。

萩原伸次郎・中本悟編『現代アメリカ経済』日本評論社，2005年。

藤木剛康編著『アメリカ政治経済論』ミネルヴァ書房，2012年。

米国商務省，Survey of Current Business Online, Volume 96 Number 4（http://www.bea.gov/scb/）。

練習問題

問題1

アメリカ商務省経済分析局（Bureau of Economic Analysis）のホームページにアクセスして，財・サービス貿易の最新の動向（あるいは教員の指示した項目）について確認しなさい。

問題2
1970年代におけるアメリカ企業の国際競争力回復策について，そのメリットとデメリットをまとめなさい。

問題3
金融化とは何かを説明しなさい。

問題4
2008年の金融・経済危機が生じた経過や要因について整理しなさい。

（磯谷　玲）

第 10 章

Ｅ　Ｕ

―― **本章のねらい** ――

　EU は，21世紀に入って巨大な統一的経済圏として大きな存在感を示してき
た。しかしながら，国家でもなく国際機関でもないという統治上のユニークさ
はいろいろな問題を抱えてきた。また内在していた経済的な問題が2008・2009
年のリーマンショックにより顕在化し，ギリシャ危機からユーロ危機へと経
済・金融危機が拡大した。EU の中心国であるドイツ，フランスは，利害対立
を含みながらも，ユーロを維持することを選び，小康状態をえた。2016年6月
の英国の国民投票による EU 離脱（ブレグジット）の決定があったものの，
EU はコロナ感染症の拡大があった2020年初めまで景気拡大が続き，経済成長
は加速していた。本章では，この過程を概観し，EU の現状と問題点を整理し
て示す。

　ギリシャ危機に端を発したユーロ危機とそこからの脱出，英国の EU 離脱
（ブレグジット），2019年2月の日本・EU 経済連携協定の発効，2020年12月の中
国と EU の投資協定の基本合意など，EU はここ10年ほど日本のマスコミをさ
まざまに賑わしてきた。

　そもそも EU とは何なのか。EU の統治体としての形やイメージは，われわ
れ日本人には理解しにくいものである。EU がアメリカ合衆国のような連邦国
家であるならば，EU は連邦政府で EU を構成している各国が州政府というこ
とになり，まだ理解しやすい。しかし，EU の構成員であるドイツ，フランス
などはそれぞれが独立して国家権力を持ち，自国の外交や安全保障政策を展開
している。他方，EU はヨーロッパ版の国際連合のようなものというわけでも

ない。国連よりもはるかに実効的な統治能力を有している。ニュースでときどき報じられるように，アメリカの企業（例えば Apple や Google など）が，EU の**欧州委員会**から **EU 競争法**違反を指摘され，巨額の課徴金を課せられたりしている。企業側は当然反発して国際的な訴訟になっている。また EU 加盟国の予算は，欧州委員会から厳しく査定される。つまり，EU は，国家でもなく，国際機関でもないが，非常に強い権力を行使する越境的統治体なのである（中村 2019：2-3）。

　本章では，まず統治体として，われわれが慣れ親しんできた国家ではない，1 つの未来形となるかもしれない政治・経済・法律の実験場である EU の組織や制度の特徴について説明する。ついで，そのように EU が進化してきたプロセスを成立前史から説き起こし，現在の状況，問題点を概観する。歴史をたどることによって，単に現在の知識をえるだけでなく，そこに至る進化の過程を振り返ることができ，EU について深く多面的な認識をえることができる。

1　EU の組織・制度・機能

EU の基本的性格

　現在の EU は，国家ではないけれども国際機関ともまた異なった存在である。EU が統治体として特別な存在であることを以下で EU の組織，制度，機能などから説明しておこう。EU は，域内の個人の生活や企業活動のすべてに関連しているとともに，EU レベルでの政治的決定（欧州議会選挙，域内警察，安全保障）も行っている。一般の国際機関では，個人に対して直接に立法や行政ができないが，EU ではそれらが可能になっている。例えば，EU の司法権は個人にも直接に及び，また EU 独自の裁判制度のもとで多くの人が訴訟を起こしている。国際機関でも**国際連合**や **WTO** のように裁判制度を備えるものもあるが，そこでは国家しか訴訟を起こせない。EU は，EU 域内の人々に対して，直接に立法，行政，司法の統治権限を行使できる点で，国際機関よりも国家に近いといえるが，国家ではない（中村 2019：73）。

　このことは EU が**市場統合**，**経済通貨統合**を実現した先に政治統合を目標とし
て掲げていることに関係している。政治統合が最終的にどのような形態や政
体を目指すのか，つまり，「**国家主権**」を手放し連邦制を目指すのか，それと
も各国の主権が多くの分野で残る「**国家連合**」に向かうのか，どちらの方向を
目指すかである。この議論は1990年代半ばから活発になってきたが，近年表面
化してきた欧州懐疑主義も，もう１つの欧州統合の潮流として存在してきたこ
とに注意が必要である（村上 2016：128-139）。

EU の主要機関

欧州理事会　　欧州理事会は，1974年の発足以来，事実上の EU の最高意思決定
機関として EU の方向性を定めてきたが，公式・制度的な立場は
2009年に発効した**リスボン条約**によって明確にされた。現在，正式なメンバー
各国首脳（大統領または首相），欧州理事会常任議長と欧州委員会委員長であり，
事実上の EU の最高意思決定機関として EU の方向性を定めている。欧州理事
会の議決事項と議決方法は，表10-1の通りであり，EU の大局的な方針や方
向性などはコンセンサス（全会一致）方式で決めているが，一部の事項は特定
多数決（国数と人口数の比率を組み合わせた多数決の方法）や単純多数決などによ
っても決定されている。リスボン条約では半年に２回の定例会合が定められた
が，それ以外にも臨時**欧州理事会**，非公式欧州理事会なども開催されている
（鷲江 2020：92-100）。

閣僚理事会　　**閣僚理事会**は，欧州連合理事会，単に理事会ともよばれ，各国の
閣僚レベルで構成される。そこでは，欧州議会と共同して EU 法
を制定し EU 予算を編成すること，加盟国の経済政策を調整すること，EU を
代表して国際協定を締結すること，共通外交・安全保障政策を策定し実施する
ことなどが行われている。

　理事会は，現在，表10-2のように，問題分野別にそれぞれ開催されている。
このうち，総務理事会と外務理事会が，リスボン条約で規定された常設の理事
会であり，他は欧州理事会の判断により必要に応じて設置されているものであ

表 10-1　リスボン条約で定められた欧州理事会の議決事項と議決方法

	条	内　容	議決方法
EU条約 （TEU）	7条2項	EUの価値に対する加盟国の違反を確認	全会一致
	14条2項	欧州議会の構成を確定する決定	全会一致
	15条5項	欧州理事会常任議長の選出および解任	特定多数決
	17条5項	委員会の委員数の変更	全会一致
	17条7項	委員会委員長候補の提案。委員会の任命	特定多数決
	18条1項	外交・安全保障政策上級代表の任命および解任	特定多数決
	22条1項	（EUの対外行動に関する）EUの戦略的な利益と目標を明らかにする（期限，手段も）	全会一致
	24条1項	CFSPの規定と実施（理事会と）	全会一致
	31条3項	（CFSPに関して規定がない場合でも）理事会で特定多数決により議決することを定める決定	全会一致
	42条2項	共同防衛への移行	全会一致
	48条3項	（通常改正手続き）改正の審議に対する賛成の決定。諮問会議を招集しない決定	単純多数決
	48条6項	（簡易改正手続き）改正する決定。	全会一致
	48条7項	EU運営条約もしくはEU条約の理事会の全会一致の規定を特定多数決に変えることを認める決定。同様に特別立法手続きを通常立法手続きに変えることを認める決定。	全会一致
	50条3項	脱退協定の協議期間の延長	全会一致
EU運営条約 （TFEU）	86条4項	欧州検察局の権限拡大する決定	全会一致
	235条3項	手続き事項および欧州理事会手続き規則の採択	単純多数決
	236条	（一般および外務以外の）理事会の構成一覧を確定する決定，ならびに理事会の議長に関する決定	特定多数決
	244条	委員会委員の輪番制の確定（EU条約17条5項にも規定）	全会一致
	283条2項	欧州中央銀行執行理事会議長，副議長およびあと4人の構成員の任命	特定多数決
	312条2項	多年次財政枠組の規則の採択で理事会が特定多数決で議決することを認める決定	全会一致
	355条6項	デンマーク，フランス，オランダの海外領域等の地位を修正する決定	全会一致

（出所）　鷲江（2020：96）。

表 10-2　理事会の分野と議長

分野別（閣僚）理事会	議　長
総合（General Affairs Council）	輪番議長国
外務（Foreign Affairs Council）	上級代表
経済財政（Economic and Financial Affairs Council）	輪番議長国
司法内務（Justice and Honme Affairs Council）	輪番議長国
雇用・社会政策・健康・消費者問題（Employment, Social Policy, Health and Consumer Affairs Council）	輪番議長国
競争力（域内市場，産業，研究，宇宙）（Competitiveness (internal market, industry, research and space) Council）	輪番議長国
運輸・通信・エネルギー（Transport, Telecommunications and Energy Council）	輪番議長国
農漁業（Agriculture and Fishery Council）	輪番議長国
環境（Environment Council）	輪番議長国
教育・若者・文化・スポーツ（Education, youth, culture and sport Council）	輪番議長国

（出所）　中村（2019：76）。

る。

　特徴的なことは，外務理事会だけは，欧州理事会が特定多数決で欧州委員会委員長の合意を得て2年半の任期で任命する外務・安全保障上級代表が議長を務めることである。上級代表は，EU の対外関係を一括して担当するために，EU 外相とも称される。その他の分野については，構成国が半年ごとに輪番で議長国になっている（鷲江 2020：101-103；中村 2019：76）。

　理事会の意思決定の方法は，政策・立法事項ごとに EU の基本条約が，多数決にするか全会一致にするかを細かく決めている。多数決による場合は，特定多数決方法がほとんどである。特定多数決についての取り決めは，表10-3の通りである。例えば，欧州委員会（あるいは上級代表）の提案を可決する条件は，55％以上の構成国（現在では16カ国）が賛成し，かつ，賛成国の合計人口が EU総人口の65％以上になることである。実際の閣僚理事会では，投票でなくコンセンサスを得るようにして決定されている。

　また，理事会には事務局が存在し，政策分野別に官僚組織が作られており，閣僚理事会の議事運営を補佐している。また各国政府の大臣を補佐する機関と

表 10 - 3　特定多数決の可決のための要件

	欧州委員会等の提案に基づく場合	欧州委員会等の提案に基づかない場合
欧州経済共同体条約 （1958年以降）	• 15カ国の場合， 　賛成票数（87票中62票以上）	• 15カ国の場合，賛成票数（87票中62票以上） • 10カ国以上
ニース条約 （2005年1月以降の規定）	• 賛成票数（345票中255票以上） • 加盟国の過半数以上 • 全人口の62％以上	• 賛成票数（345票中255票） • 加盟国の2/3以上 • 全人口の62％以上
リスボン条約 （2009年12月発効） （過渡規定Ⅰ 2014年10月まで） （ニース条約と同じ）	• 賛成票数（345票中255票以上） • 加盟国の過半数以上 • 全人口の62％以上	• 賛成票数（総票数345票中255票以上） • 加盟国の2/3以上 • 全人口の62％以上
リスボン条約 （過渡規定Ⅱ 2014年11月1日〜 2017年3月）	• 加盟国の55％以上＝15カ国以上 • 全人口の65％以上 • 可決阻止少数に関する要件 　（否決には4カ国以上の反対が必要*1） • 審議継続要件（イオニア方式*2, 3）	• 加盟国の72％以上 • 全人口の65％以上 • 可決阻止少数に関する要件 　（否決には4カ国以上の反対が必要*1） • 審議継続要件（イオニア方式*3）
リスボン条約 （過渡規定Ⅲ 2014年11月〜 2017年3月）	• 加盟国の要請があった場合，過渡規定Ⅰの延長が可能（ニース条約と同じ） • 審議継続要件（イオニア方式*4）	• 加盟国の要請があった場合，過渡規定Ⅰの延長が可能（ニース条約と同じ） • 審議継続要件（イオニア方式*4）
リスボン条約 （2017年4月以降）	• 加盟国の55％以上＝16カ国以上 　（加盟国数が28の場合*6） • 全人口の65％以上 • 可決阻止少数に関する要件 　（否決には4カ国以上の反対が必要*1） • 審議継続要件（イオニア方式*5）	• 加盟国の72％以上 • 全人口の65％以上 • 可決阻止少数に関する要件 　（否決には4カ国以上の反対が必要*1） • 審議継続要件（イオニア方式*5）

（注1）　理事会においてすべての加盟国が投票に参加するわけではない場合には，可決阻止少数は，投票に参加する加盟国の全人口の35％以上を有する加盟国に加え，さらに1加盟国以上を含まねばならず，この条件に満たない場合には，特定多数決による可決を阻止することはできない。

（注2）　イオニア方式とは，可決阻止少数が得られない場合でも一定数の加盟国が反対する場合，審議を継続するという政治的合意であり，リスボン条約で条約に明記された。

（注3）　可決阻止に必要な人口要件もしくは加盟国数要件のいずれかの要件の4分の3以上に達する加盟国が，特定多数決による採択に反対の意向を示した場合には，審議が一定期間継続される。

（注4）　可決阻止少数に関する人口要件（38％以上）の4分の3である28.5％以上の人口をもつ加盟国の反対，もしくは加盟国要件（過半数以上）の4分の3である37.5％の加盟国（27カ国の場合11カ国）以上の反対があった場合には，審議が一定期間継続される。

（注5）　可決阻止に必要な人口要件もしくは加盟国数要件のいずれかの要件の55％以上に達する加盟国が，特定多数決による採択に反対の意向を示した場合には，審議が一定期間継続される。

（注6）　理事会で行われる特定多数決に関しては，EU条約16条，EU運営条約238条，「過渡規定に関する議定書」，「EU条約16条4項およびEU運営条約238条2項に関する宣言」を参照。なお，イギリス脱退後は，加盟国数28の55％以上＝15カ国以上へと変わる予定。イギリス脱退後の特定多数決は，EUのHPにあるVoting calculatorで簡単に計算できる。https://www.consilium.europa.eu/en/council-eu/voting-system/voting-calculator/

（出所）　鷲江（2020：107）。

して，常駐代表委員会がある。各国大臣は自国の国政で多忙であるから，EU
レベルの問題についてはブリュッセルに各国の大使クラスの常駐代表を駐在さ
せ，常駐代表が常時会合を開き（常駐代表委員会），重大な決定以外の事項につ
いては，そこで仮決定をし，大臣が出てくる理事会で正式に承認するようにな
っている。大臣たちは，理事会では，常駐代表が決定できなかった重大な事項
を主に討議して決定する。

欧州委員会　**欧州委員会**は，EU の行政府と言える。どの加盟国からも指示を
受けない中立性が求められ，EU 全体の利益に資することが求め
られている。設置は，1951年の**パリ条約**で設置された**欧州石炭共同体**の最高機
関に求められる。

　欧州委員会は，狭義と広義のとらえ方がある。狭義の場合は各加盟国１名に
よる「欧州委員」からなる合議体を指し，広義の場合にはそれを支える「官僚
制」も含む。前者の視点から考えると，委員長は次のようにして選任される。
すなわち，欧州理事会が欧州議会選挙結果を考慮に入れたうえで特定多数決に
より候補者を選び，**欧州議会**に提案する。提案は多数決により決し，否決され
れば同様の手続きで別の候補者が提案される。

　欧州委員会の委員は，委員長が決定した後に，委員長が選出された国以外の
政府が，１名ずつ推薦される。理事会は，選出された直後の委員長とそのリス
トを調整して，議会に提出するというプロセスをたどる。

　欧州委員会は，EU の公益のために政策を立案し法案を提出する立法機関と
しては機能する。EU の立法事項の大部分については，欧州委員会が法案提出
権を独占している。委員会は，採択された EU 法を自ら実施し，あるいは各国
政府による実施を監督し，実施を怠る各国政府を EU 裁判所に訴えるという行
政機関としても機能する。

　欧州委員会では，委員長の指揮のもとに，副委員長若干名と通常の委員が政
策分野を分担して担当する。ただし，EU の共通外交・安全保障分野について
は「上級代表」が担当する。「上級代表」は EU 連合を対外的に代表する。国
で言えば，外務大臣に相当する職である。外務理事会の議長を務め，かつ，欧

州委員会の副委員長を兼ねる。1人が同時に2つのEU機関に属する特殊な地位である。

　各委員のもとに欧州委員会職員の官僚機構があり，政策分野別に組織されていて，これが委員を補佐する。これが「広義」の意味での欧州委員会ということになる。ただし，「上級代表」の補佐機関は，欧州対外活動庁という別の四職である。これは，欧州委員会の職員，閣僚理事会事務局の職員，各国外務省出向者の三者で構成する（中村 2019：75-77；鷲江 2020：111-116）。

欧州議会　欧州議会の歴史の始まりは，欧州石炭共同体のなかに「共同総会」がおかれたことに端を発する。それは「総会」という名前が示しているように諮問機関であったが，1987年に発効した単一欧州議定書ではじめて欧州議会という組織名称が使われ，名実が一体化し，現在では，立法の採択機関の1つになった。ただし，欧州議会は議会という名がついているにもかかわらず，議員は自ら法案を提出することはできず，法案の提出権は，わずかな例外を除いて，欧州委員会が独占している。欧州議会にできることは，欧州委員会に対して法案を提出することを要請するに過ぎない。

　欧州議会の権限には，調査権と欧州委員会に対する不信任決議権がある。調査権は，行政権がある閣僚理事会や欧州委員会の行動が適切であったことを調べて，政治的な責任を追及することができるということである。不信任決議権を行使すれば，欧州委員会は総辞職することになるが，一度も公式に発動されたことはない。

　議員は各国の直接選挙で選出される欧州議員から構成され，議席数の配分は各国人口に対応して分配されている。選出された議員は，国籍と無関係に議会内政党や会派を組んで行動している。欧州議会の意思決定は，定足数を満たした議会の出席者の過半数で決定されるが，とくに重要な決定は総議員の過半数で行う（絶対多数決）ことになっている（中村 2019：77-79；鷲江 2020：82-91）。

EU 司法裁判所　**EU 裁判所**は，欧州石炭鉄鋼共同体の発足と同時に設けられている（1952年）。EU各国1名の裁判官（合計28名）がEU諸国の共通の合意により任命される。これとは別に，法務官も合計11名任命される。

法務官は，裁判所に対して，EU の公益代表者として独立の立場から，各事件についてあるべき解決について意見を述べる官職である。裁判所は，当事者の主張，法務官の意見を参考に，裁判官だけで合議して単純多数決で判断を下す。

EU 裁判所の下級審にあたる EU 一般裁判所が，1987年に発効した単一欧州議定書にもとづく理事会決定により1989年に「欧州第一審裁判所」として設立され，2009年発効のリスボン条約で現在の名称に変更された。EC の発展に伴って訴訟の件数が増加し第1審としてこの裁判所が作られた。長らく各国1名の裁判官から構成されていたが，訴訟件数の増加により，2016年からは最終的に各国2名の裁判官になるように段階的に増員されている。法務官はいない。

EU 加盟国は，EU の基本条約に定める紛争解決機関以外では EU 法に関する紛争を解決しないと確約している。だから，EU の裁判所が EU 法に関する最終的な紛争解決機関になる。EU 法の問題について，EU 諸国が国際司法裁判所に提訴するようなことはできない（中村 2019：79-80；鷲江 2020：118-124）。

その他の機関としては，経済社会評議会と地域評議会がある。前者は，商工業者，労働者，消費者などの代表を集めた諮問機関であり，後者は EU 諸国の地方自治体の代表を集めた諮問機関であり，いずれも，欧州委員会の提出下法案に対して意見を表明する（中村 2019：81）。

このように EU は，国家でもなく国際機関でもない，新しい統治体としての実験場ともいうべき性格を持っている。

2　EU 成立の前史

思想から見たヨーロッパ

ヨーロッパ諸国を連邦や国家連合といった形式によって考える発想は，ある程度の一体性を持つ文化的空間としての「ヨーロッパ」という概念に照応している。「ヨーロッパ」という概念の起源は古代までさかのぼる。ユーラシア大陸の西端とその周辺を指す地理的世界としてのヨーロッパは，アジア，アフリカなどとの区分により意識されるが，その最初の認識は古代ギリシャ時代に生

まれたと考えられる。といっても，現在のようなヨーロッパ世界の歴史的形成過程をふりかえると，真の起源は，キリスト教が大きな支配力を持っていた4世紀の時点とみなすことができる（益田・山本 2019：1）。

　ヨーロッパが統治体として完全に統一されたことは歴史上一度もない。450年頃のほんの一時期に，北と最西端を除く全ヨーロッパが，3人の偉大な皇帝によって分割統治されていたに過ぎない。ヴァレンティニアヌス3世統治下の西ローマ帝国，マルキアヌス統治下の東ローマ帝国，アッティラ支配下のフン帝国の3帝国によってである（ヒーター 1994：3）。

　しかし，1300年頃から1800年頃までに，ヨーロッパのアイデンティティに対する意識はその速度を増し，フランスの著名な哲学者であり文学者・歴史学者であったヴォルテールは次のように書いていた。

　　すでに長い間にわたって，（ロシアを除いて）キリスト教ヨーロッパは，いくつかの国家に分割されてはいるが，一種の大きな共和国と見なすことができる。すべての国家が相互に調和しており，さまざまな宗派に分かれてはいるものの，同じ宗教の分流を共有している。すべての国家は，他の世界では知られていない公法および政治的な法律の原則を保持している。これらの原則にしたがって，ヨーロッパ国民は，かれらの捕虜を奴隷としない。かれらは，敵国の大使たちに敬意を表し，……とりわけかれらは可能な限り彼ら自身の勢力均衡を維持し，絶えず戦時でさえも，交渉を行なうという賢明な政策を遂行している……

　他の大陸では獲得することのできなかったこれらの条件は，その上に政治的な統一を構築することができる計画の基礎をみごとに要約している（ヒーター 1994：269-270）。

　このようにデレック・ヒーターは，『統一ヨーロッパへの道』のなかで，ヨーロッパ統合の思想的背景を，ヴォルテールの上記の言葉をひきながら，キリスト教が基礎であり，その上に各種の法制度，政治制度があったことを示して

いる。

国際関係史におけるヨーロッパ

　ヨーロッパの共通教科書作成の試みである，フレデリック・ドリューシュ総合編集（木村尚三郎監修・花上克己訳）『ヨーロッパの歴史　欧州共通教科書』では，古代ギリシャの「民主主義」と古代ローマの「法による公正」という理念に，「個人的自由」の理念が加わって「ヨーロッパ精神」なるものがつくられ，そこでキリスト教が大きな役割を演じたという形で，ヨーロッパのアイデンティティを説明している。

　木畑洋一によれば，現在のヨーロッパの姿に結びつくヨーロッパ・アイデンティティが形をとってくるのは，近世以降のことであるとしており，イギリスの歴史家，ピーター・バークも同様の議論をしている（木畑 2005：10-11）。

　世俗的なレベルでの広がりをもったヨーロッパという概念は，16〜17世紀にあらわれ始め，18世紀になって広がっていった。これには，2つの重要な要因がある。1つはヨーロッパとイスラーム世界（オスマン帝国）との関係であり，もう1つは大航海時代に始まるヨーロッパ諸国の対外的拡大の過程である。後者は，世界の中でヨーロッパの優位が確立する過程でもあったが，その中で，ピラミッド型の構造をした世界の頂点に立つヨーロッパという意識が育まれてきた。これが19世紀後半以降の「帝国主義の時代」にさらに広がったと考えられる。「科学的人種主義」と密接に結びついたヨーロッパ文明の優位性の主張が，「文明化の使命」論の形をとって，ヨーロッパの意識を支えた。（木畑 2005：12-14）。国際関係の中でヨーロッパの統一性が明確に意識されたと考えることができる。

　第1次世界大戦は，「ヨーロッパの内戦」としばしば呼ばれる。第1次世界大戦前にヨーロッパ内部で平和が続いたことから，1つの共通したヨーロッパ社会というものがあると多くの人々が信じた状況は，大戦の勃発によって崩れさった。「ヨーロッパの内戦」がヨーロッパの多くの人々に危機意識を生み出し，「内戦」によって分断されたヨーロッパを再建し統合体として強化しよう

とするヨーロッパ統合運動が生み出された。

　統合運動の中でも有名な例が，リヒャルト・フォン・クーデンホーフ＝カレルギーによるパン・ヨーロッパ統合運動である。ただし，注意しておかなければならないのは，このパン・ヨーロッパ統合運動は，ヨーロッパと直結したアフリカ植民地やその他植民地も含んでおり，帝国主義の時代に確立したヨーロッパ諸国の支配的位置を前提として構想されていた。また，その運動ではイギリスが除外されていた。イギリスは，そもそも世界全体に帝国を有しており，それ自体が世界的な存在で，面積においても人口においてもパン・ヨーロッパを上回っていたからである。さらに，**パン・ヨーロッパ統合運動**は，ロシア革命を経て新たな姿を獲得したソ連，政治経済力を強固なものにしたアメリカとの対抗関係を前提としていた（木畑 2005：18-19）。

　クーデンホーフ＝カレルギーの構想は，ヨーロッパの政治家や経済的指導者に関心を持って受け止められたが，ナチスの台頭とともに圧迫を受け，クーデンホーフ＝カレルギー自身も1940年8月にアメリカに亡命した。また1929年フランス外相ブリアンによる「連合」構想に関する覚書がフランス外務省により公表された。これは，長期的な対独安全保障の確保とヨーロッパ経済の国際的競争力の向上を目指すものであった（益田・山本 2019：18-20）。

　その後の世界大恐慌による欧州分断の時期を経て，ナチス・ドイツによるヨーロッパ支配は，パン・ヨーロッパ統合運動や第2次世界大戦後に実現したヨーロッパ統合とは理念も原則も異なるものであった。ヒトラーは，イギリス帝国との共存を前提に，植民地を保有しているヨーロッパ諸国を「新秩序」の中に組み込んだナチス・ドイツを考えていた。

　第2次世界大戦後に展開した冷戦構造のなかで，ヨーロッパも大きく東西に分裂し，西ヨーロッパにおいては統合を目指す運動が新たに繰り広げられ，1950年のシューマン・プランに始まるヨーロッパ統合の具体化につながっていった（木畑 2005：24-27）。

　シューマン・プランの発案者であり当時フランスの企画院長官であったJ・モネは，戦前に国際機関で活動した苦い経験（各国が拒否権を発動して事態が空

転する）から，他の国家機関では見られない各国が拒否権をもたない超国家主
義を採用した（河﨑・奥 2018：212）。

　シューマン・プランに対してイギリスは消極的であった。というのも，イギ
リス帝国 – 連邦諸地域とのつながりの方をヨーロッパでの協力関係への参与よ
りも重視したからである。他方，シューマン・プランでも非ヨーロッパ世界
（とくにアフリカ）との関係が強く意識されていたことは注意しておく必要があ
る（木畑 2005：27）。

3　統合の発展

第 2 次世界大戦後における統合の発展——1980年代前半まで

　ヨーロッパ統合は，1950年 5 月 9 日（この日は EU の定めたヨーロッパの日とな
った）発表のシューマン・プランによって1952年に成立したドイツ，フランス，
イタリア，ベルギー，ルクセンブルク，オランダの 6 カ国からなる ECSC（ヨ
ーロッパ石炭鉄鋼共同体，この設立条約はパリ条約と呼ばれる）にその起源がもとめ
られる。シューマン・プランは，西ドイツのルール炭鉱地域とフランスのアル
ザス・ロレーヌ鉄鉱地域の国際管理を核としていた（河﨑・奥 2018：211）。

　ECSC が統合の起源とされる理由の 1 つが，超国家機関としての高等機関を
有していたことであり，その発想は，第 2 節で述べた J・モネに依存するとこ
ろが大きい。

　さらに1958年 1 月に，EEC（欧州経済共同体）および EURATOM（欧州原子
力共同体）がローマ条約（EEC と EURATOM の 2 つの機関の設立条約）により発
足し，経済全体の統合が促進された。EEC は，財・サービス・人・資本の自
由移動を実現する共同市場を目標としていた。また1968年 7 月には関税同盟が
完成し，域内では自由貿易体制が実現し，対外的には共通関税が設定された。
同時期に CAP（共通農業政策）も確立した。CAP は域内の農業保護政策であり，
農産物に域内の最低保証統一価格を設定して，この価格が世界価格より高いと
きには差額分を輸入課徴金として課し，また余剰農産物は，公的に買い取られ

るか，補助金つきで輸出された。さらに高度成長を背景に通商面を中心に統合が進み，1967年7月には，EEC，ECSC，EURATOMが併合して，EC（欧州共同体）が成立した（山本・鳥谷 2019：172-173）。

　欧州統合の重要な分野である通貨統合については，構想自体は1960年代後半のイギリス・ポンド危機，フランス・フラン危機などの通貨危機に際して通貨協力を検討する過程で議論が始まっていた。とくに，フランスのポンピドゥーが大統領に就任（1969年6月）した後，イギリスがECに加盟することを反対しないと表明したことから（それまでのフランス大統領ド・ゴールは反対を続けた），通貨統合の試みも動き始めた。

　1970年3月にルクセンブルクの首相兼財務相ヴェルネルを委員長とする「経済通貨同盟の創設に関する委員会」が設置され，報告書（ヴェルネル・プラン）は同年10月に発表された。しかし，最終段階で通貨統合することにフランスが強く反発し，その部分が削除される形で，1971年2月の閣僚理事会でヴェルネル・プランが採用された。しかし，1970年代の通貨制度は，ドル危機，オイルショック，スタグフレーションの発生などにより，計画は順調に進まなかった。

　国際通貨制度が動揺する中で，西ドイツとフランスの協力により（西ドイツのシュミット首相とフランスのジスカールデスタン大統領は，共同市場が非関税障壁により細分化されたままであること，欧州諸国で経済の収縮が起きていることに危機感をいただいており親密な関係を築いた），1979年3月に変動相場制度の下で欧州通貨の安定を図るためにEMS（欧州通貨制度）が発足した。EMSは，域内では固定相場制度をとり，域外については変動相場制度をとる共同フロート制度であった（益田・山本 2019：176-181）。

　1970年代のECは，欧州理事会を発足させ，欧州議会の直接選挙を実施するなど制度面での発展があった。これはアメリカに対抗する形でヨーロッパ・アイデンティティを発展させることが求められたからでもある。

1980年代後半──単一欧州議定書のインパクト

　1970年代は，直接投資の自由化などを除けば，共同市場への進展は停滞気味

であった。これは，2度のオイルショックにより経済が低調でしかも高率のインフレによって，各国の利害対立の調整が難しくなったからである。しかし，1980年代の後半以降は，単一欧州議定書の発効と**マーストリヒト条約**の調印が，欧州統合をリスタートさせそれを飛躍させた。

単一欧州議定書は，ローマ条約を改正したもので，ドロールEC委員長のもとで1986年2月に締結（1987年7月に発効）された。これは，アメリカ，イギリスで広がっていた「新自由主義」思想をECにも取り入れて巨大な域内共同市場を実現しようとしたものである。ローマ条約でも経済活動の自由化が謳われていたが，1968年の関税同盟が成立しただけで，共同市場の創設・発展は遅れていた。イギリスの**サッチャー首相**は，「新自由主義」思想にもとづいて，国営企業の民営化，労働市場改革，金融規制の緩和などを推進していたが，相対的に遅れていたヨーロッパ大陸の国々もそれに追随したのである。

共同市場を実現するために，物理的障壁（税関における手続き，パスポート管理，動植物検疫などの差異），技術的障壁（国による法制度の差異であり，工業品規格，認証制度，企業税制度などの差異）のうち，人の移動や税制などを除くほとんどの分野で多数決による意思決定制度を採用することによって，障壁が除去されていき，1993年に共同市場の一応の完成がみられた。

このプロセスで重要な役割を果たしたのが，相互承認原則である。これは各国の規制や規格を統一するのではなく，すでに各国で用いられている基準を相互に認め合うことで迅速な共同市場の実現が図られた。ただし各国税制の調整・統一化は全会一致原則であったから，その障壁はなかなか除去されず，知的財産権のルール化なども課題として残された。

また，ドロール委員長の下でCAP（共通農業政策）改革と国による経済格差を解消するための地域政策（構造政策とも呼ばれる）の拡大も進んだ。1980年代のECの農業共同市場は，過度の農業保護政策の結果，過剰生産におちいり，GATT交渉の場でも批判の的であった。過剰生産の原因であった高水準の統一農産物価格を低くするという改革が進められ，それによって生じた支出減少分を，地域政策に新たに振り向けられる予算として増額した。

　EEC は西ドイツ，フランスを中心に 6 カ国で発足したが，1973年 1 月にイギリス，アイルランド，デンマークが加盟し，1981年 1 月にギリシャが，そして1986年 1 月にスペイン，ポルトガルが加盟して，その構成国は12カ国にまで広がり，国による経済格差が大きく意識されるようになったからである。地域政策は，アイルランド，ギリシャ，スペイン，ポルトガルなど，経済開発が遅れていた国々にとって，社会基盤整備を進める上で大きな意味を持った。伝統的に共通予算の 8 割以上が CAP にさかれていたが，1990年代には共通予算の 3 割近くが地域政策にさかれるようになった（この項は，河﨑・奥 2018：222-225；益田・山本 2019：197-204；山本・鳥谷 2019：174-175などによる）。

マーストリヒト条約の発効（1993年）とユーロの誕生

　冷戦体制の崩壊を受けて，1992年 2 月にマーストリヒト条約が調印された（1993年11月発効）。マーストリヒト条約での主要な合意点は次の通りである。①欧州連合（EU）を設立し，従来の三共同体をその下に置く（EEC は名称を EC に変更）。②共通外交・安全保障政策の確立を EU の目的の中に含める。③司法・内務政策の協力。判決の域内での執行，出入国政策，難民，麻薬，テロ対策などの協力を目指す。④「**欧州市民権**」が導入され，域内では他の加盟国に居住する市民は，居住国での地方自治体と欧州議会の選挙権，被選挙権が与えられ，EU 域外では他の加盟国の保護が得られることとなった。⑤基本的人権の確立を欧州レベルで行うこと。⑥経済通貨同盟（EMU）の実現に向けて具体的スケジュールを決めた。⑦「**補完性の原理**」（EU と各構成国との権限の範囲を定めるルールであり，より適切に実現できる方が採用される）が導入された（羽鳥 1999：115）。

　とくに⑥の具体的スケジュールでは，単一通貨への道筋が明示され，1999年の単一通貨ユーロを導入するための動きが加速した。すなわち単一通貨の導入を実現するために，加盟各国は経済状態を一定範囲内に収斂させる必要があるとされ，収斂条件は以下の 4 点にまとめられた。①物価の安定，②金利水準の安定，③為替相場の安定，④健全な財政（財政赤字は対 GDP 比の 3 ％以内，政府

債務残高が対 GDP 比の60％以下に収まること）である。

　経済状態を収斂させることと並行しながら，単一通貨をコントロールするための機関，**欧州中央銀行**（ECB）の組織作りも進められ，財政政策は各国の裁量に任されたが，金融政策はその主権が各国中央銀行から ECB に委譲された。ユーロの発足にあたっては，参加見送り，経済収斂条件未達成，国民投票の結果などを受けて，EU 15カ国のうち11カ国が参加することになった。ユーロ発足当初は銀行間取引のみであったが，2002年から現金通貨の流通も始まった（河﨑・奥 2018：225-226）。

　マーストリヒト条約は，このように EU の制度と政策を大きく変更しようとするものであった。統合の新たな段階を画する EU が12カ国で成立し，その後1995年1月にスウェーデン，オーストリア，フィンランドの3カ国が加盟し15カ国になった（第4次拡大）。しかし，マーストリヒト条約は，デンマークでは国民投票で批准拒否された後に再投票で批准され，フランスでは過半数ぎりぎりで批准されるなど，反統合の様相が見られていた。これらの結果を受けて交渉が積み重ねられ，1997年6月にアムステルダムで欧州理事会が開催されマーストリヒト条約の見直しがなされ，**アムステルダム条約**が合意された（1999年5月に発効）。

　アムステルダム条約の基本点は以下の通りである。①EU の基本原則たる自由，民主主義，人権と基本的権利の尊重などに違反した場合の制裁規定を設けた。②国境の人の自由往来を定めた「**シェンゲン協定**」を条約に組み込む。ただしイギリスとアイルランドは例外扱いとする。③「社会憲章」をイギリスも参加して条約に組み入れる。④EU の目的に「高水準の雇用」を挿入する。⑤「均衡のとれた持続可能な発展」を条約の目的に追加する。⑥共通外交・安全保障政策の決定に建設的棄権性を採用する（これは全会一致が原則だが棄権はそれを妨げないの意味）。⑦いま進行中の加盟交渉において，新加盟国が5カ国以下の場合には，欧州委員会の構成は現状の20人のままで，6カ国を超えた場合は機構改革を行う。⑧加盟国の過半数が参加すれば他国に先んじた統合を認め，これによって多段階統合に道を開いた。とくに，加盟国の増大にともなう**機構**

表 10 - 4　EU のハイテク貿易収支（1995年）

（単位：10億 ecu）

	対アメリカ	対日本	対 NICs6	全世界
航　空	−1.6	0.3	3.1	9.0
化　学	−0.2	0.0	−0.2	−0.2
コンピュータ	−6.9	−4.6	−9.8	−15.4
家　電	−0.9	−1.2	−0.2	−1.0
機　械	−0.5	−0.3	0.2	1.0
一般電子	−2.2	−4.1	−2.2	−5.9
原子力	0.0	0.2	0.1	−0.1
精密機器	−0.5	0.0	0.2	1.6
通信機器	−0.9	−0.4	−0.1	1.8
兵　器	0.0	0.0	0.0	−0.1
計	−13.7	−10.1	−8.9	−9.4

（注）　NICs6 はマレーシア，タイ，シンガポール，香港，台湾，韓国。
（原資料）　*European Economy*, No. 3, 1997, p. 215.
（出所）　羽鳥（1999：126）。

改革の問題が最終的に決着していない点に注意が必要である。アムステルダム条約は，単一欧州議定書とマーストリヒト条約を引き継ぐ EU の基本条約となった。

　このように統合への作用と反作用が交互に繰り返される中で，作用の方が強く働いて統合が進められていったのである。これは，米・日との世界市場競争での立ち遅れ，東アジアの経済発展，電子・コンピュータなど高度技術産業における技術開発の遅れ（表10- 4 を参照）といった外的条件変化が，ヨーロッパに統合の作用をもたらした結果とみなせる（羽鳥 1999：115-116）。

EU の拡大

　21世紀に入って EU は拡大を続けた。2004年には中東欧国 8 カ国にマルタとキプロスを加えた10カ国が，2007年にはブルガリアとルーマニアの 2 カ国も加盟し，計27カ国になった（第 5 次拡大）。その後，2013年にクロアチアも加盟した（第 6 次拡大）。これによって EU 加盟国は28カ国にまで拡大した（その後2020年に英国の脱退により27カ国へ）。また2022年 3 月現在，アルバニア，北マケドニア，モンテネグロ，セルビア，トルコの 5 カ国が加盟候補国，ボスニア・

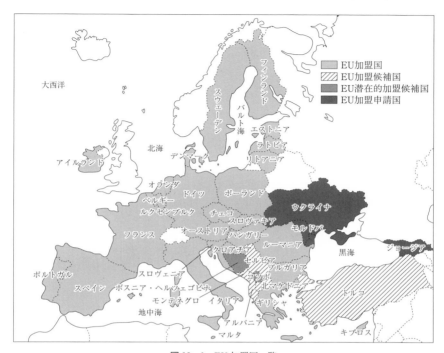

図 10-1　EU 加盟国一覧

（出所）　https://eumag.jp/behind/d0322/, 2022年 7 月 1 日閲覧）。

ヘルツェゴビナ，コソボの 2 カ国が潜在的加盟候補国（準備が整ったときには EU に加盟するという可能性を約束されている国）となっている。さらに，同年 2 月24日のロシアの侵攻を受けたウクライナおよび，同国周辺のジョージアとモルドバが立て続けに加盟を申請した（駐日欧州連合代表部の公式ウェブマガジン・EU MAG 2022年 3 月31日付より，https://eumag.jp/behind/d0322/）。

　21世紀に入っての EU 加盟国の急拡大の過程で，既存の欧州連合の 2 つの基本条約（欧州連合条約＝マーストリヒト条約，および欧州共同体設立条約＝ローマ条約）を修正する条約が，リスボン条約として，2007年12月に調印され，2009年12月 1 日に発効した。リスボン条約は既存の条約の修正と**基本権憲章**の法的拘束力を与えるものとなっている。

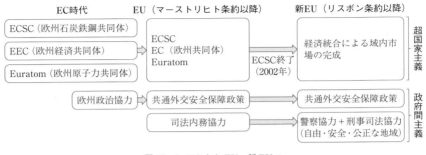

図 10-2　EC から EU, 新 EU へ

（出所）　鷲江（2020：33）。

　本来は，欧州憲法条約が 2 つの基本条約と欧州連合基本権憲章に代わり，ま
たこれらを単一の条約に統合する形をとっていた。しかしこの条約が各国の主
権を制限，否定するものになるのではないかという危惧から，2005年にフラン
スとオランダにおける国民投票で欧州憲法条約の批准が否決された。欧州連合
の基本条約の枠組み改定には全加盟国の賛成が必要であるため，欧州憲法条約
は発効が断念されたという経緯があったからである。

　EC から EU, そしてさらなるリスボン条約以降の EU の発展は，図10-2 の
ように図式化できる。

　さて，EU は順調に安定と成長を実現してきたように思わせるが，いくつか
の問題点を内包し，危機も経験してきている。

　EU の最大の基盤は共同市場であり，国境を越えた公正な競争を保障する競
争法の他，**共通農業政策，共通通商政策，地域政策**などの政策によって補完さ
れている。共同市場の発展を基礎として欧州通貨同盟が完成し，単一通貨ユー
ロが導入され，1999年に11カ国で発足したユーロは現在19カ国で構成されてい
る。

　通貨統合の実現後，EU レベルでの中期経済戦略である**リスボン戦略**（2000
〜2010年）が策定され，「**欧州2020**」戦略に引き継がれた。こうした戦略は，知
識とイノベーションを基盤としたスマートで包摂的（経済的・社会的・地域的結
束の強化や雇用の促進など）かつ持続可能な成長（より資源効率的で環境に優しい）

を目標としたものであったが，共同市場における競争重視の下で，各国の所得格差は総じて拡大した。また低賃金で不安定な雇用も拡大し，労働条件の上方への収斂は実現したとは言えず，EU レベルでの強力な社会的規制の欠落を示す統合における負の側面となった（山本・鳥谷 2019：174-176）。

ユーロ危機

　21世紀に EU は域内の金融市場統合によって金融のグローバル化を進めた。EU の経済はきわめて好調であり，実質経済成長率は2000年代半ば 3 ％程度で失業率も低下していた。しかし，2008年 9 月のアメリカ発世界金融危機はヨーロッパに伝播し，国内の不動産融資とアメリカのサブプライム・ローンに深く関わっていたヨーロッパの銀行は不良債権が表面化して経営難に陥った。このことは金融不安を生み出し実体経済を収縮させた。EU 28カ国の実質経済成長率は2009年に－4.3％を記録した。また低下していた失業率は，2008年の 7 ％で下げ止まり2009年から上昇し始めた（山本・鳥谷 2019：183-184）。

　欧州の周辺国は金融危機の影響で財政赤字を急激に膨らませることになった。とくにギリシャは，2009年の新政権発足によって旧政権による財政赤字隠蔽が表面化し，危機が深刻であった。**ギリシャ危機**は，2010年にアイルランド，ポルトガルへと波及した。その後，ギリシャの経済財政状態が改善しない中で，スペインやイタリアの財政状態も市場で不安視され，各国の国債価格は下落し，利子が上昇した。**ソブリン・リスク**（国債の信用リスクのこと。政府が財政赤字の財源を確保できないリスク）が顕在化し，デフォルト（債務不履行）の懸念が高まった。欧州の金融危機は，銀行危機と財政危機の複合的なものとしてあらわれたのである（河﨑・奥 2018：227；山本・鳥谷 2019：183-186）。

　ギリシャが EU 加盟国でなければ，その経済財政状態が悪化した場合ただちに国債は暴落しギリシャへの資本導入が困難になる。しかしギリシャは EU の 1 国であるから，EU の他の諸国がギリシャに融資を行うことが期待され，その経済状態の悪化は EU 加盟をしていない場合よりも見逃されやすくなる。これは単一通貨ユーロの制度的欠点と言えるかもしれない。

　現実にギリシャのユーロ圏離脱もささやかれ，次にどの国がユーロ圏を離脱する可能性があるかと言われた。ギリシャが独自の通貨に復帰すれば，ギリシャの通貨は下落して，輸出競争力が回復する。これはギリシャにとって望ましいことであるという議論も行われた。しかしある国がユーロ圏から離脱すれば，それは EU の統合の脆さを示すことになり，統合自体の存続が危ぶまれる。2009年のギリシャ危機から2012年にかけて，ユーロ危機（対応が困難なユーロ暴落）が断続的に続いたのである。

ソブリン債務危機の連鎖とトロイカの政策

　金融市場の混乱を沈静化するため，2010年 5 月には，ギリシャに対して，EU（欧州委員会が主導），ユーロ圏（ECB が代表），IMF が交渉を重ねて支援を決定し（ 3 つの協力体制は「トロイカ体制」と呼ばれる），ユーロ圏と IMF の合計で，1100億ユーロの金融支援が決定された。金融支援は，年限を区切って支援プログラムを組み，被支援国に対して財政緊縮や構造改革などさまざまな条件をつけて，デフォルト危機の再発を防ぐものである。

　あわせて，EFSF（欧州金融安定ファシリティ），EFSM（欧州金融安定化メカニズム）を設置して，南欧諸国への融資体制を整備した。これら 2 つは，ともに，債券発行により資金を調達し，金融危機国に融資を提供する役割を果たした。アイルランド，ポルトガルなどの債務危機にも，EU と IMF による緊急支援が発動された（山本・鳥谷 2019：185-186）。

　金融支援にもかかわらず，ギリシャ危機に対する市場の懸念はなかなか払拭されなかったために，2012年 3 月ギリシャは再び事実上のデフォルトに陥った。また2012年にスペインとイタリアも不良債権処理のための政府公的資金支出の増加と歳入減により，財政収支が悪化した。スペインへの支援は2012年 7 月に決定され，2013年12月まで続けられた。この支援は，EFSF を通じて最大1000億ユーロの資金援助となり，ESM（欧州安定メカニズム）へと引き継がれた。ESM は，2012年10月に設置された債務危機のユーロ圏諸国を支援する政府間協力機構であり，資金規模は7000億ユーロにのぼる。EFSF は政府を支援する

形をとっていたが，ESM は，危機国政府を経由せず，当該国の国債購入や銀行への資本注入を実施できるようになり，迅速かつ効果的な支援が可能になった。

　しかし，2015年にギリシャ危機は 3 度目を迎えた。同年 1 月に発足したチプラス政権はトロイカ体制側に金利減免・元本削減を求めたが，トロイカ体制側はギリシャの緊縮財政を要求した。緊張感は高まり，ギリシャは同年 6 月に 3 度目のデフォルト危機を迎えた。 7 月にユーロ圏はギリシャに対する71億ユーロのつなぎ融資を決定してデフォルトが回避され， 8 月にギリシャに対して最大860億ユーロ（約11兆円）の支援が合意された（第 3 次支援）。このように，一連のソブリン危機に対して，EU と IMF はその都度緊急支援を実施すると同時に，ECB は大規模な民間債券および政府債の購入を通じたマネタリー・ベースの供給とマイナス金利政策を実施した。ECB のこのような金融政策は NSMP（非標準的金融政策あるいは非伝統的金融政策）と呼ばれる（嶋田・高屋・棚池 2018：57-67；山本・鳥谷 2019：185-186）。

　トロイカ体制による危機対策は，ソブリン危機の収束に効果があった。アイルランド，ポルトガルおよびスペインは，徐々に金融支援プログラムを脱却し，成長軌道に戻っていったのである。アイルランドは2014年からきわめて高い実質経済成長率を示し，スペインも相対的に高い水準を維持した。2017年にはギリシャの経済成長率もようやくプラスに転じた。2018年 8 月にギリシャの第 3 次支援が期限切れを迎えたが，ユーロ圏の財政負担を伴う新たな第 4 次支援は行われず，ギリシャは自力再建を目指すことになった。ただし，ドイツ，フランスなどのコア国とギリシャの労働生産性や工業力の格差は残されたまま，ギリシャの債務返済が繰り延べられた状況は変わらない。

　EU の経済・政治は，トランプ政権以降の貿易制限的な通商政策の他，統合の危機を示すイギリスの EU 離脱（ブレグジット問題）やポピュリズムの台頭によって動揺し，不確実性が高まっている。ポピュリズムは，フランスの「国民連合」に代表される排外主義的（反移民・差別的）で，反 EU の右派的な潮流が主流である。他方，金融危機以降は，反緊縮を掲げ，形骸化した民主主義の回

復を求める左派的な動きも見られる（山本・鳥谷 2019：187-188）。

むすび——英国の EU 離脱と EU の未来

　2016年6月に行われたイギリスの国民投票による EU 離脱の決定（Brexit, ブレグジット）は，ヨーロッパにとって，1989年11月のベルリンの壁崩壊以来の大事件であった。この一大事件は，三幕構成とされる。第一幕は，2015年の総選挙による保守党の勝利であり，これにより第二幕の国民投票が準備された。国民投票の結果は周知の通りであったが，2017年に再度，総選挙が行われ，第三幕となった。一連の投票結果は，事前の世論調査結果に反するものとなった。

　多くの事前調査と異なる結果になった理由の1つは，イギリスが大きく分断された社会になってきたことである。2012年のロンドン・オリンピック以降，経済成長は見られたが，繁栄を享受できた人と不遇のままの人との間に大きな格差がもたらされたのである。生活が困難に陥った人々は，政治家に対する信頼をなくすとともに，精神的なよりどころを失い，反エリート，反移民，反資本主義といった「反対」勢力となった（尾上 2018：14-15）。

　こうした「反対」勢力は，政治家やビッグ・ビジネスらのエリート群に対して反逆的になった。というのも，エリートたちは，グローバリゼーションのもとで敗者として無視される人々と一緒に時を過ごすことがないからである。イギリスの労働者階級の仕事が，流入する移民労働者のために消えることも気づかない。EU の成立は，人々の生活を保護する期待もあったが，市場開放に基づく競争，民営化，緊縮財政により，不遇な人々の生活水準は下げられてきた。これは EU の財政赤字基準を満たすためでもあった（尾上 2018：16-17）。現代のイギリスでは，一般労働者を中心とする民衆の怒りと反逆の矛先は緊縮と移民の政策に向けられたのである。

　さらにイギリスでは，有権者と政治家，有権者とメディア，イングランド銀行，シティ関係者の間で，根本的な断絶があることも認められていたし，イギリスの地域間においても同様の現象が確認できた。経済的繁栄を実現して EU メンバーシップを支える多文化のロンドンと，他のユーロ懐疑的な中部イング

ランドに代表される地域の間に，深い溝が生じていたのである。イギリスの
人々は，政治的かつ経済的なエリートをますます嫌悪する傾向を示し（「エリー
ト嫌い」），それはフランスに代表される欧州大陸，さらにはアメリカでもはっ
きりと表された（尾上 2018：114-115）。例えば，2017年のフランス大統領選挙
で極右派の国民戦線（FN）党首のルペンが下馬評を覆し，一次投票で 2 位に
入り（ 1 位はマクロン24.01％，ルペン 21.30％），アメリカでも2016年にトランプ
大統領が誕生した。

　イギリスでとくに問題が先鋭化したのは移民問題である。移民はなぜイギリ
スに多いのか。その理由は，失業率の低さと賃金にある。イギリスの失業率は，
EU 内でドイツ，チェコ共和国に次いで 3 番目に低く 5 ％ほどである。特筆す
べきは16～64歳の雇用率で，それは記録的に高い。またイギリスにおけるフル
タイムの被雇用者の最低賃金率は，2015年 1 月時点で，EU において 3 番目に
高いし，25歳以上の人の最低賃金率は 2 番目に高い（尾上 2018：139）。

　増加する移民労働者によって排除された現地の製造業に勤務する労働者の実
質賃金は上昇しないし，また以前の工業地帯は何十年も経済的停滞が続いてい
る。これが国民投票に大きな影響を与えた。表10- 5 は，イギリスの各地域の
国民投票結果，大学進学率と経済状況を示したものであるが，ロンドン以外の
イングランド在住者が離脱に賛成したことがただちに分かる。

　また大学進学率が相対的に低い地域で製造業で勤務する人が多く，失業率が
高い傾向も見て取れるのである。産業別成長率を比較すると，2000年代に入っ
て大きく伸びているのは金融を含むサービス業であり，製造業は停滞ないしは
低下している。イギリス製造業の輸出競争力は低く，社会的な不満は労働者に
蓄積される（嶋田・高屋・棚池 2018：226-230）。

　イギリスは EU のルールによって労働者の自由移動を制限できないから，労
働者にとってはイギリスが EU から離脱するしか自身の困難を脱却する手立て
はない。また工業化社会であれば，雇用者は利益を確保するために相対的低賃
金を擁護するグループになるが，ポスト工業化社会では工業のウエイトがそも
そも小さくなっており，低賃金を擁護する声は小さくなる。他方，労働者階級

表 10 - 5　イギリスの各地域の国民投票結果，大学進学率と経済状況

	国民投票の結果	大学進学率（％）	失業率（％）	平均年収（ユーロ）	被雇用者のシェア順位（2015）		
					1 位	2 位	3 位
イングランド北東部	離脱 (58.04)	41.2	8.8	31,238	卸・小売り業	製造業	教育
イングランド北西部	離脱 (53.65)	44.8	7.6	31,557	卸・小売り業	製造業	専門・科学・技術活動
ヨークシャーとハンバー	離脱 (57.71)	37.2	7.9	30,979	卸・小売り業	製造業建設業	
東ミッドランド	離脱 (58.82)	42.4	6.7	31,522	卸・小売り業	製造業	運輸・倉庫業
西ミッドランド	離脱 (59.26)	45.5	7.6	31,881	卸・小売り業	製造業	宿泊・飲食業
イングランド東部	離脱 (56.48)	49.5	5.7	33,277	卸・小売り業	管理・補助的サービス	宿泊・飲食業
ロンドン	残留 (40.07)	55.5	8.3	55,451	卸・小売り業	専門・科学・技術活動	管理・補助的サービス
イングランド南東部	離脱 (51.78)	51.6	5.4	37,007	卸・小売り業	管理・補助的サービス	専門・科学・技術活動
イングランド南西部	離脱 (52.63)	46.6	5.1	31,915	卸・小売り業	製造業建設業	
ウェールズ	離脱 (52.53)	47.7	7.3	29,287	卸・小売り業	製造業	管理・補助的サービス
スコットランド	残留 (38)	47.5	7.0	32,756	卸・小売り業	金融・保険業	製造業
北アイルランド	残留 (44.22)	52.6	7.2	29,710	卸・小売り業	製造業建設業	

注：(1)　（　）内は全投票数のうち離脱票の割合を示す。単位は％である。
　　(2)　ロンドンの被雇用者シェアのうち，金融・保険業は 4 位である。
　　(3)　大学進学率，失業率，平均年収は2010年時点である。
　　(4)　データはイギリス　Office of National Statistics, Business Population Estimates 2015, EUROSTAT
　　　　より。
（出所）　嶋田・高屋・棚池（2018：227）。

の規模もより小さくなっているから，その不満はより先鋭化する（尾上 2018：363）。

　ブレグジットの少し前から，ＥＵ加盟の国々が，それぞれ経済的，社会的，政治的に危機を抱えていた。ブレグジットが他の国に波及してＥＵ離脱のドミノ現象を引き起こす可能性も存在している。他方，経済やビジネスについて考えれば，ＥＵに残留することはＥＵという５億人の単一市場に容易にアクセスできることを意味するから，企業にとってのメリットは大きい。ただし，ＥＵ市場内でのビジネス競争は激しい。ブレグジット後の英国にとってはＥＵ基準に適合しなければビジネスはできないから，政治的にブリティッシュナショナリズムへの回帰を見せている。

　ブレグジットが，ＥＵの再結束をもたらすのか，ＥＵの瓦解の方向に作用していくのか，現時点では不明である。

　2010年代に突如としてＥＵが見舞われたかに見えるいくつかの試練も，歴史を振り返ると，その背景にはそれぞれ根深い問題があったことがわかる。ユーロの制度的欠陥や地域格差，近隣諸国政策の限界，共通難民政策の負担の不平等，そしてイギリスと欧州統合の困難な関係など，かねてから意識されてきたものの十分に取り込まれてこなかった問題は少なくない（益田・山本 2019：341）。

　ＥＵはこれまでも何度も危機に見舞われ，それを乗り越えてきたと言われるが，これまでと大きく異なる点が，近年見られる欧州懐疑主義の台頭であろう。ＥＵの歴史を振り返って考えた場合，それは際立つ。欧州懐疑主義は，1990年代から目立つようになってきたが，当時はそれでもまだ周辺的なものであった。それがＥＵ各国で，ＥＵをめぐって意見が二分されるまでの争点になり，ＥＵに批判的な政党が政権を取ったりするようになったのは，ユーロ危機や難民危機が勃発した2010年代に入ってからのことである。

　主権国家体系の中で，諸国家が統合するとはどういうことなのか。どのような起源があり，統合の構想はどのように生まれたのか。さまざまな構想はどのように実現し，あるいは挫折し，あるいは復活し，あるいは継続したのか。そ

── *Column* ⑯　欧州中央銀行（ECB）と各国の中央銀行の関係 ──

　EU の通貨制度は，単一通貨ユーロが発行され，EU の金融政策を実施する単一中央銀行が存在するユーロシステムになっている。そこでは，上部機関として**欧州中央銀行（ECB）**が存在し，下部機関としてユーロ参加国中央銀行（NCBs，2019年時点で19行）がある。ECB は通常の中央銀行と以下の点で異なっている。①政府の銀行としての機能はない。②ECB は民間銀行とは取引を行わず，ユーロ参加国の中央銀行が自国の民間銀行に対して取引を担う。③「発券銀行」の機能は，ECB に政策決定権があるが，通貨発行を行うのは NCBs である。

　このために，ユーロ参加国のマクロ経済における不均衡の是正は先送りされたまま，「国際収支（外貨準備）の天井」が表面化しないことで，経常収支不均衡が拡大することになる。つまり，ECB とユーロを採用した各国中央銀行の資金決済システムによって，ユーロ参加国の国際収支赤字は常に補填されるため，通常の国民経済にみられる持続的な経常収支赤字によって生まれる外貨準備不足，これに起因する通貨危機は生じにくいことになる。本来，周辺国（一般的な発展途上国）は，長期金利は高くなり，投資には慎重になるが，ユーロ圏にあることで，周辺国は甘い融資を受けることが可能になったと言える。EU 内の自由な資本移動制度により政府の財政赤字の多くが外資によって補填されていた南欧諸国は，外資の急激な引き揚げにより，ソブリン（政府）債務危機に陥り，この段階で改めて経常収支赤字も問題視されるにいたったのである（山本・鳥谷 2019：183）。

── *Column* ⑰　EU の議事決定方式（特定多数決）について ──

　EU における意思決定の方法は，政策・立法事項ごとに EU の基本条約が，多数決にするか全会一致にするかを細かく決めている。多数決による場合も，「特定多数決」（加盟国要件と人口要件の2つ要件がある）がほとんどで，単純多数決はごく僅かである。

　特定多数決は，可決要件のどちらかが満たされなければ否決になるわけではないが，13カ国以上が反対する時は否決となる。だが，そこまでの数の反対国がなくて，EU 総人口の35％を超える国が反対している時は，その国々が4カ国以上ある時は否決になる。というのは，ドイツ，フランス，イギリス，イタリアという人口大国のいずれか3カ国の組み合わせだけで，常に EU 総人口の35％を超えてしまう。人口条件だけなら，中小国は，閣僚理事会での交渉にお

いて大国による否決の脅威に常にさらされることになるからである。

　基本条約では，人口条件のみで否決する時は，人口の35％超だけでは不十分であり，反対国が4カ国以上いなければならないこととした。通常は，投票せずに，コンセンサス方式で決定する閣僚理事会であるが，この特定多数決の規定は，いわば最後の手段に訴えた時に限っており，その時にも大国だけが有利にならないようにしているわけである。

　この複雑な意思決定方式は，EUの超国家性を示す特徴ともなっている。さらに，リスボン条約では，理事会の特定多数決に関連して，特別な移行条約も用意されている。つまり，全会一致が規定されている場合でも，欧州理事会が全会一致で理事会の決定方式を特定多数決に変更する決定をすれば，加盟国議会の反対と欧州議会の同意を前提に，変更が可能になる（中村 2019：74-79；鷲江 2020：104-109）。

の過程で，何が争点となり，時に何が躓きの石となったのか。初めから1つの明確なビジョンがあったわけではなく，さまざまな構想や理想と利害がぶつかり合いながら統合は進展した。今日のEUが現在の姿であるのは，それなりの理由がある（益田・山本 2019：341-342）。

　欧州統合のプロジェクトは何に支えられてきたのか，ブレグジットは何だったのかを明らかにするには，まだ時間がかかるであろうが，そのようなことを考える際に，まずは歴史を振り返る必要がある。そのため，本章では，現代的問題だけでなく，EUを前史から叙述してきた。「終章　21世紀の国際経済と未来」で，コロナ感染症が拡大した（2020年代以降の）現代の世界経済の状況を描きながら，EUの問題もあわせて考察していく。

参考文献

尾上修吾『BREXIT「民衆の反逆」から見る英国のEU離脱——緊縮政策・移民問題・欧州危機』明石書店，2018年。

河﨑信樹・奥和義編著『一般経済史』ミネルヴァ書房，2018年。

木畑洋一編『ヨーロッパ統合と国際関係』日本経済評論社，2005年。

嶋田巧・高屋定美・棚池康信編著『危機の中のEU経済統合——ユーロ危機，社会的排除，ブレグジット』文眞堂，2018年。

ドリューシュ，フレデリック総合編集（木村尚三郎監修・花上克己訳）『ヨーロッパの歴史　欧州共通教科書』（第2版）東京書籍，1998年（初版は1994年）。

中村民雄『EUとは何か――国家ではない未来の形』信山社，2019年。

羽鳥敬彦編『グローバル経済』世界思想社，1999年。

ヒーター，デレック（田中俊郎監訳）『統一ヨーロッパへの道――シャルルマーニュからEC統合へ』岩波書店，1994年。

益田実・山本健編著『欧州統合史――二つの世界大戦からブレグジットまで』ミネルヴァ書房，2019年。

村上直久『EUはどうなるか――Brexitの衝撃』平凡社新書，2016年。

山本和人・鳥谷一生編著『世界経済論――岐路に立つグローバリゼーション』ミネルヴァ書房，2019年。

鷲江義勝編著『EU――欧州統合の現在（第4版）』創元社，2020年。

練習問題

問題1

ブレグジットの原因を考えてみよう。

問題2

特定多数決という意思決定方式について考えてみよう。

（奥　和義）

第 11 章

中 国

―― 本章のねらい ―――

　本章は，世界経済の中で存在感を強めている中華人民共和国（以下，中国）の経済的特徴を基礎的な統計数字を通じて理解することを目指す。その際に，米国及び日本と比較する。先行して経済発展した国の経験との共通性を見出すことで，中国経済を経済理論で解釈する視座を獲得する。他方で，中国の固有な要素である環境と歴史にも目を配ることで，その経済発展の長期的な特徴についても考察する。これらを通じて日々目まぐるしく変化する中国経済の動向を理論的かつ長期的に見通せる力を養う。

1　中国の環境と資源

国土と土地利用

　表11-1から中国の国土について基本的な事実を確認する。中国の国土の総面積は約960万 km^2 である。これは米国の約980万 km^2 に次ぐ広さである。このうち耕地として農作物の栽培に利用されている土地は，約128万 km^2 であり国土の総面積の13.3％を占めるに留まる。都市，村落から構成される宅地と鉱工業用地はさらに少なく，35.3万 km^2，総面積の3.7％にすぎない。国土のうち約30％は草地・湿地からなる原野であり，次いで森林も約30％を占める。森林は林業，草地は畜産業に利用されるとは言え，中国経済の主たる活動は耕地と宅地を合わせた国土の17％で展開されている。

　ただし，表11-1で見るように中国の土地の利用状況が特異とは言えず，ほ

表11 - 1　中米日の国土面積と土地利用（2019年）

	中　国 （万 km²）	米　国 （万 km²）	日　本 （万 km²）	中　国 （％）	米　国 （％）	日　本 （％）
総面積	963.8	985.7	37.8	100.0	100.0	100.0
土地利用						
耕　地	127.9	158.6	4.4	13.3	16.1	11.6
宅地・鉱工業用地	35.3	28.2	2.0	3.7	2.9	5.2
森　林	284.1	255.6	25.0	29.5	25.9	66.2
草地・湿地	288.0	265.3	0.4	29.9	26.9	0.9

（注）　米国の土地利用の数値は2012年のもの。土地利用には，この他に道路，河川・湖・水路などがある。
（出所）　総面積：中華人民共和国民政部（2020），USCB，総務省統計局編（2021）。
　　　　土地利用：中国国家統計局（2021），USDA，総務省統計局編（2021）。

ぼ同規模の総面積を持つ米国も同じような状況にあることがわかる。日本の場合も耕地と宅地・鉱工業用地を合わせた比率は16.8％であり，中国の水準と大きな違いはない。むしろ日本は森林地帯が国土の66％を占め，工業国でありながら世界的にみても緑を維持している。国土の広さと利用状況を見ると，中国は同じ東アジアに位置する日本よりも米国との共通性がある。

　このような国土の上で生産されている作物の現況について，国際連合の食糧農業機関（FAO）の統計を利用して確認する（表11-2参照）。耕地面積は，米国のほうが中国より広いけれども，一次作物の生産量は中国のほうが米国よりも2倍以上の規模を持つ。とりわけ蔬菜，果実の生産規模が大きい。これらの作物の生産力は，後述するように農業用水の開発，とりわけ乾燥地域での地下水の利用によって支えられている部分がある。

　中国の一次作物の世界シェアは19.5％である。それに対して中国の人口の世界シェアは18％である。つまり，中国の特徴は，人間生活の基盤となる食糧を国内で調達できている点である。再びFAOの推計によれば，中国の穀物の海外依存度は，2015～2017年の平均で5.0％である。日本のそれは69.8％であることと対比すればわかるように，依存度は低い水準にある（FAO 2020：266-268）。

表11-2　中米日の農産物，畜産物，水産物の生産量（2018年）

	中　国 （10万トン）	米　国 （10万トン）	日　本 （10万トン）	世　界 （10万トン）	中国のシェア （％）
一次作物					
穀　物	6,122	4,680	107	29,629	20.7
糖料作物	1,208	614	48	21,829	5.5
蔬　菜	5,516	317	97	10,888	50.7
油性作物	701	1,406	2	9,665	7.3
果　実	2,436	260	32	8,678	28.1
根　菜	1,505	219	34	8,321	18.1
その他	172	68	2	1,765	9.7
合　計	17,659	7,563	323	90,775	19.5
肉	882	468	40	3,424	25.7
牛　乳	356	987	73	8,430	4.2
鶏　卵	270	65	26	768	35.1
水産物	634	52	38	1,785	35.5

（出所）　FAO（2020）より作成。

水資源

　水は土地とともに人間の生活と生産の基盤となる環境的要因である。地球の水の総量のうち淡水の総量はわずか2.5％で，そのうちの人間が利用できる量は30.1％にすぎない（ブラック／キング 2010：14-15）。中国の水資源量は，再生利用可能な地表水と地下水を合わせて約3.6兆 m^3 と推定されている。中国の水資源量は，米国と比べると6555億 m^3 少ない。それに対して水の利用量は米国よりも多い。とくに農業用水の規模が大きい（表11-3参照）。これは耕地における灌漑用水の比率が米国は12％であるのに対して，中国は33％の高さにあるためである（ブラック／キング 2010：96-111）。

　中国の水の賦存量は地域的な格差が大きく，とりわけ北部と東北地方の地表水は少なく，その不足する灌漑用水を地下水で補っている。地表水に恵まれた揚子江流域では，その下流域の江蘇省を例に挙げると，地下水が用水量に占める比率は0.75％にすぎない。それに対して北部の河南省では44.6％，東北地方の黒竜江省では41.2％の高さに達する（中国国家統計局 2021）。これらの地域では自然的に再生される速度より早く地下水をポンプでくみ上げている。そのた

表11-3　中米日の水資源
(単位：億m³)

		中　国	米　国	日　本
水資源量	地表水	27,287	29,130	4,200
	地下水	8,288	13,000	270
	小　計	35,575	42,130	4,470
水利用量	生活用水	425	642	174
	農業用水	4,371	2,086	554
	工業用水	1,661	2,327	159
	小　計	6,457	5,055	887

（注1）　水資源量は2007年，水利用量は2000～2005年の数値。
（注2）　水利用量は1人当たりの数値に人口を掛けた総量。
（出所）　ブラック／キング（2010：96-111）。

め，地下水の枯渇が懸念されている（ブラック／キング 2010：21）。

鉱物資源

　鉱物資源の採掘も地下水と同様に急速に拡大している。1970年代に至るまで中国の主要な鉱産物は石炭であった。それ以外に見るべきものは，アンチモニー，タングステンに代表される合金用のレア・メタルであり，その他は世界的には小さな生産量であった。しかし，21世紀以降，中国の鉱産物の生産量は軒並み世界最高の水準に到達している。表11-4は，中国の鉱産物のうち世界生産の上位3位以内に位置するものを示している。一部の鉱産物は，オーストラリア，南米諸国が根強く高い生産量を誇っているものの，ほぼあらゆる鉱産物において中国は世界一になっている。鉱産物の分野では中国は米国を完全に圧倒している。

　この生産拡大の背景には，中国における地質調査の進展がある（志賀・納 2000：111）。ただし，中国の場合は単一金属の優れた鉱脈があるわけではない。その多くは，非鉄金属の採掘の副産物として生産量が拡大している。例えば，銀の場合，銅，鉛，亜鉛の採掘の副産物として生産量が急増した（USGS 2017 Minerals Yearbook, Silver, p.68.3）。銀は中国では1930年代まで貨幣として使われ，そのほとんどは海外から流入していた。それが現在では世界3位の生産量

表 11‑4　中国の鉱物生産と世界シェア（2018年）

	単　位	世界生産量	中国生産量	世界シェア（％）	中国の世界ランク	世界一
鉄	千トン	1,520,000	209,311	13.77	3	オーストラリア
金	kg	3,310,000	401,119	12.12	1	中　国
銀	トン	27,000	3,574	13.24	3	メキシコ
銅	千トン	20,400	1,591	7.80	3	チ　リ
ボーキサイト	千トン	327,000	79,000	24.16	2	オーストラリア
鉛	千トン	4,560	2,100	46.05	1	中　国
亜　鉛	千トン	12,500	4,170	33.36	1	中　国
ニッケル	千トン	2,400	110	4.58	1	中　国
錫	千トン	318	90	28.30	1	中　国
アンチモニー	千トン	147	90	60.95	1	中　国
タングステン	千トン	81	65	80.25	1	中　国

（出所）　USGS, Minerals Yearbook 2018, 鉱物別統計.

まで躍進している＊。これは鉱産物開発史における劇的な構造変化を印象づける事例と言える。

　＊この事実については，長坂高男氏（名古屋大学・院）から示唆を受けた。

エネルギー

　中国のエネルギーの生産動向について表11‑5から確認する。2019年現在，中国のエネルギー生産量は，米国のそれを超えて110.4千兆 btu になった。しかし，エネルギーの一次供給源の内訳を見ると，年々その比重を下げてきているとは言え，石炭の使用率が68.5％と突出して高い水準にある。それに対して米国と日本は，石油の使用率が高いが，それでも他の供給源に分散している。

　中国の化石燃料の本格的開発は，西洋人によって蒸気船が導入された19世紀後半期に遡ることができる。20世紀前半期には，中国東北地方では日本によって，河北省では英国によって，東アジアの最大規模の近代的炭鉱が発展した（久保他 2016：92-93）。ただし，山西省など内陸地の炭田の開発は，近代的交通インフラの導入が遅れたことで手付かずの状態にあったが，20世紀後半期には，交通インフラの整備と並行して開発が進展した。この流れは現在も進行している。中国の貨物輸送量に占める石炭の比重は極めて高い。2020年の数値を見れ

表11-5　中米日のエネルギーの一次供給源（2019年）

	中 国 （千兆 btu）	米 国 （千兆 btu）	日 本 （千兆 btu）	中 国 （％）	米 国 （％）	日 本 （％）
石 炭	75.6	11.3	4.6	68.5	11.3	25.4
天然ガス	6.2	32.1	4.1	5.6	32.1	22.4
石 油	7.6	36.7	6.3	6.9	36.7	34.7
その他	21.0	20.0	3.2	19.0	20.0	17.5
合 計	110.4	100.1	18.1	100.0	100.0	100.0

（注）　中国の原数値の単位は 10000 tce，日本は petajoules。それぞれを btu へ換算。btu とは
　　　British thermal unit の略で熱量を示す単位。
（出所）　中国国家統計局（2021），USIA，総務省統計局編（2021）。

ば，総貨物輸送量の50.1％が依然として石炭で占められている（中国国家統計局 2021）。

　他方で，米国，日本でのエネルギー生産の主軸を占める石油の開発は，中国では石炭に比べると新しい。中国の石油生産は1960年代後半に急増する。その背景には中国東北地方で大規模な油田が発見されたからである（久保他 2016：101-102）。原油の生産量は，21世紀以降，約2億トン前後の水準を維持している（中国国家統計局 2021）。それでも世界における中国の石油生産量は大きくはない。2019年の世界の石油生産量は約136億トン，そのうち世界最大の生産国は米国の26.3億トンである（USIA HP：1バレル＝0.135トンで換算）。

人的資源

　中国は人口大国である。人口が多いことは，経済成長にとって有利であるのかあるいは不利であるのか，その評価は時代とともに変化している。中国が農業を中心としていた時代は，人口が成長の足かせになることが懸念され，積極的な人口抑制政策が採用されていた（大泉 2007：20-23）。中国経済の中心が工業とサービス産業に移行するようになると，若くて教育水準が高い労働者は「人口ボーナス」と呼ばれ，高度成長を支える基盤である，という評価がされるようになった（大泉 2007：第2章）。そして中国も先進工業国と同様に出生率が低下し，同時に平均余命が長くなることで，高齢化社会の入り口にさしかか

表11-6　中米日の人口構成（2019年）

	中　国 （100万人）	米　国 （100万人）	日　本 （100万人）	中　国 （％）	米　国 （％）	日　本 （％）
0～14歳	235	61	15	16.8	18.4	12.1
15～64歳	989	214	75	70.6	65.1	59.5
65歳以上	176	54	36	12.6	16.5	28.4
合　計	1,401	328	126	100.0	100.0	100.0

（出所）　中国国家統計局（2020），USCB，総務省統計局（2021）。

ると，かつてのボーナスは「人口オーナス」と呼ばれ，人口大国の高齢化がもたらす懸念が叫ばれるようになっている（大泉 2011：131-145）。

　現在の中国の人口構成を表11-6から確認する。2019年現在，生産活動で社会を支えると目される15～64歳の人口は9.89億人であり，実に総人口の70.6％を占めている。これは米国，日本と比べても高い水準にある。仮に一国の産業社会化を人間のライフサイクルに例えるならば，中国はまさに働き盛りの壮年期にあると言えよう。中国の人口問題は，14歳以下の人口が米国と比較して明らかなように相対的に少ない，という点である。米国は移民を受け入れることで，結果として高齢化社会の若年人口の低下が抑制されている。

　生産活動を支える人口の質の問題に目を向ける。産業社会化が進むと，その生産を支えるために，より多くの知識と技能が要求されるようになる。そのような社会的なニーズに対応するためには，政府による教育が重要である。図11-1から中国の教育水準の歴史的な推移を概観する。1978年の時点で，中国の小学校の入学率は90％以上である。図11-1には示していない1977年以前は断片的な数値しか得られないが，1963年が57.0％，それから1965年の時点で84.7％の高さにある（中国国家統計局 1999）。1960年代後半には90％の水準に到達したと予想される。つまり2022年現在で70歳以下の人で字が読めない人はほぼいないと考えてよいであろう。他方で高校の進学率が90％を超えたのは2013年であり，1997年まで50％未満の水準にあった。つまり2022年現在で40歳以上の半数は中学校までの教育に留まっていたことになる。

　しかし，2000年代からの中国の高校，そして大学教育の状況は改善されてい

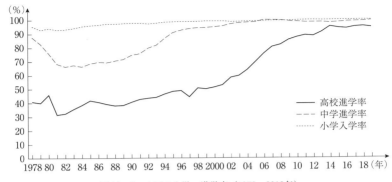

図 11 - 1 中国の入学・進学率（1978～2019年）

（出所） 中国国家統計局（1999；2020）。

表 11 - 7 中米日の教員数（2019年）

	中 国 （万人）	米 国 （万人）	日 本 （万人）	中国（人口 1万人当たり の教員数）	米国（人口 1万人当たり の教員数）	日本（人口 1万人当たり の教員数）
大 学	177	155	20	12.6	47.2	15.8
高等学校 中学校 小学校	645 628		23 25 42	46.1 44.8		18.3 19.6 33.4
高中小の合計	1,273	366	90	90.9	111.5	71.3
総 計	1,450	521	110	103.5	158.7	87.1

（注） 大学には短期大学，専門学校を含む。米国の大学には非常勤講師を含む。それ以外の数値は専
　　　任教員。
（出所） 中国国家統計局（2020），NCES，総務省統計局編（2020）。

る。教育は人が人に与えるものであるため，その質を測るもっとも単純明快な
基準は教師の数であろう。表11- 7 は2019年現在の中国の教員数を米国，日本
と比較した。中国の教員の総数は1450万人である。これを人口 1 万人当たりで
の数値に換算する。小学校は中国が44.8人，日本が33.4人，そして中学・高校
では中国が46.1人，日本が37.9人である。高等学校までの教育では，中国のほ
うが日本よりも人材に投資していることになる。他方で大学教育では，中国が
12.6人，日本が15.8人であり，日本のほうがまだ高等教育への投資が相対的に

大きいことになる。ただし，中国の大学教員数は2010年から2019年にかけて
39.7万人増加していることから，このペースで行けば近い将来，日本の水準を
追い抜くことは確実である。

　次いで，先端技術の導入の重要な経路である海外留学について見る。新型コ
ロナウイルスの流行前の2018年の数値を日本と中国で比較する。日本学生支援
機構の調査によれば，日本からの海外留学者数は11万5千146人と過去最多で
あった（文部科学省 2021）。それに対して同年の中国からの留学者は66万2千
100人であった（中国国家統計局 2019）。注目すべき点は，外国で就学した後，
そのまま外国に留まるのではなく，中国へ帰国する人数も増加している点であ
る。2018年の帰国者は51万9千400人であった（中国国家統計局 2019）。この中
には外国の先端的な技術を学んだ研究者・技術者も含まれていると思われ，中
国の科学技術の発展に貢献していると予想される。

2　中国経済の現況

GDP

　中国の国民経済の現況について，表11-8のGDPの規模と構成から確認す
る。中国は現在米国に次ぐ世界第2位の経済大国である。2010年に中国は日本
のGDPを追い抜いた。それ以降，日本の経済成長が停滞している中，中国は
着実に成長を遂げ2019年現在では日本の約2.8倍の規模になっている。

　他方で1人当たりのGDPは，約1万ドルであり，日本の約4分の1の水準
である。中国の所得の地域間格差は大きいので，中国最大の経済都市である上
海市の1人当たりのGDPを取り上げてみる。上海市の場合2万2千774ドル
となり中国の平均の2倍以上の水準になる（中国国家統計局 2020：1元＝0.1448
米ドルで換算，2019年平均相場は Exchange Rates UK HP より）。日本の都道府県別
で見た1人当たりのGDPがもっとも低いのが沖縄県であり，約2万8千ドル
前後である（総務省統計局編 2021）。物価水準が両国では異なるので実際の豊か
さの実感を必ずしも反映しているわけではないが，国民経済計算上，上海市は

表 11-8　中米日の GDP（2019年）

				中　国	米　国	日　本
GDP	億ドル			143,429	214,332	51,487
1人当たり	ド　ル			10,004	65,134	40,791
GDP 構成比率	％	生　産	第1次産業	7.1	0.8	1.0
			第2次産業	39.0	16.7	25.7
			第3次産業	53.9	82.5	73.3
		支　出	民間消費	38.8	64.9	54.5
			総資本形成	43.1	26.3	25.8
			純輸出	1.5	-7.9	0.0
			政府支出	16.6	16.7	19.8

（注1）　米国の第1次産業は農林水産業，第2次産業は鉱業，製造業，建設業，第3次産業は前記産業以外の全て。
（注2）　日本の第1次産業は農林水産業，第2次産業は鉱業，製造業，建設業，第3次産業は前記産業の他に諸税及び統計上の不突合を含む。
（出所）　中国国家統計局（2020），BEA HP，総務省統計局編（2021）。

沖縄県の下位にある。したがって，1人当たりで見た場合の日中間の開きはまだ大きい。

　次に GDP の構成比率の生産面から産業構造を確認する。中米日の3国比較から明らかなように，中国は製造業を中心とする第2次産業の規模が大きい。中国が「**世界の工場**」と言われる実態が数値でも確認できる。一般的に経済成長が進むにつれて，産業構造の比重は農業を中心とする第1次産業の規模が減少して，第2次産業が拡大する。次いで第3次産業の比重が拡大することが知られている。中国でも労働集約的な製造業の比較優位が失われることで，第2次産業の比重が減少している。ただしその速度は緩慢である。1970年代以降中国の第2次産業の比重は40％以上の高さを維持し，2016年にようやく40％を切った（中国統計年鑑 2021）。かつての日本の高度成長期の末期である1973年でも第2次産業の比重は36.5％であり，40％以上の水準を維持したことはなかった（総理府統計局編 1975）。

　GDP の支出面の構成比を確認しよう。中国経済の特徴は，総資本形成，すなわち投資の比率が高いことである。経済成長論で学ぶように，生産力を拡大するためには，消費を抑制して，生産基盤を拡大するための投資を行う必要が

ある。中国の驚異的な経済成長は，このような高い投資水準によってけん引されてきた。今後は民間消費を基盤とした先進国型へ転換するかどうかは，中国の発展の方向性を見極める上で重要である。

さて，再び消費と都市の問題について触れると，2000年以降，民間消費の絶対額は成長しているとは言え，そのGDPに占める比重が低下する，という逆転現象が見られる。その背景には，政府支出の急速な拡大がある。かつての計画経済時代末期の民間消費と政府支出の比率は78.8対21.2であった。それが2011年以降は70対30の比率まで上昇している（中国統計年鑑 2021）。このように中国では，市場経済が発展する一方で，国民経済に占める政府の位置も大きくなっている。

政府支出の増大要因の1つは，内陸部への投資の拡大である。1980年代以降，中国は輸出産業部門の育成を通じて沿海部に投資が偏っていたが，1993年に**「西部大開発」**と題する内陸部の地域振興政策が打ちだされた。さらに2013年にはその拡大版である**「一帯一路」**政策が提唱され，内陸部への投資が加速化した（川島他編 2020：148-149）。とりわけ印象的なのは鉄道，道路の急速な拡張である。2000年に中国全国の鉄道の距離は6.87万kmであったのが，2019年には13.99万kmと倍増した。その増加の多くは中国版高速鉄道であった。そして，道路の場合，2000年に約140万kmであったのが，2019年には500万kmを突破した（中国国家統計局 2001；2020）。

なおGDPの支出面における純輸出（輸出－輸入）は，中国が貿易黒字であり，国際貿易が中国のGDP成長に寄与していることを示している。対外経済については以下に詳しくみる。

対外経済

2019年現在，中国の貿易総額は4兆3022億ドル，実に世界貿易の約23％を占める世界最大の貿易大国である（以下数字的根拠は表11-9）。中国の貿易は2001年のWTO加盟を契機に急増した。2001年における中国の貿易シェアは8％であり，当時の米国の30％，日本の11％に及ばなかったのが，わずか10数年の

表 11-9　中米日の貿易マトリクス（2001，2019年）

2019年

（単位：億ドル）

		輸　入				
		中　国	米　国	日　本	その他	世　界
輸　出	中　国	—	4,186	1,432	19,367	24,985
	米　国	1,066	—	747	14,598	16,411
	日　本	1,347	1,404	—	4,305	7,056
	その他	15,623	18,524	4,264	99,984	138,395
	世　界	18,036	24,114	6,443	138,255	186,848

2001年

（単位：億ドル）

		輸　入				
		中　国	米　国	日　本	その他	世　界
輸　出	中　国	—	544	451	1,672	2,667
	米　国	192	—	576	6,540	7,309
	日　本	309	1,227	—	2,497	4,034
	その他	1,709	9,239	2,136	34,346	47,429
	世　界	2,211	11,010	3,163	45,055	61,439

（出所）　JETRO「世界貿易マトリクス（2001年）」及び「世界貿易マトリクス・輸出額（2019年）」より作成。

　うちに世界貿易を席巻した。2001年から2019年にかけて世界貿易全体は12兆5409億ドル増加しており，そのうちの約30％が中国の貿易拡大による。新型コロナウイルスの影響はあるとは言え，中国の貿易拡大は趨勢的には今後も継続していくことが予想され，その世界シェアはさらに上昇するであろう。

　中国の貿易拡大は米国との貿易摩擦を発生させている。2019年の中米間の貿易収支を表11-9から計算すると，中国が米国から輸入したのが1066億ドル，それに対して中国から米国への輸出は実に4186億ドルであり，その差額3120億ドルが中国の黒字，すなわち米国の赤字になっている。その額は米国の貿易赤字の約41％を占める。米国が中国に対して貿易問題で高圧的に出る背景には，このような両国の貿易の不均衡がある。

　また中国は貿易黒字を基盤として莫大な外貨準備高を保持している。外貨とは国際貿易の決済のために各国の政府及び通貨当局が保有している外国の貨幣または外国貨幣建ての債券を指す。中国が保有するその累積額は2011年以降3

兆ドルを超えている（中国国家統計局 2021）。中国の莫大な貿易黒字と外貨準備の累積化は，世界貿易の構造的不安定の要因になる可能性が高い，と目されてきた。なぜなら世界貿易の血液に当たる貨幣が一方的に中国に累積されると，米国と中国を除く諸国は外貨が不足してしまう可能性がある。これを経済学では「流動性のジレンマ」と呼ぶ。

　歴史的にみるとこの問題は，経済大国が寛容な通商政策を展開して，自国市場を積極的に開放したり，資金を世界各地に投資，援助したりすることで解決されてきた（河﨑・奥編 2018：第9章）。この問題が解決されない場合は，世界各国は自国の産業と市場を守るために，保護主義的な通商政策を展開し，世界経済が収縮してしまう。実際に，1930年代にアメリカが保護主義的な政策を展開した結果，世界恐慌が深刻化し，第2次世界大戦の経済的な要因の1つになった。

　したがって，過去の経験に照らすならば，中国が国内市場を開放するか，あるいは外国に資金を提供することが，世界経済の発展と安定にとって望ましいことになる。この問題の解決には，経済だけでなく政治的な問題をはらむため，簡単ではない。ただし，2001年と2019年の世界貿易の構造を表11-9から比較すると，中国の輸出に占める米国の地位は相対的に低下してきている。2001年が20％であったのに対して，2019年が16％である。そして中米日の3国間の貿易の絶対額は増大しているが，世界貿易全体におけるシェアは低下している。つまり，中国はより多くの国々と貿易関係を広げていっている。

　次に21世紀以降の中国の対外経済で注目される点は，中国が外国から資本を受け入れるだけでなく，資本を提供する側になっていることである。表11-10から中米日の直接投資の動向を確認する。2005年の時点で，中国が外国に対して提供した直接投資（対外）は123億ドルであった。それに対して外国から受け入れた直接投資（対内）は724億ドルに及び，この時点では中国は資金を受け入れる立場にあった。しかし，2019年までに中国が外国に対する直接投資額は1369億ドルに急増し，以後世界上位3位以内の資金提供国になっている。

　その提供先については，中国政府が公表している統計数値では不明な点が多

表11-10　中米日の直接投資のフロー（2005, 2019年）

（単位：億ドル）

	2005年		2019年	
	対　外	対　内	対　外	対　内
中　国	123	724	1,369	1,412
米　国	154	1,048	936	2,614
日　本	458	28	2,266	146

（出所）　JETRO「世界の直接投資フロー／残高 1990～2020年 上位20
カ国・地域のデータ」より作成。

表11-11　中米日の国際収支（2017年）

（単位：億ドル）

	中　国	米　国	日　本
経常収支	1,649	−4,491	1,958
貿易収支	4,761	−8,075	442
サービス収支	−2,654	2,552	−65
第一次所得	−344	2,217	1,769
第二次所得	−114	−1,186	−189
資本移転等収支	−1	248	−26
金融収支	−1,486	−3,302	1,338
直接投資	−663	244	1,497
証券投資	−74	−2,125	−521
金融派生商品	−5	231	306
その他投資	−744	−1,652	56
誤差脱漏	−2,219	925	−358
外貨準備他	915	−17	236

（出所）　IMF（2019）．

い。まず最大の提供先は香港である。次いで香港からの対外直接投資は，英領
ヴァージン諸島にもっとも多く提供されている（中国国家統計局 2021）。同島は
いわゆる税金を回避するためのタックスヘイブンであるため，実態を把握する
ことが難しい。ただし，重要な点は，中国に累積した資金が海外へ向けて展開
する流れが年々拡大していることである。

　それでは表11-11から中米日の国際収支表を比較することで，世界経済にお
ける中国の資金フロー上の位置を確認しよう。2017年における中国の国際収支

を見ると，経常収支は，貿易収支が黒字であるが，サービス収支は赤字である。サービス収支の赤字の要因は，近年，中国の人々が海外旅行をするようになり，外国でお金を使うようになったことである。ただし，その分を差し引いても，余りある黒字を輸出が生み出している。

　米国の経常収支は中国と対照的である。貿易収支が赤字に対して，サービス収支，第一次所得が黒字である。サービス収支には先に述べた旅行の代金のほかに，知的財産権の使用料が含まれている。また第一次所得とは海外投資から得られた配当，利子である。以上のように米国の経常収支は，先端的産業と金融業における米国の卓越した国際的地位を反映している。

　日本の場合は，サービス収支が小さいの対して，米国に匹敵する巨額の第一次所得を保持している。これは日本の製造業が世界的に投資を行うことで獲得された利益であり，そのうち証券投資の比重が2000年代までは80％前後占めていたが，直接投資からの利益の比重が2010年代以降30〜40％と急増している（経済産業省他 2016：第1章）。これは日本の金融収支における直接投資の黒字，すなわち対外直接投資の増額にも示されている。

　次に金融収支を確認しよう。金融収支の黒字とは対外資産の増加を，赤字は国内に資金を受け入れたことを意味する。すなわち中国の場合は赤字であるので外国から受け取った金額のほうが大きい資本受け入れ国である。直接投資の赤字が663億ドルと大きく，外国企業が現地法人を設立したり，中国企業に投資したりする動きが依然として活発であることを示している。また証券投資も赤字であり，これは中国の金融市場の対外開放が進み，債権や株式を外国人が購入することが認められるようになったからである。その内訳は2017年の数値では債権が71％，株式が29％を占めている（国家外滙管理局 2018）。

　他方で，国際的な資金フローの形態は，ますます複雑化している。それを示すのが金融収支の項目にある「その他投資」の金額の大きさである。その他投資とは，直接投資，証券投資，金融派生商品のどれにも当てはまらない取引すべてを指す。そのうち中国への資金流入のルートとして大きなものは銀行預金である。中国の通貨当局の説明によれば，中国の国外居住者から中国国内への

銀行預金が増加していることが指摘されている（国家外滙管理局 2018）。

　また中国の国際収支における誤差脱漏の金額が米中と比較してかなり大きい。国際収支統計は，単一の機関の統計から作成されるのではなく，さまざまなデータを総合した推計であるため，貸方と借方の間で必ずしも数値の一致が見られない。その誤差を表に計上したのが誤差脱漏である（IMF 2009：11）。中国の国際収支統計で誤差脱漏が大きい原因は詳らかではないが，単なる統計上の誤差だけでなく，通貨当局が把握できていない国際的な資金移動が大きいことが予想される。つまり，中国の国際金融においては，公的機関，法人格を持つ企業を介在しない，無数の個人間の国際的資金移動も巨額である，という事実である。

　これは歴史的に見ると，現在にはじまったことではない。19世紀半ばに中国が開港すると，多くの中国人が海外に商人や労働者としてわたり，そのような中小零細の経済活動を通じて，累計すると巨額のお金が国内に送金されていた。20世紀初頭ではこの海外からの送金額は国際収支の実に約38％を占めた，という推計がある（浜下 1990：第5章）。

消費の動向

　中国経済の現況の概観の締めくくりとして，現在の消費の象徴的な位置を占めるスマートフォン（以下，スマホ）とコーヒーチェーン店の代表格であるスターバックスの事例を取り上げる。

スマホ　　中国のスマホ市場は，世界最大であると言われる。中国の政府系研究機関である中国信息通信研究院が発表した情報によれば，2019年における中国のスマホ出荷台数は3.72億台に達する。同年における日本のスマホの出荷実績は，945万台であるので，まずもって市場の規模に約4倍の違いがある。人口1人当たりで見た場合でも，2016～2019年の4カ年平均を比較すると，中国の出荷台数は0.31台，日本のそれは0.08台であることから，単純な計算であるが，中国の方が毎年4倍の速度でスマホが普及していることになる（以上の情報は，中国信息通信研究院，電子情報技術産業協会）。

　そもそもスマホが市場に本格的に登場するのは2009年ごろである。日本での販売台数のピークは2012年であり，普及にともない新規の需要が少しずつ減少しつつ，2019年には世帯別でみて83.4％の普及率に達している（総務省 2021）。日本の場合，固定電話，携帯電話を代替しつつ普及が進んだ。それを反映して高齢者になるほどスマホの普及率は極端に低い（総務省 2021）。それに対して中国の場合は，既存の電話，パソコンを所持していない人たちが新規で購入する場合があるため，先に見た人口1人当たりの出荷台数が高い水準で推移している，と考えられる。このような耐久消費財の飛び越え普及という現象は現在の途上国で広く見られる現象である（伊藤 2020）。

　中国ブランドのスマホが2018年から日本市場にも登場するようになった。この間，中国ブランドの世界市場への進出は目覚ましい。中国ブランドの競争力は，まず世界最大と言われる国内市場で培われた。この発展のプロセスは，R・ヴァーノン（Vernon）が唱えたプロダクト・サイクル理論によく当てはまる。新製品が国内で販売され，一定の販売規模を確保すると，生産コストを引き下げることができる。この段階に到達した製品が海外市場に向けて輸出されるようになる（宮崎 1982：144-153）。ヴァーノンは，アメリカ企業を念頭に理論化した。今やそれは中国の先進企業にも相当する。

スターバックス　　中国の大都市を訪れるとき，スターバックスの店舗の多さに驚かされる。同社ホームページの会社沿革によれば，中国の第1号店は1999年の北京であった。それが2022年1月現在では200都市5400店舗に達している（以上の情報は星巴克（Starbucks China）より）。マクドナルド，ケンタッキーと並んでアメリカ的な外食文化が浸透していることを外国人に強く印象づける。しかし，スマホに比べると，都会的なカフェの習慣は広く農村にまでは普及していない。日本と比較すると，日本の店舗数は2021年3月末で1637店舗である（スターバックス コーヒー ジャパン）。これを人口1人当たりで換算してみると，日本は中国よりも3倍以上の密度でスターバックスを利用できることになる。

　日中のコーヒー豆の国内市場の規模を見ても，中国のコーヒー消費は発展途

─── *Column* ⑱　外貨制約 ───

　中国が外貨制約の問題を克服したのは1994年以降である。それまで中国は度々貿易収支赤字となり，外貨の不足に悩まされてきた経験がある。特に深刻であったのは1950年代前半，そして1970年代後半から1980年代にかけてである。この2つの時代に共通することは，国際貿易を通じて経済発展を企図したことであり，インフラ，エネルギー，そして鉄鋼に代表される素材産業部門への投資が活発化した。これらの時代には，中国の機械製造業の発展が不十分であったことから，国内の産業投資の活発化は，先進国からの資本財の輸入を急増させることになった。

　このように国内経済が活性化することで経済発展へ歩みだしながら，外貨が不足するために，輸入を抑制しなくてはならない。具体的には，金融引き締めなどのマクロ経済政策によって，せっかく良くなった景気を引き締めることになる。この現象は，中国のみならず，高度成長期（1955〜1973年）の日本経済でも見られた。日本は，この外貨制約に苦しみつつ，急速に製造業の国際競争力をつけていって，高度成長期の後半期に，この問題を一気に解決した（中村1986：273-275）。

　外貨制約とその克服をめぐり中国と日本には，共通した発展の経路が見られる。これは偶然ではなく，途上国が工業化する中で普遍的にみられる現象である。例えば，同じことは第2次世界大戦後には，韓国，台湾も同じ経験をした。中国は，ある意味，日本，韓国，台湾の経験から学んだ側面がある。それは，外貨制約を克服するための最も良い方法は，輸出産業を育成することである。その中でも途上国に比較優位がある労働集約型産業を軸に，輸出を拡大することが過去の経験から1つの鉄則であることを学んだ。

上であることがわかる。米国農務省の調査によれば，2020〜2021年にかけて，コーヒー豆の消費市場の54％は先進国で占められている。日本の2020年の消費量は45万4千320トンと推定されている（USDA）。1杯分ごとに小分けにパックされているドリップコーヒーには，約8グラムの豆が入っている。これをコーヒー1杯分とすると，日本人は1人当たり年間450杯分のコーヒーを消費している計算になる。これはブラジルなどの生産地を除けば，世界の中でも高い消費水準である。

　中国は喫茶文化の発祥の地であり，現在でもお茶が人々に最も慣れ親しんだ嗜好品である。そのためコーヒー文化の浸透には，一定の文化的な障壁がある，と考えることもできる。つまり，グローバル化が進むからといって，すべてがアメリカ的な消費習慣に収束するわけではない，という事例である。

　ただし，中国のコーヒー市場の規模は急拡大している。米国農務省の調査によれば，2010～2011年の中国のコーヒー豆の消費量は，1万5千440トンに過ぎなかった。日本の市場規模のわずか14％であった。ところが，10年の間に中国の市場規模は，23万4千トンに到達し，ほぼ日本の半分の規模にまで急成長している（USDA）。年平均15％の成長率であるので，仮にこの成長率が維持されるとした場合，2025年には日本，2034年には米国の市場規模を超えることになる。

参考文献

伊藤亜聖『デジタル化する新興国——先進国を超えるか，監視社会の到来か』中央公論新社，2020年。

大泉啓一郎『老いてゆくアジア——繁栄の構図が変わるとき』中央公論新社，2007年。

————『消費するアジア——新興国市場の可能性と不安』中央公論新社，2011年。

河﨑信樹・奥和義編著『一般経済史』ミネルヴァ書房，2018年。

川島真・小嶋華津子編『よくわかる現代中国政治』ミネルヴァ書房，2020年。

久保亨・加島潤・木越義則『統計でみる中国近現代経済史』東京大学出版会，2016年。

経済産業省・厚生労働省・文部科学省編『2016年版ものづくり白書』経済産業調査会，2016年。

志賀美英・納篤「中国の鉱物資源需給と輸出入形態」『資源地質』第50巻第2号，2000年，105-114頁。

総務省『情報通信白書』令和3（2021）年版。

総務省統計局編『日本統計年鑑』第70回，2020年。

————『日本統計年鑑』第71回，2021年。

総理府統計局編『日本統計年鑑』第25回，1975年。

中村隆英『昭和経済史』岩波書店，1986年。

浜下武志『近代中国の国際的契機──朝貢貿易システムと近代アジア』東京大学出版会，1990年。

ブラック，マギー／キング，ジャネット（沖大幹監訳）『水の世界地図（第2版）』丸善出版，2010年。

宮崎義一『現代資本主義と多国籍企業』岩波書店，1982年。

中国国家統計局『新中国五十年統計資料彙編』中国統計出版社，1999年。

──────『中国統計年鑑』2001年度版。

──────『中国統計年鑑』2019年度版。

──────『中国統計年鑑』2020年度版。

──────『中国統計年鑑』2021年度版。

（『中国統計年鑑』の一部電子版は次の URL から閲覧可能，http://www.stats.gov.cn,　2022年1月25日閲覧）。

中国信息通信研究院「国内手机市場運行分析報告（中文版）」2016～2019年の各年12月の報告（http://www.caict.ac.cn, 2022年1月10日閲覧）。

中華人民共和国民政部（2020）「中華人民共和国行政区画統計表」（http://xzqh.mca.gov.cn, 2022年1月10日閲覧）。

星巴克（Starbucks China）（https://www.starbucks.com.cn, 2022年1月10日閲覧）。

国家外滙管理局『2017年国際収支報告』2018年（http://www.safe.gov.cn, 2022年1月28日閲覧）。

スターバックス　コーヒー　ジャパン「沿革」（https://www.starbucks.co.jp, 2022年1月10日閲覧）。

電子情報技術産業協会「携帯電話国内出荷統計」各年度版（https://www.jeita.or.jp, 2022年1月10日閲覧）。

文部科学省「「外国人留学生在籍状況調査」及び「日本人の海外留学者数」等について」2021年（https://www.mext.go.jp, 2022年1月8日閲覧）。

BEA（United States Department of Commerce Bureau of Economic Analysis）（https://www.bea.gov, 2022年1月8日閲覧）。

Exchange Rates UK（https://www.exchangerates.org.uk, 2022年1月8日閲覧）。

FAO〔Food and Agriculture Organization of the United Nations〕（2020）*World Food and Agriculture Statistical Yearbook 2020.*

IMF〔International Monetary Fund〕（2009）*Balance of Payments and International Investment Position Manual,* 6th edition.

──────（2019）*International Financial Statistics,* January 2019.

JETRO「世界貿易マトリクス（2001年）」及び「世界貿易マトリクス・輸出額

（2019年）」（https://www.jetro.go.jp, 2022年1月9日閲覧）。

―――――「世界の直接投資フロー／残高 1990〜2020年 上位20カ国・地域のデータ」（https://www.jetro.go.jp, 2022年1月9日閲覧）。

NCES（United States Department of Education National Center for Education Statistics）（https://nces.ed.gov, 2022年1月8日閲覧）。

USCB（United States Census Bureau）（https://www.census.gov, 2022年1月8日閲覧）。

USGS（United States Geological Survey）Minerals Yearbook（https://www.usgs.gov/, 2022年1月10日閲覧）。

USDA（United States Department of Agriculture）（https://www.nass.usda.gov/, 2022年1月10日閲覧）。

USIA（United States Energy Information Administration）（https://www.eia.gov, 2022年1月8日閲覧）。

練習問題

問題1
中国の人口問題について整理しなさい。

問題2
GDP統計の生産面と支出面から確認される中国経済の特徴を整理しなさい。

問題3
中国政府の公式統計集である『中国統計年鑑』を閲覧しなさい（書誌情報は参考文献を参照）。同統計から主要な耐久消費財の100戸当たりの普及率を調べなさい。

（木越義則）

第 12 章

日 本

── 本章のねらい ──

　本章では，第 2 次世界大戦後から現在にいたる日本経済の変化を国際経済と
関連づけて解説する。なかでも，1970年代以降におとずれた日本経済の構造変
化，そして日本経済の発展と停滞の原因，現代日本の経済社会が抱える問題点
を中心に考えていく。

　日本経済は，1980年代後半から内外の大きな変動にさらされた。とくに1985
年は大きな変化の年とみなすことができる。1985年の「プラザ合意」は，それ
まで続いたドル高是正のために，先進国各国が協調して経済政策を実行すると
いう画期的な意味を持っていた。しかし，それ以降，当初の予想を超えた急速
な円高ドル安が進行し，日本経済にとって国際経済条件を大きく変更したばか
りでなく，国内において長期間にわたり金融緩和政策が持続し，また円高によ
る製造業の海外進出の活発化がみられた。

　国際面だけでなく，国内的にも大きな変化が始まっていた。サービス経済化
の進展，少子高齢化社会の到来などである。さらに情報通信技術（ICT 技術）
のいちじるしい発展により，生産・流通・消費構造が大きく変化し始めている。

　このような中，日本経済は，バブル経済と呼ばれる時代を経験する。株価と
地価の急上昇は，日本経済に一時期の繁栄をもたらした。ジャパン・マネーが
世界を闊歩し海外資産を買いあさった。ニューヨークのロックフェラーセンタ
ービルを三菱地所が購入したことは有名な例である。しかし，バブル崩壊後，
日本経済は，**失われた20年**（最近までを含めて30年とみなされることもある）
と呼ばれるような長期停滞状態におちいっている。日本は世界の他の先進国に
比べて，産業構造の転換，生産性の上昇などの点で，いちじるしく遅れた状態
になっているのである。

1　第2次世界大戦から高度経済成長期の日本

東アジアの奇跡

　第2次世界大戦後の日本は，非西欧世界で初めて近代工業化を達成して先進工業国入りした奇跡の国として，1970年代に世界から驚嘆の目で眺められた。その後，韓国，台湾，シンガポールなども高度経済成長を達成して，東アジア諸国の工業化の成功は，「**東アジアの奇跡**」として世界の注目の的になった。『東アジアの奇跡』という書名の書物が，世界銀行により出版されたのは，1994年である。ところが，現在の日本経済は長期的停滞状態にあり，昔日の成長性を失ったかのようである。以下では，第2次世界大戦後の戦後復興から高度経済成長期をへて，1970年代以降の国際経済の激変の中でも成長を持続し，その後，バブル経済が崩壊するまで経済的繁栄を持続していた日本経済がなぜ長期停滞化にあるかを国際経済との関連において解説する。

第2次世界大戦後の混乱と戦後復興期

　第2次世界大戦における敗北，無条件降伏によって，日本はアメリカのマッカーサー元帥を長とする **SCAP/GHQ**（連合国総司令部）の占領下におかれた。このもとで，戦前の政治経済体制からの大きな変化を経験することになった。財閥解体（持株会社の禁止），農地改革（地主・小作農制度の解体と自作農育成），労働三権（団結権，団体交渉権，争議権）の確立といった経済の民主化が進められた。とくに戦前貿易の中枢を担った三井物産と三菱商事の解体が非常に厳しく行われた（奥 2012：93-94）。

　日本経済は，戦争の敗北による生産施設の破壊と食糧不足に直面し，経済復興は困難をきわめていた。戦争遂行のために戦時中に発行された国債は当時対GDP比約250％水準までに膨張し（日本銀行が引き受けたために），巨額の過剰流動性が国内経済に滞留していた。このことは物資の生産不足とあいまってハイパー・インフレーションを引き起こした（1934〜1936年の卸売物価を1として1949

年までの物価上昇率は約220倍）。政府は1946年2月に預金封鎖・新円切替を発表して（新円での引き出しは1世帯500円まで，3月には旧円の使用禁止），さらに戦時利得の没収を目的として臨時財産調査令・財産税法によって多額の資産保有者に高率の財産税を課し（超過累進課税方式で，25％から最大90％まで），その税収を戦時国債の償還に当てたのである（山本・鳥谷 2019：256-257）。

　第2次世界大戦後のソ連による共産主義勢力の拡大は，アメリカに緊張をもたらし，1947年3月にトルーマン大統領は一般教書演説でイギリスに代わってギリシャおよびトルコの防衛を引き受けること，世界的な反共活動を支援することを宣言した（「トルーマン・ドクトリン」）。同年6月にマーシャル国務長官がヨーロッパ復興計画（マーシャル・プラン）を発表し，西欧諸国へ大規模経済援助を開始した。冷戦体制が明確に始まったのもこの頃とみなせる。同時に日本をアメリカの同盟国として早期に復興させ，潜在的な経済力や軍事力を発揮させるべきであると**マーシャル・プラン**の立案者であるケナン国務省企画室長が主張し，SCAP/GHQ（連合国総司令部）が主導した初期の非軍事化民主化占領政策は方向性を転換し，アジアの反共拠点として日本を再編する方向へ政策がシフトした。それにともない，日本への貿易政策も民間貿易の再開へ向かった（奥 2012：94-97）。

　その後，**ドッジ・ライン**（アメリカから派遣されたドッジによる財政金融引き締め政策）の1つである単一為替制度（1ドル＝360円）が実施され，朝鮮戦争（1950年6月〜1953年7月）による特需をへて，経済復興が進んでいく。1951年9月サンフランシスコ講和条約と日米安全保障条約の締結が同時に締結され，日本はSCAP/GHQ（連合国総司令部）の占領下から解放され主権を回復したが，同時に日本にアメリカ軍が駐留することも認めたのである。1952年8月**IMF**と**IBRD**（**国際復興開発銀行**，現在の**世界銀行**）に加盟し，また1953年10月**GATT**に仮加入（1955年9月正式に加入）して，日本は第2次世界大戦後の国際経済秩序に参加した。

高度経済成長期——1955～1973年

　戦後日本の復興過程は，アメリカとの強い政治的・経済的関係の上に成立しており，高度経済成長もまたそれを前提にしていた。国内的には，戦前は比較的自由主義的経済体制であったが，1930年代以降しだいに戦争への傾斜が強まるなかで日本は戦時体制に転換し，戦争が激化すると統制経済や計画経済化が強化された。この経験は日本の経済体制を大きく変化させることになり，ドッジ・ライン以降の自由経済への転換以降も，政府と企業の結束を強めた。さらに，戦時から戦後直後に作られた制度が，その後の経済社会に定着していた（奥　2012：105）。

　1956年度の『経済白書』の序文に書かれた一節，「もはや戦後ではない」という言葉は，戦後復興の終了を宣言した象徴的な言葉として知られている。その言葉は，1人当たりの実質国民総生産が，1955年に戦前の水準を超えたということを背景にしていた。1960年7月から1964年11月まで総理大臣を務めた**池田勇人**は，所得倍増計画を打ち出し，実際，1955～1973年まで実質経済成長率の平均は9％を超えていた。

　このような高度経済成長が可能であったのは，国際的にはアメリカが1961年2月から1969年12月にかけて106カ月にも及ぶ長期的好況期があったことにより日本からアメリカへの輸出が安定して拡大できたこと，アメリカのベトナム戦争への軍事介入により東南アジア地域にドル散布が続きその地域にも日本の輸出が増加したことが重要である。国内的には東京オリンピック開催（1964年）にあわせて大型の公共投資が相次ぎ（名神高速道路は1963年に，東名高速道路と東海道新幹線は1964年に開通），1970年には大阪万博も開催された。輸出拡大に牽引され，また「投資が投資を呼ぶ」（1960年度版『経済白書』の一節）と表現された旺盛な設備投資と技術革新に主導されて，重化学工業化が急速に進行した。さらに，消費の拡大も三種の神器（三種の白物家電：冷蔵庫，洗濯機，白黒テレビ）と呼ばれた耐久消費財の需要拡大を中心に続いた。

　もちろん一本調子に経済成長は続いたわけではなく景気循環がくりかえされた。とくに1960年代前半までは，好景気が続くと輸入が増加し国際収支が赤字

化するという構造を持っていた。当時の為替相場は1ドル＝360円の固定相場制であったから，こうした下では国際収支の赤字が続くと外貨準備が減少し，国際収支の赤字継続は外貨準備を枯渇させることになり，円から外国通貨への交換ができなくなる。固定相場制度を維持するために国際収支の赤字を放置できないことは，「**国際収支の天井**」と呼ばれた。そのために景気拡大が続くと，外貨準備の減少に対応するため金融引締め政策がとられ，これが原因となって投資が停滞し景気が後退局面へと転じることになった。ただし，1960年代後半以降は，重化学工業の進展によって日本製品の国際競争力が強化され輸出がさらに増加することになった。好景気が続いても国際収支が黒字基調で推移するようになり，「国際収支の天井」が制約となって景気が後退するという状況はみられなくなった。

　しかし，戦後の急速な工業化は自然環境破壊をもたらし（公害問題の発生），都市生活環境の劣悪化を引き起こした。さらに，農村部から都市への急激な人口移動は都市の過密化と地方の過疎化にもつながるという負の側面も持っていた。

2　1970年代・1980年代の日本経済

国際経済の変容――変動相場制度，石油ショック，スタグフレーション

　1970年代は国際経済に大きな変化があった。1971年のニクソン・ショック，1973・74年と1979・80年にあった2回の石油危機である。これらは，それまでの資本主義国際経済に大きな影響をもたらす。

　ニクソン・ショックとは，1971年8月15日夜（日本時間では8月16日の午前）に，アメリカのニクソン大統領がホワイトハウスから全米向けテレビ・ラジオの声明で「**新経済政策**」を発表したことを指している。その政策は，①金とドルの交換を一時停止すること，②10％の輸入課徴金を導入すること，③90日間，賃金と物価を凍結することであった。

　当時のアメリカは，貿易赤字と財政赤字に苦しんでおり，固定相場制度を維

持すること（固定相場制度の基礎になったのは，IMF協定にある金1オンスと35ドルを交換するという条項であった）が困難になっていた。それを解決するために，これらの3つの政策が打ち出されたのである。

ニクソン大統領は，このような政策を発表することを外国にまったく知らせていなかったので，発表と同時に世界は大混乱に陥った。混乱の中，1971年12月にスミソニアン合意によりドルが切り下げられることになったが，その後，ドルの下落が止まらないといった時期をへて，最終的に1973年2月14日以降，円ドルレートは変動相場制度に移行した。歴史的には，ニクソン・ショックが，それまでの固定相場制度から変動相場制度へという国際金融制度上の移行の契機をもたらした。第2次大戦後における国際通貨制度の変遷について，詳しくは，第8章を参考してもらいたい。

変動相場制度（フロート制ともいう）は日々為替レートが変動するから，輸出入企業や外国為替を取り扱う金融業者は，為替変動のリスク対策が必要になる。この為替変動リスク対策と，その後の情報通信技術の発展が関係して，さまざまな新しい金融技術が次々に誕生・発展し，マネーの国際流通における飛躍的拡大（金融のグローバリゼーション）の基礎的条件が整えられることになった。

また1973・74年には第4次**中東戦争**により，1979・80年には**イラン革命**を契機に，それぞれ第1次石油ショック，第2次石油ショックと呼ばれる石油価格の高騰があった。石油資源の大部分を輸入に頼っていた日本は，石油価格の急上昇により，黒字傾向に変わりつつあった貿易収支が一気に赤字になり，急激な物価上昇に見舞われた。このことは日本だけでなく，世界の他の先進工業国でも同様であり，各国は不況とインフレーションが共存するスタグフレーションという経済史から見て新しい現象に直面した。そしてこれ以降，現代国際経済の大きな問題の一つである資源確保問題が顕在化した。このように1970年代は，現代国際経済の重要課題である金融のグローバリゼーション，資源エネルギー確保の問題が始まった時期であった。

表12-1　第2次世界大戦後の「日本的経営」の特色

	特　色
対政府関係	協調的
労働関係	終身雇用制（変化しつつある） 年功序列制，ボーナス制度，定期昇給（変化しつつある） 企業別労働組合（協調的） 福利厚生施設（減少してきている）
経営者	所有と経営の分離（形の上では実施されてきている。特に大企業） 世襲制少ない（特に大企業） 企業内出身多い（近年，若干変化） 従来は法文経出身者が多かったが，近年は技術系出身者増加
教育・訓練	年功的熟練を重視してきたが，近年大きく変化 チームワーク重視 企業内訓練が従来多かった（中途採用，外部訓練増える） 海外留学（近年減少傾向），研究開発に力
経営管理	稟議制（減少傾向），提案性が増加 経営参加は少ないが，労働者の意思尊重
対社会・地域関係	地域との関係強化 「内なる国際化」「外国人の受け入れ」が課題
市場構造	企業系列関係，大企業のワンセット主義（崩れてきている） 金融のメインバンク制，銀行の護送船団方式（崩壊した）

（原資料）　通産省「企業白書」他。
（出所）　宮崎・本庄・田谷（2021：85）。

1970年代における日本経済の対応

　1970年代の国際経済状況の激変に，日本経済は先進工業国の中で早期に対応した。なかでも，スタグフレーションから日本がいち早く立ち直ったことが世界各国を驚かせた。スタグフレーションからの早期回復が可能となった理由は，製造業の構造変化，なかでも電気機械・輸送機械において構造変化が著しかったことである。製造業内における産業構造の転換が高付加価値・高生産性の実現をもたらし，急速な産業構造の転換を可能にした日本的経営が礼賛されることとなった。

　日本的経営は労使関係から経営者の経営スタンスなど広範囲のものを指すが（表12-1も参照），この頃国際競争上とくに重要であったのは，年功序列賃金，終身雇用制，企業別組合などによって代表される労働者の帰属意識が強い労使

関係である。日本的経営は，日本の前近代性の象徴とみられたけれども，1970年代の経済危機を日本が短期間に乗り切ったことから，日本経済の強靱性の源泉として注目されるようになった（石井・橋口 2017：266）。

　しかし，このことは製造業の構造変化に対する幻想（日本の製造業の技術革新能力は優れており，日本国内において製造業は維持可能である）を生み，後述するように，1990年代以降における日本経済のさらなる構造転換を促すことを妨げるようになった。

1980年代前半の日本経済

　1980年代前半の経済成長を概観すると，成長率は3〜4％程度あったが，その前後の時期と異なり外需依存型（輸出拡大型）の成長であることがわかる（奥 2012：149-150）。それは，アメリカのレーガノミクス（金融政策における高金利と財政政策における減税というポリシーミクス）の影響によるところが大きい。アメリカのレーガン大統領は，「強いアメリカ」を標榜し，高金利を維持することによって世界中からアメリカへ投資資金を吸引し（その結果として「ドル高」），新自由主義思想にもとづいた減税を行った。停滞期に入っているアメリカ経済を活性化するためには，サプライサイド（供給力）重視の立場から政府による過大な市場介入を排除し（規制撤廃を進め），企業の投資を活発化させ，民間消費を拡大することが必要であると考えたのである（新自由主義思想については，猪木 2009：281-302）。

　その結果，円安ドル高が継続して，日本からアメリカ向けの輸出は急激に拡大した。日本の巨額の貿易黒字は，アメリカの高金利に引き寄せられる投資資金となった。しかしながら，ドル高はアメリカの貿易収支赤字の急拡大をもたらし，また減税政策は財政赤字も拡大させた（「双子の赤字」と呼ばれた）から，アメリカの2つの赤字がいつまで持続可能であるかに対してしだいに懸念が広まっていくことになった。

　1985年9月22日に不安感の高まりを受けて，主要先進国の大蔵大臣・中央銀行総裁は秘密裏にニューヨークのプラザホテルに集まり，協調してドル高是正

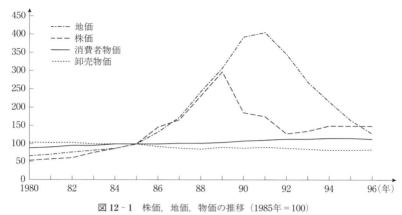

図 12-1　株価，地価，物価の推移（1985年＝100）

（注）　株価は日経平均株価（東証225種），地価は6大商業地価格指数，消費者物価指数は全国総
　　　　合消費者物価指数，卸売物価は総合卸売物価指数。
（原資料）　日本銀行『経済統計年報』1996年。
（出所）　橋本・長谷川・宮島・齋藤（2019：232）。

に動くことになった。ここでの合意は「プラザ合意」と呼ばれ，これをターニ
ングポイントとして為替相場は円高ドル安へと大きく舵を切った。急速に円高
が進むことが予想されたから，日本では円高不況対策とし，財政拡張・金融緩
和政策が実施された。これがバブルを生む基礎的要因になる。

1980年代後半の日本経済――バブルの形成と崩壊

バブルの形成　　　　1980年代後半に「バブル（泡）」と呼ばれるようになった大投
　　　　　　　　　機が日本で発生した。バブルとは，一般的に経済のファンダメ
ンタルズ（経済成長率，金利，インフレ率といった経済の基礎的条件）で説明できる
以上に資産価格（株価や地価など）が継続して上昇する状態を指している。

　日本のバブルの発生は，1985年9月のプラザ合意を起点としていた。図12-
1によって株価や地価の動きを見ると，株価，地価は1986年に入って急に高騰
し，多少の変動はあるが，基調として1990年半ばまでほぼ4年間にわたって上
昇を続けた。株価（日経平均株価）は1986年1月の約1万3000円から1989年末
に約3万9000円までおよそ3倍になった。消費者物価指数や卸売物価指数はと

もに安定的に推移したから，株価と地価は明らかに異常な動きを示したと言えるだろう。

　株価，地価という資産価格が急に高騰した理由は，前述した円高不況対策のための金融緩和政策である。図12-1に示されるように，公定歩合は，1986年1月から1987年2月にかけ立て続けに5回引き下げられ，5％から半分の2.5％になっている。またこの時期に，円高ドル安を緩和するために日本銀行がドルを買い支えたから，通貨供給量は伸び続けた。

　1986〜1987年にかけて，金融緩和政策が長期的に継続された理由は，国内的要因と国際的要因にわけて考えることができる。プラザ合意に対応するため，国内的には円高不況対策，国際的にはドルの対外的価値を安定することが求められていた。1985年9月のプラザ合意はドル高是正に一定，成功したけれども，図12-2が示しているように，ドル安円高の傾向は止まらなかった。ドル暴落に対して，1987年2月にパリで先進7カ国蔵相・中央銀行総裁会議が開始され，「為替相場を当面の水準の周辺に安定させるため緊密に協力する」という「ルーブル合意」が得られたが，ドル暴落に歯止めはかからなかったのである。国際金融における**国際協調政策**の意義と限界は，第11章でも書かれている通りであるが，先進国全体が一致して行動しない限り市場の変化を制御することは実質的に困難であった。ここに国際協調の意義と限界が典型的に示された（奥2012：198，222-223）。

　日本は，ルーブル合意を忠実に実行するためにドルを買い支えたから，1987年のハイパワードマネー残高の変化額2.8兆円のうち，外国為替資金に起因するハイパワードマネーの増加額は実に5.4兆円にも上った（小川・北坂 1998：44）。日本はドルの価値安定という国際協調政策を優先したために，国内の金融政策が制約されていたことを示している。

　円高不況対策としての金利引下げは日米の金利差を拡大させるから，相対的に金利の高いアメリカに資金移動が促進されドル下落を止める効果を持つ。国内的には円高不況対策，対外的にドル価値の安定という2つの理由から，公定歩合は，1986年1月から87年2月にかけて立て続けに5回も引き下げられ，そ

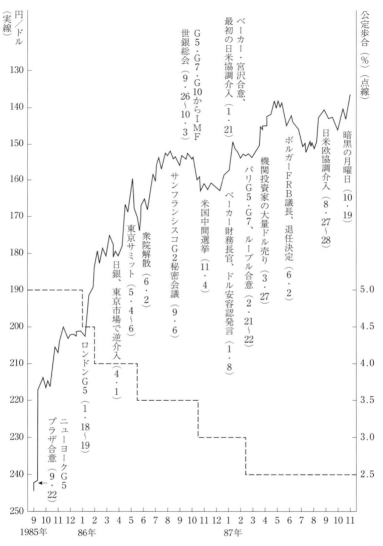

図 12-2 円レートの動き（東京外国為替市場）と公定歩合の動き
（出所） 宮崎（1992：117）。

の後，1989年5月まで2.5％に据え置かれた。

　さらに，1980年代のアメリカ，イギリスにおける金融の自由化の影響を日本が受けたことも重要である。アメリカ，イギリスから始まった金融自由化の進行（宇宙の誕生になぞらえて，当時，金融市場の自由化は「ビッグ・バン」と呼ばれていた）は，東京がアジアにおける国際金融センターになる可能性を高めた。国際金融センターになれば東京圏の土地収益率は間違いなく上昇するだろうという期待から，東京圏の商業地地価は高騰し始め，それが投機につながり，「地上げ」と呼ばれた現象が東京都心部で横行した。

　日本国内の土地価格が急速に上昇した時，三菱地所がニューヨークのロックフェラーセンターを，ハリウッドではソニーがコロンビアを，松下電器産業（現・パナソニック）がユニバーサルを買収し，日本の対外純資産が世界一になり，日本は「経済大国」になったと言われるようになった。

　また金融の自由化は資金調達手段の多様化をもたらした。日本では高度経済成長期から資金調達が銀行借り入れを中心として行われてきたが，大企業はエクイティ・ファイナンス（株式の新規発行で資金を調達すること）などコストの低い資金調達手段を選択することを始めた。それによって有力な貸出先を失った銀行は地価上昇による担保価値の高まりもあって，中小企業，そして個人に融資を拡大させた。銀行の貸出先がこれまで情報の蓄積のない中小企業や家計にシフトするにつれて，土地を担保とした貸出体制が重視され，地価の高騰がそれに拍車をかけたのである。

　銀行はバブル期に不動産業への貸出残高を2.6倍増加させ，その間の貸出残高増加率は年々2桁を示した。他方，製造業への貸出残高はほとんど変化しなかった。「土地神話」（高度経済成長期に土地価格が継続的に上昇していたため，地価は永続的に価格上昇すると信じられ，土地は実物資産として永久不滅であると考えられたこと）によって，銀行も十分な審査を欠いた貸し出しを行ったのである。これは「土地神話」の崩壊（地価の暴落）によって融資の多くが不良債権化し，深刻な「平成不況」につながったことを説明している（奥 2012：200）。

　また，金利の自由化があまりにも急速に進行したために，借り入れした資金

を金融資産で運用すれば，資産・負債の両建て取引で利鞘を稼ぐことも一時的
に可能になったことも重要である。1987年9月から1990年12月までの全国銀行
の譲渡性預金平均金利が貸出約定平均金利を0.15〜1.46％上回っていたのであ
る（小川・北坂 1998：47-48）。

　さらに，株価や地価の上昇それ自体が株価や地価を押し上げるという「**自己
増殖メカニズム**」が働いたことも重要である。株価を例にとれば，株価の上昇
期待→株価上昇→エクイティ・ファイナンス増加→企業の株式運用増加→株価
上昇というシステムが組み入れられたのである。当然このメカニズムは，いっ
たん株価や地価といった資産価値の上昇期待が反転して下落予想に取って代わ
られると，景気の後退も深刻化する危険性をはらんでいる。

バブルの崩壊　　歴史上のバブル現象はすべて崩壊したことが知られている。低
水準が続いていた公定歩合は1989年5月に引き上げられ，その
後1990年まで続けて3回引き上げられた。しばらくの間，引き締め金融政策は，
市場において無視された形になったが，1990年に入ると状況は一変し，株価の
下落が始まった。株式，債券，円レートはそろって値下がり傾向を強めた（ト
リプル安）。市場の心理が逆転して，すべてはバブル形成と逆に動き始めた。エ
クイティ・ファイナンスは急速に縮小し，資産・負債の両建て取引による財テ
クも続かなくなり，投機目的の土地取引もストップした。株式と土地の投機に
走っていた企業はいきづまった。バブルの崩壊である。株価は1991年から1992
年にかけて最高の値の半分に落ち込み，株式の売買高も急速に減った。土地の
取引も急速に縮小し，やがて地価も横這いから下落に転じた（奥 2012：201）。

　あまりにも急速に資産価格が低下し，実体経済が後退したので，金融政策は
1991年7月より再び緩和政策に転換された。1991年末には公定歩合の第3次引
き下げと不動産関連融資**総量規制**の解除という重要な政策転換が行われた。こ
の政策転換は金融機関や不動産業の救済措置であったと考えられる（野口
1992：171）。

　バブル崩壊の影響は広範囲にわたったが，もっとも重要な影響は金融・資本
市場の機能が低下したことである。まず**エクイティ・ファイナンス**が極端に縮

小した。次に，国際業務を展開している銀行は BIS（国際決済銀行）が決めている自己資本比率基準 8 ％をクリアしないと国際業務に大きな制約を受けたが，もともと自己資本比率の低い日本の銀行は，株価低迷によって自己資本比率がさらに低くなり，株価の一層の下落は貸し出し抑制につながった（いわゆる「貸し渋り」の発生）。

　さらに「不良債権問題」が表面化した。金融機関の不良債権は，経営が破綻した企業への貸付金で回収が不能になったものや，経営不振に陥っている企業に対する貸付金で金利の支払いが 6 カ月以上停止されているものを指すが，これに金利減免先も含めると不良債権がいっそう膨らんだ。1993年 3 月期決算で，全国銀行協会の統一開示基準にもとづいて銀行ごとに情報開示されたが，都市銀行，長期信用銀行，信託銀行21行合計で12兆3700億円とされ， 3 年間で処理されるとしていた。しかし， 5 年後の1998年 3 月期決算では都市銀行など19行合計で50兆2340億円と逆に 4 倍に増加したのである（『経済白書』（2001年度）第 2 章第 1 節）。

　実体経済もバブルの形成と崩壊に強い影響を受けた。一般にストックの蓄積が進むと，資産価格の変動が経済活動に大きな影響を与えるようになるが，1980年代後半の消費拡大・設備投資拡大は株価・地価の上昇の恩恵であり（「資産効果」），逆にバブル崩壊による資産価格の下落は実体経済の後退を加速化し（「逆資産効果」），長引く不況をもたらした。

3　1990年代以降の日本経済

国際環境の激変──グローバリゼーションの進行，新自由主義思想

　1990年は国際経済にとって大きな変化の年になった。第 2 次世界大戦後に続いた冷戦体制の崩壊である。1989年に東ヨーロッパの社会主義諸国で連続して民主化，議会制への転換，市場経済の導入などの諸改革が進み（「東欧革命」と呼ばれる），同年11月ベルリンの壁が崩壊し，同年12月アメリカのブッシュ大統領とソ連のゴルバチョフ書記長はマルタ島沖で首脳会談を行い，第 2 次世界大

戦末期（1945年2月）のヤルタ会談に始まった米ソ冷戦の終結を宣言した。そして，ソ連は1991年末に解体した。

　さらに，1970年代に先進国で政府による伝統的経済政策（政府が市場に介入して一定経済をコントロールする）が行きづまったことから，**供給重視の経済学**が重視されるようになり，政府の役割を相対的に小さくして市場原理を重視する**新自由主義思想**がアメリカ，イギリスを中心に復権して，国営企業の民営化，規制撤廃などが相次いで行われるようになり，世界的にもその思想が広まった。

　さて，冷戦体制の崩壊によって軍事用の情報通信技術が民間に開放されることになったから，それ以降インターネットの利用が世界で急速に普及することになった。そのことは，アメリカを中心にしてインターネットを利用した新産業を勃興させ，経済と企業システムのあり方を変えていった。経済における生産と物流のシステムを大きく変えただけでなく，情報通信技術の発展は，リアルタイムに情報を世界で共有できるようにしたから，文化の世界的共通化も進んだ。

　1990年代後半から，アメリカにおいて，マイクロソフト，インテル，アップル，グーグル，アマゾンといった多くのハイテク巨大企業やベンチャー企業が勃興し，製造業やサービス業などの分野においても，IT関連の設備投資やソフトウェアへの投資が活発に行われた。IT関連産業の勃興と投資の活発化は，財政再建の進展に伴う長期金利の低下によっても支えられた。IT革命により企業収益が上昇し，雇用と消費も拡大し，アメリカ経済において経済成長と好況が長期にわたって持続した（奥 2012：229-230）。

　アメリカの景気循環を判定しているNBER（全米経済研究所）によれば，1990年代以降では，1991年3月～2001年3月（120カ月），2001年11月～2007年12月（73カ月），2009年6月～2020年2月（128カ月）が景気拡張期であり，景気後退期が限定的で好況が長期にわたって続いていたことがわかる（原データはNBERの下記のHPによる，https://www.nber.org/research/data/us-business-cycle-expansions-and-contractions）。

　好況を支えた投資資金は，アメリカの国内貯蓄だけでなく，海外からの多額

の資金流入によってまかなわれた。流入した資金は株式市場へ流れ込み，投資の源泉となるとともに IT 産業を中心に株価高騰を演出し，株価高騰は資産効果を発現させ，消費活動にも大きな影響を与えた。消費拡大は，資金流入によるドル高と相まってさらなる輸入の増大を招き，経常収支赤字を拡大させた。アメリカ以外の国々（とくに中国や日本などアジア諸国）は対米輸出を増加させ，世界的な好況の時期が続いた。

　アメリカの産業構造は1980年代後半から大きく変化し，金融・保険・不動産業等が製造業のシェアを逆転し，教育，医療といったサービス産業も大きく伸びた。アメリカへの大量の資金流入は，1990年代に中心的な産業となった金融業の発展を支え，国内投資をファイナンスする以上の規模になった。それはアメリカの多国籍金融機関を通じて世界中へと投資され，さらに金融業の発展を促進した。

　世界的にも好況の時期が続いたが，何度か大きな金融危機，経済危機の時期があった。1997・98年には東アジア地域で通貨金融危機があり，ロシアでも金融危機がおこった。さらに2007・08年にはアメリカの**サブプライムローン**問題（通常の住宅ローンの審査には通らないような信用の低い人向けのローンの焦げ付き）に端を発する住宅バブルの崩壊から，2008年9月ニューヨーク証券取引所で史上最大の株価暴落が起こり，世界全体に金融危機が広がった。2008年9月にリーマン・ブラザーズが経営破綻し，アメリカの名だたる大企業，AIG，メリル・リンチ，シティグループ，モルガン・スタンレーなどが次々と信用不安に陥り，アメリカ政府は同年10月緊急経済安定化法を成立させ，巨額の公的資金を投入して不良資産の買い取った。第10章で述べられているように，欧州も同様の深刻な危機に見舞われ，EU 主要国は公的資金を投入して信用不安を食い止めた。アメリカ発の危機であったから，アメリカ市場への輸出を原動力として成長してきた自動車産業など世界の製造業にも金融危機は大きな打撃となった。日本は，金融危機そのものによる損失は少なかったが，輸出に偏重していた製造業が不振に陥って景気が悪化した。2008年第4四半期の主要国の GDP は軒並みマイナスになり（日本12.7％，ユーロ圏5.7％，アメリカ3.8％など），1929

年世界大恐慌以来の最大規模の世界同時不況の様相となった。しかし，アメリカは先に見たように，2009年6月に景気の底を打ち2020年2月まで128カ月の景気拡張期をへた。また多くの国で，緊急避難的な拡張的経済政策（減税，環境関連産業への投資を含む公共投資，失業対策などへの財政支出拡大，ゼロ金利政策，中央銀行が金融資産を直接購入するという非伝統的金融政策など）で世界金融危機は小康状態をえて，その後，コロナ感染症の拡大による景気の落ち込みを経験するまで好況となった国も多い。

失われた20年──1991〜2010年

1990年代以降，アメリカ経済は復活し，欧州もEUが設立以降拡大を続け，また新興工業国としてBRICs諸国（ブラジル（Brazil），ロシア（Russia），インド（India），中国（China）の頭文字をあわせた造語。ゴールドマンサックスが2003年に発行したレポートで使われて以降，一般に使用されるようになった）の急成長も見られたが，日本はバブル経済が崩壊した1991年から経済的に低迷した20年間は，「失われた20年」と呼ばれる時期を経験した。

バブル経済の崩壊によって，「逆資産効果」がはたらき，消費も低迷しデフレーションになった。この平成不況と呼ばれる時期を脱却したのは，2002年2月から始まる第14循環の景気拡張局面であった。これは2008年2月までの73カ月続いたと内閣府が確定した。この景気拡張期は，それまで戦後最長であった「いざなぎ景気」の57カ月（1965年10月から1970年7月）を超えているので，「いざなみ景気」と名付ける報道もあった。ただし緩やかな景気回復であり成長率も低く，それまでの景気回復と違って，必ずしも豊かさの実感がともなったものではなかった。

GDP，貿易，通貨といった経済的な基礎的指標でも，日本の国際経済にしめる地位の低下は著しい。1人当たり名目GDPは，1988〜2001年まで日本は常に世界の上位5位までに位置していたが，2009年に世界19位，2015年では27位に地位が低下した。貿易収支も赤字が慢性化する傾向を見せており，1990年代に貿易黒字が続いていたのとは雲泥の差になっている。また日本円が国際決

済に使用される割合も，1980年代の「経済大国・日本」と言われていた時期とは一変して，2015年8月の通貨別決済シェアでは人民元2.79％，日本円2.76％になり，ドル，ユーロ，ポンド，人民元の次にくる第5番目の国際通貨になってしまった（2021年12月の主要通貨による決済額は，米ドルが40.51％，ユーロが36.65％，英ポンドが5.89％，中国人民元が2.70％で，日本円のシェアは2.58％であった）。人民元の世界決済シェアは，昨年11月の2.14％から12月は2.70％にIMFは，2015年に中国の人民元をドル，ユーロにつぐ第3の主要通貨として承認し，日本円の地位は20年余りで急速に低下した。それら以外にも，製造業の売上高利益率，賃金指数（現金給与総額），実質為替レート（名目為替レートを各国の物価上昇率で調整したもの）も低下し，65歳以上人口の比率は2016年には27.3％に達し，若年層の比率が低下している（石井・橋口 2017：299-300）。

　それでは，なぜ「失われた20年」と呼ばれる現象がうまれ，継続しているのか，それを解決する政策はあり得るのだろうか。原因と解決策についてはいろいろな考え方がある。いくつか代表的な考え方をここで紹介しておこう。

　もっとも有名な対応策は，アメリカのニュー・ケインジアンの経済学者を中心として1990年代後半から議論されている。その代表は，2人のノーベル経済学賞受賞者，ポール・クルーグマンとジョセフ・スティグリッツである。

　クルーグマンは日本が「流動性の罠」に陥っている可能性を指摘しつつも，日本経済を回復軌道にのせるための手段として，お金を大量に刷ることで民間需要増加に努めるべきと論じた。「**流動性の罠**」とは，金利水準が異常に低いときは，貨幣と債券がほぼ完全代替となってしまうため，いくら金融緩和を行っても，景気刺激策にならないという状況を指している。この状態になると，マネーサプライをいくら増やしても追加供給された貨幣は単に退蔵されるだけで，利子率は引き下がらず，民間投資や消費を刺激することができなくなる。

　「流動性の罠」は，「糸は引けるけれども押せない」という比喩で説明されることがある。金融政策は引き締めることによって景気が過熱した状態を抑制することはできるけれども，景気が停滞した状態では金融緩和しても経済を活性化できないということである。この状態の時には，金融緩和だけでは景気回復

につながらず，他の政策が必要となる。

　スティグリッツは，クルーグマンよりも過激に，通貨発行権は中央銀行だけでなく政府も有しているから，日本政府が財政赤字を紙幣増刷によってファイナンスするように提言した（政府紙幣の発行）（石井・橋口 2017：300）。

　野口悠紀雄は，1990年代以降の世界経済において，新興国の工業化，情報通信技術の革新，それによるビジネスモデルの変化などが同時に進んだと考え，先進国が目指すべき道は，開発や研究という付加価値が高い分野に特化することであり，高度サービス産業を発達させることであると考えている。とくに冷戦体制の崩壊によって大量の労働力が市場に参入したことと情報通信技術の革新によって工業製品価格が急速に下落し，サービス価格は上昇したことによって，その相対価格はこの20年ほどの間に2.4倍ほど変化していることを重視している。全般的な物価下落と相対価格の変化を区別して政策対応をすべきと考え，全般的な物価下落であれば貨幣供給量の増加によって対応可能であるが，相対価格の変化に対応するためには，産業構造を変えるとか経済行動を変化させる対応が重要とみなしている。

　そのために日本の企業は企業のビジネスモデルを転換して，新興工業国と直接に競合しない分野，製造業であれば製品の企画，マーケティング，販売などの分野に進出して，実際の生産は新興工業国の労働を活用するべきであると考えている。そもそもの産業構造を脱工業化することも必要と見なしている。さらに，国際比較の観点から移民の受け入れがフローでもストックでも極度に少ないこと（2013年で移民の受け入れフローが，日本は人口の0.045％，韓国が0.13％，アメリカ0.3％，ヨーロッパ0.5〜1.0％程度，ストックは2014年で1.7％，韓国2.2％，アメリカ7.0％，イギリス7.8％など）も問題としている。また日本企業の国際競争力における法人税引き下げについては，税率引き下げより社会保険料負担の問題が大きいから，社会保険料負担を含む社会保障制度の合理化策を検討すべきとしている。

　また歴史的な視点から，日本型組織・制度を「**1940年体制**」と名付けてそれを改革することが必要であると主張している。これは，日本的な大企業，労使

表12-2　日本における労働生産性上昇の要因分解

	高度成長期 (1955〜1970年)	安定成長期 (1970〜1990年)	長期停滞期 (1990〜2015年)
労働生産性の上昇(a)	7.52	4.23	1.39
労働時間当たり資本サービス投入増加の寄与(b)	3.01	1.67	0.80
労働時間当たり耕地面積拡大の寄与(c)	−0.03	—	—
労働の質上昇の寄与(d)	1.33	0.76	0.31
TEP (全要素生産性) の上昇(e=a−b−c−d)	3.21	1.80	0.28
労働時間の増加率(f)	2.30	0.50	−0.55
GDP成長率(g=a+f)	9.82	4.73	0.84

（原資料）深尾京司『世界経済史から見た日本の成長と停滞 1868-2018』岩波書店，2020年，60頁。
（出所）宮崎・本庄・田谷（2021：21）。

関係，官民関係，金融制度など日本経済の特徴とされるさまざまな要素が，1940年頃に戦時体制の一環として導入されたとする考えであり，戦時体制や高度経済成長には有効であったが，1990年代以降の世界経済の状況下では有効でないと考えていることによる（野口 2015；2017）。

　深尾京司は，『世界経済史から見た日本の成長と停滞』で，日本の経済発展を，世界経済史の視点から長期的な時系列データを利用して分析している。そこでは，1990年代以降の日本の長期停滞の原因を，二重構造，日本的雇用慣行，貯蓄超過問題など，戦前期や1970年代に起源を持つ構造的問題として分析している。分析の結果は，人口1人当たり実質GDPの増加を減速させた主因は，労働生産性上昇の低迷であり，人口減少・高齢化ではないとする。人口減少・高齢化は，日本の人口1人当たり実質GDPの増加を阻害している可能性はあるが，それよりも労働生産性の低迷が問題としている（深尾 2020：vii-viii, 277-281）（表12-2も参照）。

　とくに，1990年代，2000年代を通じて堅調な成長を続けているアメリカは，**ICT（情報通信技術）革命**によって労働生産性を大きく高めたのに対し，日本ではICT投資が驚くほど少なく，また，**TFP**（Total Factor Productivity：全要素生産性。経済成長を生み出す要因の1つで，資本や労働といった量的な生産要素の増加以外の質的な成長要因のことである。技術進歩や生産の効率化など）を分析すると，大企業は1990年代半ば以降，活発な**R&D**（研究開発）や国際化でTFPを高め

ているが，中小企業のそれとの格差が著しいと分析している。日本経済が長期
的停滞から脱するには，生産性の高い企業がシェアを拡大できるよう，新陳代
謝を促すことや中小企業の生産性を高めること（二重構造の解消）がもっとも必
要であると指摘する。それ以外にも，非正規雇用問題と働き方改革，貯蓄超過
問題，対外経済政策についても，政府の政策の見直しを提言している（深尾
2020：282-285）。

アベノミクスの内容と評価──2012～2020年

アベノミクスの内容　　2012年11月の民主党の野田内閣による国会解散，総選挙は，
民主党の惨敗，自民党の圧勝となった。同年12月に安倍晋
三第2次内閣が発足したが，彼はアベノミクスと言われる経済政策を展開した。
それは，①大胆な金融政策，②機動的な財政政策，③民間投資を喚起する成長
戦略という3つの矢からなっていた。

　①大胆な金融政策は，以下のように展開された。2013年1月に「デフレ脱却
と持続的な経済成長の実現のための政府・日本銀行の政策連携について」とい
う共同声明が，内閣府・財務省・日本銀行の連名で発表され，その中で，日本
銀行の物価安定の目標を消費者物価の前年比上昇率で2％とすることが明示さ
れ，金融政策決定会合で，その達成に向けて期限を定めずに市場から資産を買
い入れる金融緩和策の導入を決定した。

　同年3月には，財務省出身の黒田東彦が日本銀行総裁に就任し，2％の目標
を2年後の2015年度に達成すると宣言し，市中金融機関から大量の国債買い上
げと ETF（Exchange Traded Funds：上場投資信託）の買い入れによって，市中
流通現金残高（マネタリーベース：日本銀行券発行高＋貨幣流通高＋日銀当座預金）
を年間60～70兆円増加させる**金融緩和**政策を実施し始めた。さらに，2014年10
月に「**質的・量的金融緩和の拡大**」を行ってマネタリーベースの増加目標額を
年間80兆円に引き上げ，2016年2月には「マイナス金利付き量的・質的金融緩
和」を導入して金融機関の日本銀行当座預金残高に0.1％の利息を課し，同年
9月には「長短金利操作付き量的・質的金融緩和」を導入して10年もの国債の

金利をゼロに誘導する政策も開始した（三和・三和 2021：261-262）。

　②機動的な財政政策としては，まず2012年度に公共事業を柱とする緊急経済対策を盛り込んだ13.1兆円規模の補正予算案を決めた。これは2009年度１次補正予算（14.7兆円）に次ぐ過去２番目の大きさである。2012年度は東日本大震災復興のための大型歳出予算であったが，補正予算を組み入れた結果，100兆円を超える歳出予算になった。これは，東日本大震災後（2010年度）の107兆円，リーマンショック後（2009年度）の102兆円に次ぐ史上第３位，平時では最大の予算規模である。2013年度以降も100兆円前後の歳出予算を組んで景気刺激策をとった。この結果，公的需要寄与度（0.6％）の高いGDP成長率2.0％が達成された。

　③民間投資を喚起する成長戦略としては，「日本再興戦略」（2013～2016年），「未来投資戦略」（2017・18年），「成長戦略実行計画」（2019年）が，日本経済再生本部（本部長・安倍首相，メンバー・国務大臣全員）によって策定された。ここで実行された主な政策は下記の通りである。2013年に国家戦略特別区域法が制定（各種の制度的規制を緩和する国家戦略特区の創設）され，2021年６月時点で全国10地域において387の認定事業が進められた，2014年度から法人税率引き下げが実施され，2014年度の改革前25.5％（国＋地方の法人実効税率は34.6％）から2018年度には23.2％（同29.7％）となった。2018年には「働き方改革関連法」が成立し，残業時間上限規制，高度プロフェッショナル制度新設，正規・非正規社員待遇差解消が図られた。2018年の「出入国管理法及び難民認定法」改定（2019年４月施行）で，外国人労働者の受け入れ枠が拡大された（三和・三和 2021：262）。

　安倍首相は2014年末の総選挙で勝利して第３次安倍内閣を組閣し，2015年９月にアベノミクスは「第２ステージ」に入ると宣言して，記者会見で新しい三本の矢について以下のように語った。第１の矢に「希望を生み出す強い経済」を掲げ，経済最優先で戦後最大の国民生活の豊かさに向け，GDP 600兆円達成を目指す。第２の矢として「夢をつむぐ子育て支援」を挙げ，希望出生率1.8を目指し，待機児童ゼロの実現や幼児教育の無償化の拡大，多子世帯への重点

的な支援などによる子育てにやさしい社会を創り上げる。第3の矢は「安心に
つながる社会保障」で，介護施設の整備や介護人材の育成，在宅介護の負担軽
減など仕事と介護が両立できる社会づくりを本格的にスタートさせる一方，意
欲ある高齢者が活躍できる「生涯現役社会」構築を目指す。アベノミクスの
「第2ステージ」を高らかに宣言し，在任期間で歴代最長を記録した安倍首相
も，体調不良で2020年9月に退任し，菅義偉内閣が後を継いだ。

アベノミクスの評価　さて，アベノミクスはどのように評価されるのであろうか。
まず，政策目標の第1に掲げていた2％のインフレ率の実
現や潜在経済成長率の引き上げには成功しなかった。すでに超低金利政策をと
っていた金融政策では，2％のインフレ率実現は難しかったし，潜在経済成長
率の引上げにはさらなる構造改革が必要であったのである。また2015年以降も
さまざまな戦略会議でいろいろな政策が発表されたが，成長に結びつく改革は
少なかったし，消費税引上げ（2014年4月に5％から8％へ，2019年10月に食料品
を除いて10％へ）やTPP11（環太平洋パートナーシップ協定）の締結（2018年12月に
発効）以外，長期的観点から重要と考えられる抜本的改革が行われなかった。
たとえば，社会保障制度改革，信頼性のある財政収支改善計画，さらなる温暖
化ガス削減計画などである（宮崎・本庄・田谷 2021：16）。

　もう少し細かく経済データを確認すると，以下のようなことが指摘できる。
東日本大震災後に続いた円高は，2011年7月に1ドル76円という史上最高値に
近い値をつけた後，基本的に2012年にも続いたが，2013年からは円安傾向にな
り，2015年には年平均で1ドル121円になった。2016年にブレグジットによる
ポンド急落により一時的に円高傾向になったが，12月のアメリカ大統領選挙で
トランプが勝利してから円安傾向に戻った。円安傾向をもたらしたのは，マネ
タリーベースを急拡大させた（2012年末138兆円，2013年末201兆円，2019年末518兆
円であり，これは日本銀行の国債買い入れによるところが大きく，日銀資産残高中の国
債残高は，2012年末113.7兆円，2019年末481.3兆円にものぼった）「大胆な金融政策」
であった。

　マネタリーベースの急拡大は，株高ももたらした。日経225種平均株価は

2012年に終値が1万395円であったが，2013年末に1万6291円へ上がり，その後も上昇を続け，2017年の終値は2万2700円台に達した。この上昇は，日本銀行と年金積立金管理運用独立行政法人 GPIF による上場投資信託 ETF の買入で後押しされた（日銀と GPIF の国内株式関連資産は，2012年末の19兆円から2019年末に63.8兆円へ）。物価については，2013年から上昇し，2014年に前年比2.7％となったが，これは，先に述べた円安にともなう輸入物価の上昇によるものであり，2015年から上昇率は低下し1％未満（2016年はマイナス）に留まった。経済成長率も，2012年の景気転換後，11月から拡張局面になり，2013年に2％成長を達成したが，その後2018年10月にいたる71カ月間の拡張局面が続いたが，成長率は0.3〜1.7％というプラスではあるが低水準に低迷した（三和・三和 2021：263-264）。

　アベノミクスは，物価上昇率2％以上という目標は達成できなかったものの，経済成長率のプラス維持，失業率の低下などがもたらされた。しかし，雇用者報酬（名目）は上昇したが家計の平均消費性向は低下しており，この乖離は，雇用者報酬から差し引かれる税金・社会保障負担が大きくなっていることを示唆する。2014年4月，2019年10月の消費税増税の影響や社会保険料負担増などの影響があらわれているとみることができ，厚生労働省の『国民生活基礎調査』中の「各種世帯の生活意識調査」でも生活苦を訴える層が過半数を超えており，アベノミクスが国民生活の場まで実感できるほどの成果に乏しかったといえる（三和・三和 2021：266-267）。

　さらに，表12-3，12-4，12-5などに示される経済データから以下のようなことも指摘されている（三和・三和 2021：267-269）。

　表12-3に示されるように，1970〜1990年にかけての日本の年平均 GDP 成長率は7.1％と先進国の中で飛び抜けて高かったが，1990〜2010年は1.1％，2010〜2019年は1.0％ときわめて低い水準になっていることが示されている。アメリカ，イギリス，ドイツ，フランスの GDP 成長率は，1990年以降，どの国もそれ以前より低くなっているが，日本のそれと比較すると1.5〜3倍程度を示しており，相対的に高水準になっている。

表 12-3　経済成長率と輸出依存度の国際比較（1970〜2019年）

	経済成長率			輸　出				
	GDP の期間年 単純平均増加率（％）			期間年 単純平均増加率（％）			輸出依存度 （輸出／GDP）（％）	
	1970年 ↓ 1990年	1990年 ↓ 2010年	2010年 ↓ 2019年	1970年 ↓ 1990年	1990年 ↓ 2010年	2010年 ↓ 2019年	1970年	2019年
日　本	7.1	1.1	1.0	16.6	7.4	2.8	4.5	18.8
フランス	4.1	2.0	1.4	10.1	7.2	4.1	9.2	32.4
ドイツ	3.4	1.6	1.8	8.8	10.0	4.2	11.0	48.7
イギリス	3.2	2.6	1.9	6.0	6.6	3.2	13.1	29.5
アメリカ	4.5	3.3	2.5	12.2	9.3	3.2	3.7	12.2

（注）　国連 UN，各国通貨基準実質 GDP（2015年基準価格）統計より算出。
（出所）　三和・三和（2021：268）。

表 12-4　製造業と運輸通信業の成長（1970〜2019年）

	製造業					運輸通信業				
	期間年 単純平均増加率（％）			構成比（％）		期間年 単純平均増加率（％）			構成比（％）	
	1970年 ↓ 1990年	1990年 ↓ 2010年	2010年 ↓ 2019年	1970年	2019年	1970年 ↓ 1990年	1990年 ↓ 2010年	2010年 ↓ 2019年	1970年	2019年
日　本	7.3	1.2	1.8	19.4	21.8	4.6	2.7	0.7	10.3	10.1
フランス	2.8	1.8	1.1	12.5	10.1	7.6	5.6	2.5	4.0	9.1
ドイツ	2.0	0.9	2.0	25.9	19.9	3.4	4.5	3.4	5.4	8.7
イギリス	1.8	0.0	0.5	18.3	9.0	2.9	6.1	3.2	6.3	9.7
アメリカ	2.6	3.5	1.6	15.0	11.5	5.9	6.1	6.2	5.9	11.6

（注）　国連 UN，各国通貨基準実質 GDP（2015年基準価格）統計より算出。
（出所）　三和・三和（2021：269）。

表 12-5　賃金・生産性上昇率（2012→2019年）と労働分配率

	年間平均賃金（％）	労働生産性（％） （1人当たり）	労働分配率（％）	
			2012年	2019年
日　本	1.7	7.4	56.1	54.2
フランス	5.7	27.2	62.3	61.0
ドイツ	10.8	23.2	61.1	60.3
イギリス	6.3	22.1	59.4	58.0
アメリカ	8.2	19.7	59.0	58.6

（注）　賃金と生産性は購買力平価換算米ドル表示額の期間上昇率で，OECD 資料による。労働分配率は国内総生産に占める雇用所得の割合で，ILO 資料による。
（出所）　三和・三和（2021：268）。

　輸出の増加率も，日本は1970〜1990年にかけて年平均16.6％と先進国の中で
もっとも高かったが，1990年以降はスローダウンしていき，2012〜2019年に年
平均2.8％と最低水準になった。これは1990年代以降の新興工業国の工業化に
よる貿易拡大の機会を日本が上手くとらえていないことを意味しており，結果
的に輸出依存度（輸出額／GDP）はアメリカを上回っているに過ぎない。ヨー
ロッパはEUの拡大によって以前にも増して域内取引を急速に拡大させ，アメ
リカが伝統的に輸出依存度が低いことを考慮に入れると，財・サービスのグロ
ーバル化に日本が出遅れている感は否めない。

　表12-4は製造業と運輸通信業の成長率を比較したものであるが，1970〜
1990年にかけて日本の製造業の成長率は年平均7.3％と増加しており，先進国
でも傑出していたが，1990年以降は1％台に低下し，他の国と大きくは変わら
ない。むしろ，産業に占める構成比が，日本だけ1970年19.4％から2019年21.8
％に上昇しているのに対して，それ以外の国は低下している。日本を除く先進
国は脱製造業のプロセスが進行したことを物語る。運輸通信業の変化を比較す
れば，そのことがさらによくわかる。日本の運輸通信業の成長率は，1990年以
降他の先進国に比べていちじるしく見劣っている。結果的に，1970年から2019
年にかけて運輸通信業の産業内構成比は，日本の場合ほとんど変化していない
が，他の先進国は1.5〜2倍の構成比となっている。1990年代以降の情報通信
産業の急速な発展の成果を日本は他の先進国ほど享受できていないことを示し
ている。

　さらに，表12-5によって，2012年から2019年にかけての賃金と生産性の上
昇率を確認すれば，日本の賃金上昇率が著しく低く，また労働生産性の上昇率
もまた低いことがわかる。これは，前述した野口悠紀雄や深尾京司の分析結果
とも符合している。日本の賃金は先進国の中できわめて低くなってしまった。

　OECDが加盟諸国の年間平均賃金額のデータを公表しているが，それによ
れば，2021年について日本は4万849ドルで，アメリカは7万4738ドルである。
日本の賃金はアメリカの54.7％でしかない。ヨーロッパ諸国を見ると，ドイツ
が5万6663ドル，イギリスが5万1724ドル，フランスが4万9619ドル，イタリ

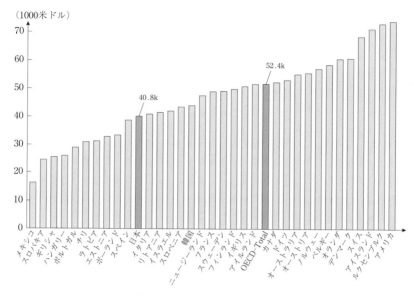

図 12 - 3　年間平均賃金の国際比較

（出所）　https://www.oecd.org/tokyo/statistics/average-wages-japanese-version.htm, 2022 年 8 月
　　　　20日閲覧。

アが 4 万1438ドルとなっている。韓国の賃金は 4 万4813ドルであり，日本はこ
れよりも低い。2021年において OECD 加盟国で日本より賃金が低い国は，旧
社会主義国とギリシャ，スペイン，ポルトガル，メキシコぐらいしかない。日
本は，賃金水準で，いまや OECD の中で最下位グループに入っていることが
わかる（図12- 3 を参照）。

　21世紀は激動のはじまりだった。アメリカの IT 関連産業の成長，世界中か
らの資金流入，EU とユーロの広がり，中国，ロシア，ブラジル，インドの成
長など，グローバル経済は繁栄を謳歌するように思われた。それに対して日本
経済は，バブル経済の崩壊以降デフレの脱却に時間がかかり，円安による成長
も一時期みられたが，停滞期が長く続いている。

── Column ⑲ ミセス・ワタナベ ──

　イギリスの著名な経済誌『エコノミスト』（1997年3月27日号）は，海外でよく知られた日本の姓「ワタナベ」をとって，外国為替市場で大きな影響をもつ日本の個人投資家たちを「ミセス・ワタナベ」と名づけた。イギリスでは，大きなリスクを取らない小口の個人投資家をやや小馬鹿にして，「アガサおばさん」（Aunt Agathas）と呼んでいた。これに倣って，日本の個人投資家を，日本人に多い名字を使ってミセス・ワタナベと呼んだのである。

　とくに注目を集めたのが，2007年に，東京の外国為替市場において，為替相場の方向性が，お昼休みの前後に，反対方向（この時にはドル買い）へ振れる現象がしばしば見られたときであった。相場を逆方向に動かすニュースや要因が見当たらないのに，日本時間のお昼休みに，繰り返し同じ事態が起こったので，市場関係者はその奇妙さに注目した。

　原因が調査されたところ，日本の主婦やサラリーマンといった個人のFX投資家が，主婦は家事が一段落した，サラリーマンは仕事が一段落した，それぞれの昼休みの時間を利用して，ほぼ一斉に「円売り・ドル買い」の注文を出していたことがわかったのである。FXはレバレッジをかけることができるので（てこの原理を使えるので），個人投資家は小口でも，全体では為替相場を動かせるほど大きな影響力を持つことを示したのである。

　ミセス・ワタナベの存在は，日本でも個人投資家が活発に活動し始めていることを社会的に示したが，一方，個人で安易に「簡単に稼げる」という認識で取引を始める人も増加しており，金融取引には，リスクも大きいことを認識しておく必要がある。

── Column ⑳ バブルと日本経済の長期停滞について ──

　櫻川昌哉『バブルの経済理論──低金利，長期停滞，金融劣化』は，第64回日経・経済図書文化賞と第23回読売・吉野作造賞をW受賞したすでに評判の高い書物である。従来の経済学はすべて「**高金利の経済学**」により分析をしていたが，同書は，「**低金利の経済学**」にもとづき，バブル経済のメカニズムを解明して，現代のマクロ経済を捉え直した。これまで経済学が対象としてきた経済の世界は，利子率＞経済成長率の世界であったが，リーマン・ショック以降は利子率が継続的に低下した状態であり，利子率＜成長率の世界である。だから，主流派の経済学では，現在起きている現象を上手く説明できないというわけである。

　同書では，次の3つの命題が提示される（73ページ，75ページ）。これが同書の理論的基礎である。

　　命題1：利子率が経済成長率を下回るとき，合理的バブルが発生する。

　　命題2：合理的バブルの存在する定常状態の経済は，効率的な資源配分を達成する（バブルの存在以前に経済は動学的に非効率である）。

　　命題3：定常状態の経済では，合理的バブルの規模はGDPの一定割合となる（バブルから受ける直感と異なり安定的な世界が存在する）。

　命題3からは，バブルの膨張がGDPの成長を上回ると，一国経済の資源制約の範囲を超えてバブルははじけることになる。また資源制約の範囲内にとどまったとしても，人々の期待形成が変化して期待の連鎖が断ち切られるなら，やはりバブルは崩壊する。

　同書は，バブルの歴史，それへの対応策などにもふれているが，内容のすべてにコラムで言及できないので，詳細を知りたい方はぜひ同書を通読してもらいたい。本章ともっとも関係が深い日本の長期停滞については，451ページに以下のようにまとめられている。

　「景気刺激策は，短期的には需要創出で危機から脱出させるのに貢献したかに見えるが，少し長い目で見れば，この政策がやっていることは，資産バブルの暴落でできた空洞を，現金や国債という霞で埋め合わせているにすぎない。政府債務という霞が巨大になれば，経済の中で贈与の占める部分が大きくなり，市場経済は縮小する。贈与という空洞を抱えた経済はもちろん成長しなくなる。政府債務残高が拡大しながら，低金利が維持できるのは，バブル経済だからであり，そこで貫徹する経済論理は「高金利の経済学」のそれとは異なる。これこそ，長期停滞と呼ばれる経済の姿である。」

参考文献

石井里枝・橋口勝利編著『日本経済史』ミネルヴァ書房，2017年。

猪木武徳『戦後世界経済史』中公新書，2009年。

小川一夫・北坂真一『資産市場と景気変動』日本経済新聞社，1998年。

奥和義『日本貿易の発展と構造』関西大学出版部，2012年。

経済産業省（2000年以前は通商産業省）『通商白書』各年版。

経済産業省（2000年以前は通商産業省）『不公正貿易報告書』各年版。

櫻川昌哉『バブルの経済理論——低金利，長期停滞，金融劣化』日経BP（日本経済新聞出版），2021年。

内閣府（2000年以前は経済企画庁）『経済白書』各年版。

日本銀行『経済統計年報』各年版。

野口悠紀雄『バブルの経済学』日本経済新聞社，1992年。

――――『戦後経済史』東洋経済新報社，2015年。

――――『日本経済入門』講談社新書，2017年。

橋本寿朗・長谷川信・宮島英昭・齋藤直『現代日本経済（第4版）』有斐閣，2019年。

深尾京司『世界経済史から見た日本の成長と停滞――1868～2018』（一橋経済研究叢書67）岩波書店，2020年。

宮崎勇・本庄真・田谷禎三『日本経済図説（第5版）』岩波新書，2021年。

宮崎義一『複合不況』中公新書，1992年。

三和良一・三和元『概説日本経済史　近現代（第4版）』東京大学出版会，2021年。

山本和人・鳥谷一生編著『世界経済論――岐路に立つグローバリゼーション』ミネルヴァ書房，2019年。

練習問題

問題1

レーガノミクスは，双子の赤字を拡大させたが，1990年代以降のアメリカ経済繁栄の基礎になったとする評価もある。規制撤廃（日本では規制緩和と呼ばれるが，原語は deregulation であり，撤廃という表現の方が原義に近い）の是非について考えてみよう。

問題2

バブル発生のメカニズムについて考えてみよう。

問題3

失われた30年（「失われた20年」とその後の10年も含めた表現）と言われる時代がなぜ生じたのかを他の国との比較で考えてみよう。

（奥　和義）

終　章
21世紀の国際経済と未来

```
━━ 本章のねらい ━━

　21世紀に入っても新自由主義思想にもとづいて世界で工業化が進行し，国際
経済は経済成長を持続するかに思えた。しかし，20世紀終わりから始まった金
融危機は21世紀になっても絶えず起こり，また2010年前後から明らかになった
経済格差，社会分断，大規模な気候変動などは，これまでの経済の仕組みに疑
問を投げかけるものになってきた。この章では，世界経済における政治的トリ
レンマ，国際的緊張の高まり，グローバリゼーションを推進した経済成長モデ
ルなどについて考察を深める。
```

　2020年3月以降，世界がCOVID-19のパンデミックと苦闘するようになっ
て，2年以上がたった。コロナ感染症は，一気に拡大した後にワクチン開発や
都市のロックダウンによって押さえ込まれ，経済がスウォッシュ型回復（ナイ
キのロゴマークのようにV字型で回復）をするのではないかとも期待されたが，
変異を続けるウイルスの猛威はなかなか収まらない。この間に所得格差は拡大
し，それは資産格差，教育格差，就職格差と複合的に作用しながら社会の分断
が深まった。コロナ禍は低所得途上国にも深刻な影響を与えている。アフリカ
大陸の諸国では人口比でみたワクチン接種率は，2022年で先進工業国の7分の
1に過ぎない。

　社会の分断だけでなく，ここ数年みられた米中対立とそれぞれの国による囲
い込み，2022年2月24日に始まったロシアによるウクライナへの軍事侵攻と欧
米日によるロシアへの経済制裁などは，国家間の軍事的・政治的対立が世界規
模に拡大していることを示している。1990年代以降グローバルに展開したサプ

ライチェーンは効率的な世界経済連関を示すものと見なされたが，いまでは経済制裁や禁輸措置などによって，軍事的対立の武器になっている。

　国連は国連憲章にもとづいてロシアとウクライナの戦争を停戦させることもできず，また戦争を仲裁するような影響力を発揮できる国も存在しないままである。アメリカはこの戦争をロシアによる専制主義に対する民主主義の戦いと位置づけており，ヨーロッパの多くの国もこれに同調してきた。戦争がこのように位置づけられたことによって，近年アメリカと対立を深めてきた中国は，アメリカの次のターゲットが中国であると危機感を強めている。当然，中国はロシア寄りのスタンスをとり，日本は米中両国に対して深い経済関係をもっているからその立ち位置は難しくなっている。

　アメリカ自身は，**オバマ**元大統領が「アメリカはもはや世界の警察官ではない」と言い，**トランプ**前大統領が「アメリカ・ファースト」を主張していたように，アメリカは1990年代から21世紀の初めにかけてもっていた唯一の超大国としての政治経済上の圧倒的パワーをいまや持っていない。アメリカのグローバル・リーダーシップの低下と中国の大国化の中で，新しい国際経済秩序が模索されている。終章では，このように変化した国際経済の現状とこれまでの各章で扱えなかった新しい諸問題を解説し，未来への新たな方策を考える。

1　21世紀の国際経済の変化

グローバリゼーションと国際経済

　1990年代以降，**グローバリゼーション**が進行してきたと言われるが，その本質は世界全体として工業化の原理を追い求めたものである。そもそも資本主義システム，市場経済の本質は，「差異性」を発見することである。そして，工業化以前の商業が中心であった時代，**工業化（産業化）**が進行した時代，**ポスト工業化（産業化）**の時代で，「**差異性**」はそれぞれ異なる。商業時代には異なる2つの市場の間で価格の差を発見して利潤を獲得することが重要であった。工業化（産業化）の時代になると，機械の利用による労働生産性の向上が利潤

の源泉となり，労働生産性と実質賃金率の間の「差異性」を利潤の源泉にするようになる。したがって労働生産性をより高めて実質賃金率をより低くすることが利益を生むことになる。安い食料の輸入は実質賃金を引き下げるから，工業化（産業化）と貿易の急速な発展は切り離せない関係にある。ポスト工業化（産業化）の時代には，差異性を意図的に生みだす必要がある（岩井 2009）。

　グローバリゼーションは世界全体に工業化が進んだ状態であり，IT革命の進展や運輸・交通手段の発展とコストダウンによって，海外の安い労働力や食料を利用し新しい世界市場を発見することによってなされた。これは制度的な世界全体の貿易・資本自由化と一体になって進んだ。近年のグローバリゼーション以前と以降の時期を比較すると，国際経済では次のような変化が生じた。

　第1に，世界全体で金融通貨危機が続発するようになったことである。1992年の英国ポンド危機に始まり，1994・95年のメキシコ通貨危機，1997・98年のタイ，インドネシア，韓国などに連鎖した東アジア通貨危機，1998年ロシア通貨危機，ブラジル通貨危機などがあり，きわめつけが，2007年のアメリカのサブプライムローン問題の顕在化に端を発した，2008・09年の世界金融・経済危機である。それによって世界は同時不況に陥り，100年に一度の危機と呼ばれたことは耳目に新しい。先進各国の協調した拡張的経済政策により一時的に危機は脱したが，その後も「第10章　EU」でユーロ危機について言及したように，金融通貨危機は続発しており，その行く先はまだ見えない。これは金融のグローバリゼーションの結果である。

　第2に，世界的ベストセラーになったトマ・ピケティ『21世紀の資本』（みすず書房，2014年）が明らかにしたように，先進国の総所得のうち富裕層への集中が1980年代以降，急速に高まっていることである。グローバリゼーションの進行によって先進国で経済格差が拡大したのである。世界レベルでみると，先進国の超富裕層，中国を中心とする新興国中間層といった階層の所得上昇がいちじるしく，最貧層（途上国）と先進国の中間層，下位中間層の所得はほとんど上昇していないことが明らかになった。これは欧米諸国で自国第一主義やポピュリズムが台頭してきたこと，具体的にはトランプ前大統領の登場や英国の

EU 離脱を説明している（山本・鳥谷 2019：28-29）。

　第3に，グローバリゼーションがもっている世界全体の工業化という側面は，大量の**化石燃料**を消費することになり，それは世界に大きな気候変動をもたらした。気候変動は気温および気象パターンの長期的な変化を指すが，これらの変化は太陽周期の変化によるものなど自然現象の場合もあるけれども，1800年代以降は主に人間活動が気候変動を引き起こしており，その主な原因は化石燃料（石炭，石油，ガスなど）の燃焼である。

　現在の地球は1800年代後半と比べて 1.1℃ 温暖化し，過去10年間（2011〜2020年）は観測史上，もっとも気温が高い10年間となった。地球は連鎖的な生態系であるから，ある分野での変化が他のあらゆる分野での変化に影響を及ぼす。現在見られる気候変動の影響には，深刻な干ばつ，水不足，大規模火災，海面上昇，洪水，極地の氷の融解，壊滅的な暴風雨，生物多様性の減少などが知られている（国連広報センター HP, https://www.unic.or.jp/ 中の「気候変動とは？」より，2022年10月20日閲覧）。

　第4に，グローバリゼーションの進行が，中国の経済的位置を飛躍的に高めた。これは次に詳しく説明する。

中国の台頭と「一帯一路」構想

　中国は1978年に改革開放政策へ転換し，1980年代の経済成長は著しかった。1989年の天安門事件による民主化勢力の弾圧による停滞もあったが，1992年以降，20年以上，年平均 9％以上の実質 GDP 成長率を達成し，2010年には GDP 規模で日本を追い抜きアメリカ合衆国に次ぐ世界第2位の経済大国になっている。その結果，世界の主要国・地域の GDP シェアの変化（％）は次のようになった。1990年にアメリカ25.4％，中国1.7％，日本13.4％，欧州連合26.4％であったのが，2000年にはアメリカ30.3％，中国3.6％，日本14.4％，欧州連合21.5％となり，2010年にアメリカ22.7％，中国9.2％，日本8.6％，欧州連合22.1％と日中逆転が起こり，2019年にはアメリカ24.5％，中国16.3％，日本5.9％，欧州連合18.2％と米中の差はせばまり，日中の差は拡大した。21世紀

に入って，中国の勃興と日本の地位低下が鮮明になったのである（宮崎・田谷
2020：7）。

　さらに，輸出／輸入の世界順位をみると，1980年アメリカ1位／1位，中国
21位／19位，日本2位／2位であったのが，2000年アメリカ1位／1位，中国
7位／8位，日本3位／3位となり，2018年アメリカ2位／1位，中国1位／
2位，日本4位／4位となっており，こちらの数字でも米中の格差縮小，日中
の逆転がみられる。（宮崎・田谷 2020：25）

　中国は21世紀に入って，こうした著しい経済成長を背景に，積極的な外交政
策を展開した。例えば，**「一帯一路」構想**，アフリカへの援助政策，コロナワ
クチン外交などがあげられる。このうち，「一帯一路」構想について少し説明
を加えておこう（その構想に含まれるエリアや内容は，図終-1を参照）。

　「一帯一路」構想は，習近平国家主席が，2013年9月に「シルクロード経済
ベルト」を提案したことに始まり，2014年11月のAPEC首脳会議で提唱した。
中国からユーラシア大陸を経由してヨーロッパにつながる陸路の「シルクロー
ド経済ベルト」（一帯）と，中国沿岸部から東南アジア，南アジア，アラビア
半島，アフリカ東岸を結ぶ海路の「21世紀海上シルクロード」（一路）の2つ
の地域で，インフラストラクチャー整備，貿易促進などを促進する計画であり，
これらの地域・国に中国から多額の借款が供与された。

　とくに中国が設立したAIIB（Asian Infrastructure Investment Bank の略。アジ
アインフラ投資銀行。2015年に57カ国を創設メンバーとして発足し，2021年12月現在，
加盟国は103カ国で日本やアメリカは未参加である）が，アジア地域の新興国のイン
フラ開発のための融資を行い，「一帯一路」構想実現のための実働機関となっ
た。この金融機関は，これまで日米が主導したADB（Asian Development
Bank；アジア開発銀行）では融資しきれないほど増大しているアジア地域の
インフラ整備のための資金ニーズに対して，補完的に応えることを目的としてい
た。ただし，借款の返済が不可能になった場合には，投資したインフラの所有
権が中国に移ることもあり，すでにいくつかの国・地域において，それが生じ
ている。

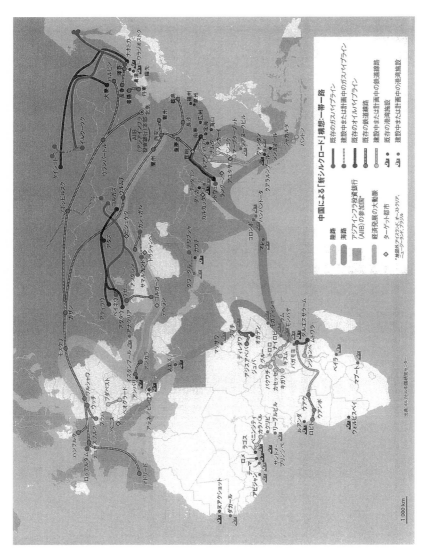

図終 - 1 「一帯一路」構想

(出所) パスカル・ボニファス他 (2020：112-113)。

アメリカと中国の対立

　中国の著しい経済成長とそれを背景にした世界的な積極的外交政策は，これまでの覇権国アメリカに脅威となった。とくに，中国において「**国家情報法**」が成立（全国人民代表大会が2017年6月27日に法案を可決）したことは，多くの国に緊張感を与えた。問題とされたのは次の第7条である。

　「いかなる組織及び国民も，法にもとづき国家情報活動に対する支持，援助及び協力を行い，知り得た国家情報活動についての秘密を守らなければならない。国は，国家情報活動に対し支持，援助及び協力を行う個人及び組織を保護する。」

　ただし，続く第8条では以下のように記されている。

　「国家情報活動は，法に基づいて実施し，人権を尊重及び保障し，個人及び組織の合法的権利利益を守るものでなければならない。」

　（第7条，第8条ともに，「中国の国家情報法」『外国の立法』No. 274，国立国会図書館，2017年12月より。ただし，国立国会図書館デジタルコレクション，https://dl.ndl. go.jp/ 2022年10月20日閲覧。）

　第7条は，中国の国民や組織は中国政府の情報活動に協力する義務があると解釈できるから，中国国民や中国企業は中国政府の指示があればスパイとして活動する義務を生じるというようにもみなせる。中国政府は第8条があることを強調して，その疑念を打ち消しているが，実態が不透明であり，中国政府，中国企業に対して警戒心を強めることになっている。

　アメリカは，2017年にトランプ大統領が登場して以来，アメリカ第一主義をとり，中国をビジネスパートナーとしながらも対抗姿勢を示し，対中国貿易については保護主義的な色彩を強めた。アメリカの保護主義の根拠法は1974年の「アメリカ通商法301条」であったが，対中貿易摩擦で大きな展開がみられたのは，2018年1月にアメリカが緊急輸入制限（セーフガード）を発動し，太陽光パネルに30％，洗濯機に20％以上の追加関税を課すことを発表して以降である。2018年3月には，安全保障上の脅威を理由に貿易相手国・地域に対して制裁を

認める「アメリカ通商拡大法232条」にもとづいて，鉄鋼25％，アルミニウム製品10％の追加関税30億ドル相当を課す方針を発表した。

　それ以降も米中貿易摩擦は継続し，近年，報道機関が報じた具体的事例では，2020年にアメリカが中国通信大手ファーウェイに対する半導体の輸出規制を本格的に適用したことが有名である。半導体産業では，受託メーカーは自ら設計せずに顧客からの設計データにもとづいて製造するケースが多いが，2020年5月の規制では，ファーウェイの設計にもとづいてアメリカ製の半導体製造装置や設計ソフトウェアを使用して製造する半導体がファーウェイへ輸出されることを禁止した。さらに同年8月の規制では，米国製の半導体製造装置を使って製造した半導体は，ファーウェイが設計していない汎用品についても規制の対象とされた。

　アメリカは世界の半導体製造装置市場の52％を占め，半導体メーカーでアメリカ製の装置を使っていないところは少ないとされるから，ファーウェイは半導体を手に入れる手段を失い，アメリカの規制強化によって，韓国の巨大半導体メーカー，サムスンとSKハイニックスも，ファーウェイに対する半導体メモリーの供給を停止せざるを得なくなった。

　さらに，2021年11月にアメリカでは安全保障上の脅威になるとみなす通信機器を排除する法律が成立し，ファーウェイなどの製品について，アメリカ国内での販売に必要な認証が禁止されることになった。この法律は，アメリカの通信当局，FCC（連邦通信委員会）が安全保障上の脅威とみなす通信機器について，新たな製品認証をしないとするもので，バイデン大統領が署名して成立した。バイデン大統領は，その直前にもファーウェイなど50を超える中国企業への投資を禁止する大統領令の延長を発表したばかりであった。このようにアメリカは安全保障上の理由から，中国企業の締め出しをはかっている。

　また中国では，前例のない国家主席3期目に習近平が選出され，その執行部も彼に近いグループで固められたため，東アジア地域の安全保障は一層不安定さを高めた。

2　国際経済の課題

企業のグローバル化とその問題点

　第2章「新しい貿易理論」において収穫逓増と不完全競争モデルの骨格について説明したが，それは国際貿易と経済活動の立地を分析する方法に影響を与えてきた。グローバリゼーションの進行は企業のグローバル化の発展と不可分であるが，それは現在，どのように理論化されているのであろうか。研究の最先端は，木村・椋編「第Ⅲ部　多国籍企業の経済活動」『国際経済学のフロンティア』によって確認することができるが，平易でコンパクトな解説としては以下のようになる。

　第2章で説明した新々貿易理論を拡張すると，企業は輸出を行う企業と国内市場のみをターゲットにする2類型から，さらに3類型に分けられる。国内市場だけをターゲットに活動する非国際化企業，国内供給と輸出を行う輸出企業，そして国内供給と海外現地子会社から外国へ供給する外国直接投資を行う多国籍企業である。このような差が生じるのは，企業の生産性に差があるからである。生産性の高い企業は，輸出よりも外国直接投資を選択する傾向がある。なぜなら，外国直接投資は，固定費用の負担が大きいけれども輸送費用を節約できるから，売り上げの大きい高生産性企業にとっては有利な手段となる。また輸出を行える企業は，非国際化企業よりも生産性が高いので，輸送に伴う固定費用をまかなうことができる。このように生産性の差によって，企業の対外活動における差が生じる（田中 2015：28-35）。

　さて国際的に活動しようとする企業は，さまざまな発展段階にある。したがって要素賦存量が異なっている国を前提に活動せざるをえない。しかも企業には，「工場レベルの規模の経済（機械のような物的資産を投入することで得られる規模の経済）」と「企業レベルでの規模の経済」が存在している。後者は，その企業に特有のマーケティングサービス，ブランド名，経営上の専門的知識など（企業内における「結合投入財」）も含まれる。この「結合投入財」は外部市場か

ら購入すれば質的な低下をもたらす可能性があるから，ライセンス契約でなく内部化せざるを得ない。つまり企業は，要素賦存量の相違を有効に利用しようと思えば，さまざまな国で直接生産しなければならなくなり，「結合投入財」のサービスは子会社間や親会社・子会社間で内部的に取引され，企業内貿易を生み出す。これは移転価格の問題（海外会社間で取引される価格のことで，価格設定によっては国際的な利益移転を生じ，税金逃れに利用されることがあるため，世界各国の税務当局が現在頭を痛める問題になっている）を引き起こす可能性がある（イェットギリエス 2021：200-205）。グローバリゼーションの主体である企業のグローバルな活動は，国家主権の経済的基礎の1つである国家財政にまで大きな影響を与えているのである。

不安定化する政治体制──ポピュリズムの台頭

　2017年1月にトランプ大統領が誕生してから，アメリカ経済は好転をはじめ，成長率は上昇し失業者は減少した。これは超金融緩和政策と2017年末の大型減税政策，政府の財政支出の拡大（とくに軍事支出の拡大）であるとされる（山本・鳥谷 2019：170）。

　トランプ前大統領は好景気の演出によって再選の可能性が高いとみられていたが，2020年3月以降のコロナ感染症の拡大に上手く対応できなかったこと，国内の経済格差の拡大や人種差別問題の顕在化などによって，民主党のバイデン候補が2020年11月の大統領選で勝利した。

　バイデン大統領の選挙戦での主張や選挙公約は，国内経済政策についてトランプ前大統領と大きく異なっているわけではない。選挙のキャッチフレーズとして「"Made in All of America" by All of America's Workers」を掲げ，製造業と技術開発に投資，税金でアメリカ製品を購入しイノベーションをという主張は，バイデン大統領もトランプ前大統領もそれほどの差がないと考えられる。対外政策面では，中国政府の不適切なやり方に対抗し公正貿易をと訴えるバイデン大統領は，トランプ前大統領と同様の対中国強硬姿勢である。

　両者が相違している点は，対外政策でトランプ前大統領はディールと呼んだ

アメリカ一国による対外交渉を好んだが，バイデン大統領は国際機関や国際関係を利用した多国間交渉を行うという伝統的なアメリカの外交政策を行おうとしている点や，政党による政策上のスタンスの相違，つまり共和党右派的（個人主義重視，銃規制と増税に反対）か民主党中道・左派的（社会保障と公教育の充実を重視）という点であろう。このように以前には存在していた財政金融政策における伝統的な左派と右派の政策の明確な差がなくなりつつある。このことは世界でも同様であり，とくに有名になったのは，イギリス労働党のブレア政権（1997～2007年）が提唱した「第三の道」である。

　グローバリゼーションが進行する中で（とりわけ世界金融経済危機以降），経済格差の拡大に強い関心を示さず，無力感を感じさせる既成政党に対して世界の多くの国で幻滅が広がってきた。そのことを示した例として2011年 9 月のアメリカにおけるウォール街占拠運動はとくに有名である。1970年代からアメリカにおいて上位 1 ％の富裕層が所有する資産が増加し続けていることへの怒りが，「われわれは99％である！」というスローガンにつながり，巨額の富がきわめて少数の富裕層に集中している現状に人々の怒りが集中した。

　このような一般大衆の生活に対する不安や政府に対する不満を吸い上げる手法によって，支持の拡大を図る政治家や政党の台頭が欧米先進諸国で広がっている。2016年の英国のブレグジットや同年のアメリカ大統領選挙におけるトランプ大統領の当選などがその典型例としてよく知られているが，ヨーロッパ各国における極右や極左の政党（フランスの「国民戦線」，イタリアの「五つ星運動」，「イタリアの同胞」，ドイツにおける「ドイツのための選択肢」，スペインの「ポデモス」など）の躍進も，ポピュリズムの台頭を表す現象と捉えられている。

　彼らの主張は多様であり，「反グローバリズム・反自由貿易」を訴えたり，「反移民・排外主義」を主張したり，政府や支配層へ「反エリート・反既成政党」を唱えることがある。いずれの主張においても共通していることは，自分と異なる価値観や文化を持つ人々に対して不寛容になっていることである。これは，民主主義を支えてきた中間層の所得水準が低下し，下位低所得層へ転落する人々が増加し，国や社会に対する不満と未来への不安が強まって， 1 国に

おいて社会分断と言える状況になっていることと無縁ではないだろう。

　世界の多くの国でみられるこの現象を，ダニ・**ロドリック**は，『グローバリゼーション・パラドクス』で，「民主主義，国家主権，グローバリゼーションの３つを同時に追求することは不可能である（「世界経済の政治的トリレンマ」）」と仮説を立てることで説明しようとした。トリレンマとは，政策担当者が，国家主権，グローバル化，民主主義の３つの政策目標や統治形態の中のうち２つを実行することができるが，３つすべてを実行することはできないということを指している。このフレームワークを使えば，英国が EU を離脱したことは英国が民主主義と国家主権を選択したと言えるし，中国は国家主権とグローバリゼーションを選択していると言えるだろう。

　昨今の欧米におけるポピュリズムの台頭の背景は，「**世界経済の政治的トリレンマ**」の顕在化，つまり民主主義と国家主権とグローバリゼーションのせめぎ合いがあり，21世紀に入って加速度的に進行したグローバリゼーションに対する国家主権と民主主義の反発が表面化しているものとみなせる。

　ロドリックは，スティグリッツはグローバリゼーションを激しく攻撃していることで有名であるが，それ以外の高名な経済学者たちもグローバリゼーションに反対していないけれども新しい制度や補償のメカニズムをつくることで，グローバリゼーションがもっと効率的で公正，持続可能になるように望んでいるとしている（ロドリック 2014：13）。彼はまた，市場と政府を代替的なものと見なすのではなく補完的なものと見なし，よりよく機能する市場にはよりよい政府が必要であるとする。つまり市場は国家の力が弱いところでなく強いところでもっともよく機能すると考える。そして，資本主義が唯一無二のモデルによって作られるものではなく，経済の繁栄と安定が，労働市場，金融，企業ガバナンス，社会福祉などさまざまな領域における制度の組み合わせを通じて実現することが可能になると考える（ロドリック 2014：16）。

　こうした基本的なアイディアに立脚して，彼は３つの選択肢を考察する。第１の選択肢は，さらなるグローバリゼーションの進行（ハイパーグローバリゼーション）が進行して主権国家は存在するが問題を座視して民主主義を犠牲にす

ることである。第2には，主権国家に制約を加え，グローバリゼーションの進んだ世界経済にふさわしいグローバル民主主義を生み出すというものである。第3には，グローバリゼーションに制約を課し，民主主義に基礎をおいた国民国家の主権を確立するというものがある。

　新自由主義思想を信じる経済学者たちは，国内改革とグローバリゼーションのさらなる進行という第1の選択肢を，欧州統合の実験に希望を見出し新しい**グローバル・ガバナンス**の実現を考える政治学者などは第2の選択肢を考える可能性が高い。ロドリック自身は，第3の選択肢に可能性を見出している。しかし，ロドリックの著書の訳者があとがきで指摘しているように，民主主義が国家が直面する難題につねに正しい答えを導くわけではないことは先進国の経験から知られているし，国家主権と民主主義によるナショナル・ガバナンスの強化は，国家間の対立を深めて今より世界経済を不安定にする可能性がある（ロドリック　2014：326）。

　トリレンマに悩まされる世界で新たな解決方法があるのだろうか。グローバリゼーションの根源にあった世界的な工業化，経済的利益の追求という経済成長モデルとは別のモデルを借用することによって，最後に解決の糸口を探ってみよう。

3　新しい時代へ，経済成長から循環型共生社会を目指して

　いま人類は21世紀における多くの課題に直面している。人類が経験したことのない高齢化社会の到来，**経済格差**（富の偏在），**DX**（経済・社会のデジタル化），**自然災害**も含めた気候変動，次々と新しく生まれる疫病の蔓延，そして戦争などである。いずれも人類の存続を危うくするものである。

　すべての課題について答えることは難しい。ここでは，経済のグローバリゼーションの起源になった「**経済成長モデル**」の思想とメカニズムを考えることによって，問題解決の糸口を見出しておきたい。

　明治維新以降の日本は，西欧諸国に追いつき追い越せをモットーに，富国強

兵と殖産興業政策を掲げ，経済成長モデルを中心にして，近代国家形成に邁進してきた。日本政府がそのような政策を実行してきたことは，近隣の大国中国が欧米列強に半植民地化された状況に強い危機感をいだいたことによる。実際，欧米列強の当時の公文書には，日本を植民地化する計画も残されており，戦争によるコストと便益，居留地貿易を持続する利益について比較，検討していることが示されている。第2次世界大戦後もこの経済成長モデルは引き継がれ，日本人を豊かにしてきたことは間違いない。

　経済成長モデルでは，経済的利益が最優先にされ，環境や地域への影響は二の次におかれる。このモデルでは，経済活動の担い手である民間企業の役割がきわめて大きくなり，政府も民間企業の発展を支援する。なぜなら，企業活動が活発になると雇用も増加し，個人の所得も増加し，政府の税収も増加するからである。グローバリゼーションとは，この経済成長モデルが世界全体で実行されていることでもある。

　経済開発の初期段階では経済成長を続けることが，豊かさをもたらし，栄養摂取や医療インフラの整備の点などでメリットがあり，平均寿命なども延びることが知られている。ところが，近年の世界規模での経済成長モデルの遂行は，平均所得のデータで比べても，貧困率のデータでみても，所得格差の広がりを示している。むしろ経済成長モデルを続けると社会の歪みをもたらし，ある程度以上の経済水準を達成した国では経済成長は平均寿命を延ばさないし，経済成長モデルは経済格差と社会分断をもたらしてきた。このようなことが生じたのは，1980年代の新自由主義経済政策の登場以降になる（草郷 2022）。

　経済的利益を追求する経済成長モデルに対抗するモデルや考えとして，**ウェルビーイングモデル（潜在能力アプローチ）**によって循環型共生社会をめざすという構想がある。ウェルビーイングとは心と体の健康だけでなく，社会生活の面においても満たされた状態にあることを意味する。心身の健康は分かりやすいが，社会的に満たされるとは，社会の中で孤立することなく，他者と良好な関係を持つことのできる状態を指している（草郷 2022：112）。

　経済成長モデルでは「環境」や「地域」が外生要因であり，問題が生じた後

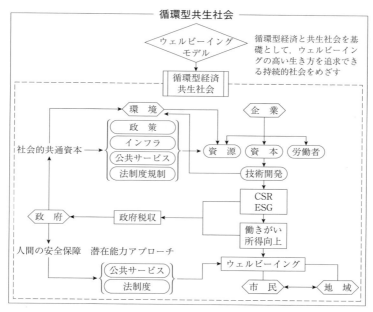

図終 - 2　ウェルビーイングモデルの図解

に対策を考えるということになる。他方，ウェルビーイングモデルでは，「環境」や「地域」が内生要因であり，経済的利益を優先するのでなく，「環境」や「地域」の視点から適切な発展を考えるということになる。これは国連が提唱したSDGsの経済，環境，社会の３つの側面から問題をとらえるという視点とも共通である。

　経済成長モデルは，ベンサムの功利主義と最大多数の最大幸福という理念に沿った新自由主義経済を基礎にしているが，ウェルビーイングモデルは，センの潜在能力アプローチを中心にしている。センによれば，自分の持っている素質や可能性に気づいて，それを伸ばすことのできる充足度の高い生き方を自ら選択できる自由を重視している。これは新自由主義経済の自由とは意味がまったく異なる。

　２つのモデルの詳細な内容や比較は，草郷孝好『ウェルビーイングな社会を

つくる——循環型共生社会をめざす実践』を一読いただければと思う。このように資本主義システムを根本的に再考しようとする試みは，コロナ感染症の拡大によって生まれた歴史的契機を活かして，社会を「再起動」するのではなく，各国が協調して新しい方向へ変化することが重要であるとするイアン・ゴールディン『未来救済宣言』にもあらわれている。本書，『国際経済論』を手に取られた方が，いま歴史の変曲点にあって，思考を深める必要性を感じていただければと切に願っている。

参考文献

イエットギリエス，グラツィア（井上博訳）『多国籍企業論——概念・理論・影響』同文舘，2021年。

猪木武徳『戦後世界経済史』中公新書，2009年。

岩井克人『会社はこれからどうなるのか』平凡社ライブラリー文庫，2009年（同名で平凡社より2003年刊）。

木村福成・椋寛編『国際経済学のフロンティア』東京大学出版会，2016年。

草郷孝好『ウェルビーイングな社会をつくる——循環型共生社会をめざす実践』明石書店，2022年。

ゴールディン，イアン（矢野修一訳）『未来救済宣言——グローバル危機を越えて』白水社，2022年。

田中鮎夢『新々貿易理論とは何か——企業の異質性と21世紀の国際経済』ミネルヴァ書房，2015年。

ボニファス，パスカル／ヴェドリーヌ，ユベール（神奈川夏子訳）『最新世界紛争地図』ディスカヴァー・トゥエンティワン，2020年。

宮崎勇・田谷禎三『世界経済図説（第4版）』岩波新書，2020年。

山本和人・鳥谷一生編著『世界経済論——岐路に立つグローバリゼーション』ミネルヴァ書房，2019年。

ロドリック，ダニ（柴山桂太・大川良文訳）『グローバリゼーション・パラドクス——世界経済の未来を決める三つの道』白水社，2014年。

練習問題

問題1

参考文献にあるイアン・ゴールディンや草郷孝好の本を読んで，望ましい未来の国

際社会の像を議論してみよう。

問題2

1980年代以降に広がった新自由主義という経済思想とグローバリゼーションの関係
を考えてみよう。

（奥　和義）

あ　行

＊アイザード，W.　63
アセット・アプローチ　165, 166, 168
新しい貿易理論　39, 40, 48-51, 54, 57, 60, 71, 72, 86, 333
アナウンスメント効果　161
アブソープション・アプローチ　138-141, 146
アベノミクス　135, 315-318
アムステルダム条約　259, 260
＊池田勇人　298
いざなぎ景気　311
いざなみ景気　311
一次産品　17, 18, 104
一物一価の法則　32, 163
「一帯一路」構想　328, 329
「一帯一路」政策　283
イラン革命　300
インバウンド需要　136
ウェルビーイングモデル（潜在能力アプローチ）　338, 339
失われた20年　295, 311, 312
エクイティ・ファイナンス　306, 307
欧州2020　262
欧州委員会　244, 247, 249-251, 259, 264
　　──委員長　245
欧州議会　245, 249, 250, 256, 258, 271
　　──選挙　244, 249
欧州市民権　258
欧州石炭共同体　249, 250
欧州中央銀行　186, 191, 259, 270
欧州理事会　245, 247, 249, 256, 259, 271
オーバーシューティング・モデル　167, 189
オープンマーケット・オペレーション　174
＊オバマ，B.　238, 326
オフショア・アウトソーシング　229
＊オリーン，B. G.　22-27, 40, 43, 46-48, 51

か　行

外国為替　4, 126, 149-151, 159, 300
　　──介入　134, 136
　　──資金　304
　　──制度　98
　　──相場　151, 157, 159
　　──取引　4, 107, 149, 151
　　──ブローカー　160
　　──市場　132, 134, 149, 151, 159-163, 171, 174, 179, 322
　　──市場操作　159, 160
　　──レート　151, 159
科学革命　11, 12
価格競争力　18, 21, 170
閣僚理事会　245, 247, 250, 256, 270, 271
化石燃料　277, 328
貨幣需要の利子弾力性　177
為替エクスポージャー　158
為替ダンピング　161
為替の自由化　4, 98, 100, 102
為替ポジション　151, 155, 158, 160
為替リスク　151, 154-159, 168, 179, 191
為替レート　4, 17, 20-22, 132-134, 139, 140, 146, 149, 151-153, 155, 156, 160-171, 175, 178-180, 183-189, 191, 192, 196, 198, 201, 300, 312
　　──決定理論　163, 164, 169
　　──の安定　174, 185, 196
関税　28, 30, 31, 33-35, 70, 72, 76, 82, 102-104, 107, 114, 238, 239
　　──自主権問題　100
　　──収入　34
　　──障壁　70
　　──政策　29-31, 34, 35
　　──定率法　31
　　──同盟　120, 255, 257
　　──引き下げ　76, 89, 103

──賦課　34
──法　10
──率　30, 104, 105, 238, 239
共通──　255
追加──　331, 332
特恵──　238
特恵──制度　105
非──障壁　82, 256
輸出──　30
輸出──政策　29
輸入──　30, 34, 75
輸入──政策　29
──と輸入数量制限政策の同値命題　34
完全雇用の達成・維持　174
完全代替性仮説　165
機関投資家　133, 234, 236
技術ギャップ　43
規制緩和　81, 107, 201, 204-206, 221, 224-226,
　230-233
　　　──環境　208
　　　──政策　81, 82, 88
＊木畑洋一　253
規模に関する収穫一定　52
規模の外部経済　54-56
規模の経済　3, 47, 50-57, 60, 63, 72, 73, 86, 87,
　114, 333
基本権憲章　261, 262
基本的生産要素　23
逆為替　150
逆資産効果　308, 311
供給重視の経済学　309
共通農業政策（CAP）　255, 257, 258, 262
業務制限　230, 231
居住者と非居住者　69, 78, 109, 126, 129, 130
ギリシャ危機　243, 263-265
銀行間市場　159, 162
均斉成長　143, 144
金融安定化理事会　4, 195, 208
金融化　232, 237
金融勘定　128, 130, 132-135
金融危機　161, 162, 201, 203, 208, 211, 219,
　236, 243, 263, 265, 310, 325
　欧州の──　263

──国　264
通貨──　310
北欧──　211
金融工学　233, 234, 236
　　　──技術　237
金融市場の均衡　176, 177
　　　──関係　181
金融収支　130, 132, 134, 136, 138, 141, 142,
　144-146, 161, 287
金融派生商品　1, 130, 131, 135, 136, 154, 158,
　213, 287
金利裁定取引　153
金利制限　230, 231
金利平価理論　153, 165
空間経済学　50, 54
＊クーデンホーフ＝カレルギー，リヒャルト・
　フォン　254
＊クズネッツ，S.　43
クラウディング・アウト効果　177
＊クルーグマン，P.R.　37, 47, 48, 50, 51, 53, 54,
　55, 59, 60, 62, 64, 65, 71, 312, 313
＊グルーベル，H.　41, 47
クレジット・デフォルト・スワップ　157,
　235
グローバリゼーション　1, 65, 107, 119, 121,
　205, 266, 308, 325-328, 333-338
　金融──　169, 300
グローバリゼーション・パラドクス　336
グローバル化　4, 9, 69, 78, 79, 81, 83, 88, 91,
　92, 107-109, 112, 117, 125, 201, 205, 263, 291,
　320, 333, 336
グローバル・ガバナンス　337
経済格差　191, 257, 258, 325, 327, 334, 335,
　337, 338
経済成長モデル　325, 337-339
経済地理学　54, 62-65
経済通貨統合　245
経済通貨同盟　256, 258
経済摩擦　222
　日米──　141
経常勘定　128, 132-134
ケインズ経済学　ii, 174, 176, 190
交易条件　16, 17

——指数　16, 17
工業化(産業化)　28, 58, 100, 290, 296, 299, 313,
　320, 325-328, 337
　　近代——　296
　　——社会　267
　　重化学——　298
　　脱——　64, 313
　　輸入代替——　12
高金利の経済学　322, 323
購買力平価説　163, 164, 166, 171
合理的期待形成　169
国際協調政策　304
国際金融(または資本移動)のトリレンマ
　185, 191
国際決済銀行　206, 308
国際収支　4, 101, 102, 125, 128, 132, 134, 135,
　138-140, 142, 144-147, 159, 161, 163, 168,
　174, 197-199, 203, 270, 286, 288, 298, 299
　　——赤字　104, 105, 197, 213, 270, 299
　　——赤字国　102
　　——勘定　125, 128
　　——危機　204
　　——均衡　181
　　——構造　144
　　——統括表　135
　　——統計　126, 132, 134, 145, 288
　　——表　125-128, 130, 134, 135, 139, 286
　　——不均衡　200
　　——マニュアル　126, 145
　　——理論　138
　　——の天井　146, 299
　　——の発展段階説　144, 147
国際貸借　4, 125, 135, 138, 142, 144, 147
　　——説　163
　　——表　134, 135
国際通貨市場　157
国際標準　84, 85, 91
国際復興開発銀行(IBRD)　195, 211, 212, 297
国際分業　15, 28
国際貿易制度　95-98, 103, 107, 112, 113, 119,
　120
国際マクロ経済学　4, 173
国際連合　97, 195, 243, 244, 274

国民総貯蓄　141, 142
国民総投資　141, 142
誤差脱漏　128, 132, 134, 145, 288
国家主権　2, 4, 95, 245, 334, 336, 337
国家情報法　331
国家連合　245, 251
固定為替相場制度　102, 103, 105, 160
固定相場制度　146, 163, 178, 179, 181-185,
　191, 196, 198, 199, 203, 256, 299, 300
　　IMF——　214
　　ブレトンウッズ——　213
雇用者報酬　129, 139, 318
＊ゴルバチョフ, M.　308
コルレス銀行　150, 151
コロナウイルス(COVID-19)　i, 1, 325
コロナ感染症　243, 271, 311, 325, 334, 340
コングロマリット化　221, 223

さ　行

サービス収支赤字　129
サービス収支黒字　129
サーベイランス　199, 200, 209
最恵国待遇　100, 103
財市場の均衡　174, 175
　　——関係　175, 180
差異性　326, 327
先物相場　153
先物取引　131, 151-154, 157, 213
＊サッチャー, M.　257
サブプライム・ローン　235, 236, 263
　　——問題　310, 327
＊サムエルソン, P. A.　22, 23, 46, 48
産業革命　11, 12, 24, 238
産業間貿易　3, 18, 40, 42, 48, 50
産業クラスター　63
産業啓蒙　12
産業集積　57, 63
産業内貿易　3, 39-43, 46, 49-51, 58
参入閾値　60
Jカーブ効果　140
＊シェパード, E.　64, 65
シェンゲン協定　259
直物相場　153, 155-157, 204

直物取引　151, 153
自国市場効果　53, 86, 87, 114
自己資本比率規制　206, 208, 211
自己増殖メカニズム　307
資産効果　308, 310
市場統合　245
　金融──　263
自然災害　337
質的・量的金融緩和の拡大　315
資本移転　130, 134, 141, 145
資本勘定　128, 130, 204
資本集約財　23-25
資本の限界生産性　144
資本の深化　143, 147
収穫逓増　3, 50-52, 56, 60, 62, 72, 333
従価税　31
自由主義　4, 97
　──の原則　98, 100, 102
重商主義政策　11, 12
自由貿易　9, 10, 18, 24, 25, 28-30, 32-36, 70,
　71, 77, 87-90, 92, 97-104, 106, 107, 109-113,
　118-121, 222, 239
　──協定　66, 86, 120, 222
　──均衡モデル　18
　──制度　15, 16, 102, 104
　──反対論　25
　反──　335
　北米──協定　222, 238
　──主義　27
　──体制　ii, 24, 98-108, 113, 117, 119, 121,
　255
　国際──体制　112
　──理論　11, 19, 69-72, 77, 87-89, 104
シューマン・プラン　254, 255
従量税　31, 76
重力モデル　66
需要の価格弾力性　53
証券投資　130, 131, 133, 135, 136, 158, 287
小国の仮定　32, 180, 181
消費可能性　15
消費者余剰　31-35
消費者利益　33, 60
所得格差　263, 325, 338

新経済政策　299
人口オーナス　279
人口ボーナス　278
新古典派貿易理論　22
新自由主義　107, 109, 257
　──経済　338, 339
　──思想　302, 308, 309, 325, 337
新々貿易理論　40, 46, 50, 57-60, 333
垂直貿易　42
水平貿易　42, 46
スタグフレーション　105, 107, 190, 256, 299-
　301
＊スチュアート, J.　27
＊スティグリッツ, J.E.　51, 53, 312, 313, 336
スパゲッティ・ボウル現象　118
スミソニアン体制　198
生産者余剰　31-35
生産補助金　30, 35, 36
　──政策　29, 35
生産要素存在量　23
製品差別化　18
西部大開発　283
世界銀行　4, 209, 296
　──グループ　211, 212, 214
世界金融危機　1, 209, 214, 263, 311
世界経済の政治的トリレンマ　336
世界大恐慌　i, ii, 254, 311
世界の工場　282
石油ショック　105, 200, 222, 299, 300
絶対優位　14, 48
1933年グラス・スティーガル法　230, 231,
　233, 240
1940年体制　313
総量規制　307
ソブリン危機（ソブリン・リスク）　1, 191,
　263, 265
ソロー・モデル　142-144

た　行

第1次所得収支　91, 128, 129, 133, 136, 139,
　145
対外資産　131, 134, 135, 138, 287
対外負債　135

大航海時代　12, 253
対内投資　82, 83
第2次所得収支　128-130, 136, 145
多角主義　4, 97
　──原則　98, 100, 103
多国間通商交渉　103, 104, 117
多国籍化　40, 59, 221, 229, 239
多国籍企業　45, 46, 65, 66, 222, 228, 233, 333
タックス・ヘイブン　82
ダンピング　57
弾力性アプローチ　140
地域経済統合　114
地域政策　257, 258, 262
地域貿易協定　86-88, 113-115, 117-120
知識集積　57
知的財産権制度　79, 83, 90, 111, 112
中央銀行　132, 134, 160-162, 167, 173, 174,
　176, 178, 179, 182, 183, 202, 206, 209, 259,
　270, 311, 313
　──総裁　302
　──総裁会議　206, 209, 304
　──の勘定　151
中東戦争　300
＊チューネン，J.H・フォン　63, 65
直接投資　43, 45, 75, 81, 88, 130, 131, 133, 135,
　136, 138, 233, 256, 285, 287
地理的制限　230, 231
通貨オプション　154
通貨切り下げ競争　195, 198, 199
通貨先物　157
通貨スワップ　156, 157
低金利の経済学　322
ディスカウント　153
敵対的買収　223
デポ・コルレス　131, 132
デリバティブズ　1
伝統的貿易理論　9, 36, 39, 40, 43, 48, 49, 51,
　56-58
動学的収穫逓増　57
投資収益　129, 138, 139
独占的競争　3, 48-50, 60
　──形態　51
　──市場　52

　──状態　40, 52, 53, 55
　──モデル　54
　──理論　49, 51, 59
途上国累積債務問題　201, 232
土地神話　306
特化　15, 22, 47, 55, 62, 65, 125, 240, 313
ドッジ・ライン　297, 298
＊トランプ，ドナルド　i, 113, 115, 121, 237-
　239, 265, 267, 317, 326, 327, 331, 334, 335
＊ドリューシュ，フレデリック　253
トルーマン・ドクトリン　297
トロイカ体制　264, 265
＊ドロール，J.　257

な　行

内国為替　149-151
内国民待遇原則　111, 112
並為替　150
ニクソン・ショック　105, 198, 299, 300
ネガティブ・コンセンサス方式　109
ノーベル経済学賞　43, 48, 50, 62, 312
＊野口悠紀雄　313, 320

は　行

バーゼル規制　4, 195, 205-208, 237
＊バーノン，R.　43, 45, 46
＊バイデン，J.　115, 239, 240, 332, 334, 335
ハイリスク・ハイリターンの融資　232
覇権国　101-103, 331
発生主義　126, 128
発展途上国　27, 40, 42, 45, 83, 89, 90, 104, 105,
　117, 270
バブル　169, 201, 234, 236, 303, 306-308, 322,
　323
　合理的──　323
　住宅──　234, 310
　不動産──　205
　──経済　295, 296, 311, 321-323
　──崩壊　295, 307, 308
パリ条約　111, 249, 255
バリュー・チェーン　78, 79, 81
パンデミック　i, 325
パン・ヨーロッパ統合運動　254

＊ヒーター，D. 252
非価格競争力 18, 21, 22
比較優位 12-15, 18-23, 25, 37, 48, 52, 53, 56,
　71, 79, 81, 83, 87, 125, 282, 290
　　——構造 20, 21
　　——の原則 71
　　——部門 24, 29
　　——財 20
　　——理論 3, 24, 43, 70
比較劣位 14, 19, 20
　　——部門 24, 29
　　——財 20
東アジアの奇跡 296
＊ピケティ，T. 327
非生産・非金融資産 130
ビッグ・バン 306
非貿易財産業 62
氷塊型輸送費用 60
フィリップス曲線 174, 190
フォワード取引 152, 155, 157, 213
不完全競争 49, 51, 55, 333
複式簿記 126, 127, 132
不胎化介入 161, 183
物価水準の安定 173
＊ブッシュ，G. W.(父) 308
船積書類 150
部分均衡分析 31
プラザ合意 159, 295, 303, 304
不良債権問題 308
プルーデンス政策 173
＊ブレア，T. 335
ブレグジット i, 2, 243, 265, 266, 269, 271,
　317, 335
ブレトンウッズ体制 102, 146, 160, 163, 178,
　186, 196-199
プロダクト・ライフ・サイクル理論 81
平成不況 306, 311
＊ヘクシャー，E. F. 22-27, 40, 43, 46-48, 51
変動為替相場制度 105
変動相場制度 160, 178, 179, 184-186, 191,
　195, 198-200, 214, 220, 256, 299, 300
貿易財産業 62
貿易収支赤字 129, 290, 302

貿易収支均衡 129
貿易収支黒字 128
貿易政策 3, 4, 27, 29-31, 36, 69, 70, 72, 74, 75,
　78, 79, 81-83, 85, 86, 88-92, 104, 120, 297
　戦略的—— 3, 49, 73, 74
　伝統的—— 27
　——措置 30
　——論争 24
　保護—— 27, 69, 71, 75, 77, 105, 106, 184
貿易摩擦 222, 284
　対中—— 331
　米中—— 332
　——問題 221
貿易利益 18, 46, 51, 53, 55, 58, 60, 74
ポートフォリオ・バランス・アプローチ
　140, 168, 169
ホーム・エクイティ・ローン 234
補完性の原理 258
保護関税 28
保護主義思想 27
保護主義政策 ii, 27-29, 31, 32, 36
保護貿易論 69-71, 74, 89
ポスト工業化(産業化) 236, 267, 327
ポリシー・ミックス 178

ま　行

マーケット・リスク 208
＊マーシャル，A. 55, 63
マーシャル・プラン 212, 297
マーシャル＝ラーナー条件 140, 180
マーストリヒト条約 257-261
マクロ経済政策 173-175, 177, 186, 187, 190,
　290
　国際—— 181, 184
マクロ・プルーデンス 211
＊マッカーサー，D. 296
マネーサプライ 161, 167, 174, 202, 203, 312
　——残高 177, 178
マネタリー・アプローチ 166, 167, 170, 171
マネタリーベース 161, 174, 315, 317
＊マルサス，T. 27, 28
マンデル＝フレミング・モデル 178-181,
　184-187, 189, 191, 192

ミスアライメント　161, 174
無差別主義　4, 97
──原則　98, 103
＊メリッツ，M.J.　37, 54, 55, 58-60
持株会社　230, 231, 296
銀行──　237, 240
＊モネ，J.　254, 255

や　行

有効需要　27, 140, 174
友好的買収　223
ユーザンス付輸出　128
優先劣後構造　235
輸出閾値　60
輸出価格　16-18
輸出可変費用　60
輸出許可　30
──政策　29
輸出固定費用　60
輸出自主規制　106, 107, 222
輸送費(用)　1, 15, 51, 53, 54, 63, 66, 81, 86, 87, 333
輸入価格　16
輸入関税　35, 36
輸入許可　30
──政策　29
輸入数量制限(輸入割当)　30, 34, 35
要素価格の均等化　24
幼稚産業保護論　36, 71-73

ら・わ　行

リーマン・ショック　208, 209, 211, 214, 226, 236, 240, 322
リエンジニアリング　223, 224, 229
＊リカードゥ，D.　10, 12, 13, 15, 18, 19, 22, 24, 27, 48, 65, 70
リスク・プレミアム　168, 169, 186, 189, 192
＊リスト，フリードリッヒ　27, 28, 71
リストラクチャリング　223
リスボン条約　245, 251, 261, 262, 271
リスボン戦略　262
流動性ジレンマ　197
流動性選好理論　176

流動性の罠　312
領邦国家　28
＊リンダー，S.　46-48
リンダー効果　48
レーガノミクス　205, 302
＊レオンチェフ，W.W.　25, 26, 43, 63
レオンチェフ・パラドクス　25, 26, 46, 47
歴史的な偶然性　57
＊ロイド，P.　41, 47
労働集約財　23-25, 56
ロックイン　57
＊ロドリック，D.　336, 337
ワシントン条約　9

欧　文

DX　337
EFSF　264
EFSM　264
EPA　115, 118, 120
ESM　264, 265
EU　115
──競争法　244
──裁判所　249-251
GATT　102-109, 111, 112, 222, 257, 297
HOS貿易理論　22, 48
ICT(情報通信技術)革命　314
IEC　84, 85
IMF　102, 120, 126, 145, 195, 196, 199-203, 209, 211, 213, 214, 234, 264, 265, 297, 312
──-GATT体制　98, 102-105, 120, 219
──協定　126, 196, 300
──固定相場制　214
──特別引出権　131
──方式　126
──リザーブ　131
*IS*バランス　140-142
*IS-LM*モデル　173-181
ISO　84, 85
ITバブル　224, 225, 234
LBO　223, 224
M&A　223, 224, 234
NSMP　265
RCEP　115, 120

R&D 314
SCAP/GHQ 296, 297
SDR 131, 197, 213, 214
TFP 314
TPP11 115, 117, 317
TRIMs 109, 111, 112

TRIPs 78, 83, 109, 111, 112
USMCA 115, 120, 238
WTO 78, 95, 107-109, 111-113, 117-120, 238,
　　244, 283
　　──協定 30, 35, 114

《執筆者紹介》

奥 　和義（おく・かずよし）編著者・はしがき・序章・第1章・第2章・第10章・第12章・終章
　　編著者紹介欄参照。

内藤友紀（ないとう・とものり）編著者・第5章・第6章・第7章
　　編著者紹介欄参照。

小倉明浩（おぐら・あきひろ）第3章・第4章
　　1960年　生まれ。
　　1988年　京都大学大学院経済学研究科経済政策学専攻博士後期課程学修退学。
　　現　在　滋賀大学経済学部教授。
　　主　著　『グローバル・エコノミー（第3版）』（岩本武和・奥和義・河﨑信樹・金早雪・星野郁と
　　　　　　共著）有斐閣，2012年。
　　　　　　『ラテンアメリカ経済論』（共著）ミネルヴァ書房，2004年。
　　　　　　『ラテンアメリカ経済学』（共著）世界思想社，2003年。

磯谷　玲（いそや・あきら）第8章・第9章
　　1960年　生まれ。
　　　　　　京都大学大学院経済学研究科経済政策学専攻博士後期課程学修退学。
　　1996年　博士（経済学，京都大学）。
　　現　在　宇都宮大学国際学部国際学科教授。
　　主　著　『80年代アメリカの金融変革』日本経済評論社，1997年。
　　　　　　『アメリカ経済の新展開』（井上博と共編著）同文舘出版，2008年。
　　　　　　「金融制度改革と連邦による先取」公益財団法人日本証券経済研究所『証券経済研究』第
　　　　　　80号，2012年，23-39頁。

木越義則（きごし・よしのり）第11章
　　1974年　生まれ。
　　　　　　京都大学大学院経済学研究科博士後期課程修了。
　　2008年　博士（経済学，京都大学）。
　　現　在　名古屋大学大学院経済学研究科教授。
　　主　著　『近代中国と広域市場圏──海関統計によるマクロ的アプローチ』京都大学学術出版会，
　　　　　　2012年。
　　　　　　『統計でみる中国近現代経済史』（久保亨・加島潤と共著）東京大学出版会，2016年。
　　　　　　『東アジア経済史』（堀和生と共著）日本評論社，2020年。

《編著者紹介》

奥　和義（おく・かずよし）

　　1959年　生まれ。
　　1987年　京都大学大学院経済学研究科博士後期課程中途退学。
　　2015年　博士（学術，山口大学）。
　現　在　関西大学政策創造学部教授。
　主　著　『日本貿易の発展と構造』関西大学出版部，2012年。
　　　　　『両大戦期の日英経済関係の諸側面』関西大学出版部，2016年。
　　　　　『グローバル・エコノミー（第3版）』（岩本武和・小倉明浩・河﨑信樹・金早雪・星野郁
　　　　　と共著）有斐閣，2012年。

内藤友紀（ないとう・とものり）

　　1973年　生まれ。
　　2009年　京都大学大学院経済学研究科博士後期課程単位取得退学，博士（経済学，京都大学）。
　現　在　関西大学政策創造学部教授。
　主　著　『1930年代における日本の金融政策──時系列分析を用いた定量的分析』関西大学出版部，
　　　　　2017年。

MINERVA スタートアップ経済学⑧
国際経済論

2023年4月30日　初版第1刷発行　　　　　　　　　　　〈検印省略〉

定価はカバーに
表示しています

編著者　　　奥　　　和　　義
　　　　　　内　藤　友　紀

発行者　　　杉　田　啓　三

印刷者　　　江　戸　孝　典

発行所　株式会社　ミネルヴァ書房

607-8494 京都市山科区日ノ岡堤谷町1
電話代表 075-581-5191
振替口座 01020-0-8076

共同印刷工業・藤沢製本

ISBN978-4-623-09576-6
Printed in Japan

MINERVA スタートアップ経済学

体裁　Ａ５判・美装カバー

①社会科学入門　奥　和義・髙瀬武典・松元雅和・杉本竜也著

②経済学入門　中村　保・大内田康徳編著

③経済学史　小峯　敦著

④一般経済史　河﨑信樹・奥　和義編著

⑤日本経済史　石井里枝・橋口勝利編著

⑥財政学　池宮城秀正編著

⑦金融論　兵藤　隆編著

⑧国際経済論　奥　和義・内藤友紀編著

⑨社会保障論　石田成則・山本克也編著

⑩農業経済論　千葉　典編著

⑪統計学　溝渕健一・谷﨑久志著

ミネルヴァ書房

https://www.minervashobo.co.jp/